总第134辑（2022.4）

中国审判指导

刑事审判参考

最高人民法院刑事审判
第一、二、三、四、五庭 编

人民法院出版社

图书在版编目（CIP）数据

刑事审判参考. 总第134辑 / 最高人民法院刑事审判第一、二、三、四、五庭编. -- 北京 : 人民法院出版社, 2023.8

（中国审判指导丛书）

ISBN 978-7-5109-3819-1

Ⅰ. ①刑… Ⅱ. ①最… Ⅲ. ①刑事诉讼—审判—中国—丛刊 Ⅳ. ①D925.218.4

中国国家版本馆CIP数据核字(2023)第110703号

刑事审判参考（总第134辑）

最高人民法院刑事审判第一、二、三、四、五庭 编

策划编辑 兰丽专
责任编辑 李 倩
出版发行 人民法院出版社
地 址 北京市东城区东交民巷27号（100745）
电 话 （010）67550672（责任编辑） 67550558（发行部查询）
65223677（读者服务部）
客服QQ 2092078039
网 址 http://www.courtbook.com.cn
E - mail courtpress@sohu.com
印 刷 保定市中画美凯印刷有限公司
经 销 新华书店

开 本 787毫米×1092毫米 1/16
字 数 227千字
印 张 15.25
版 次 2023年8月第1版 2023年8月第1次印刷
书 号 ISBN 978-7-5109-3819-1
定 价 68.00元

《刑事审判参考》
编辑委员会

特约编辑

编辑说明

《刑事审判参考》系最高人民法院刑事审判庭主办的业务指导和研究性出版物，自1999年4月创办以来，秉承立足实践、突出实用、重在指导、体现权威的编辑宗旨，在编辑委员会成员、作者和读者的共同努力下，密切联系刑事司法实践，为刑事司法人员提供了有针对性和权威性的业务指导和参考，受到刑事司法工作人员和刑事法律教学、研究人员的广泛肯定和欢迎。

《刑事审判参考》作为最高人民法院用以指导全国各级人民法院刑事审判工作的唯一出版物，由最高人民法院刑事审判第一、二、三、四、五庭共同主办，最高人民法院高憬宏副院长担任编辑委员会主任，杨万明、沈亮、李勇副院长担任副主任。沈亮副院长担任主编，各刑事审判庭庭长担任副主编。

根据《刑事审判参考》主编会的决定，自2012年始，《刑事审判参考》由原32开改版为特16开。改版后的《刑事审判参考》仍为双月出版，全年共出版六辑，设有以下栏目：

【指导案例】选择在认定事实、采信证据、适用法律和裁量刑罚等方面具有研究价值的典型案例，详细阐明裁判理由，为刑事司法工作人员处理类似案件提供具体的指导和参考。

【立法、司法规范】收录与刑事司法工作密切相关的法律、行政法规、部门规章、司法解释及其他规范性文件。

【刑事政策】收录最新的刑事司法政策，如最高人民法院院领导在刑事审判工作会议上的讲话、刑事审判工作会议讨论的问题等。

【审判实务释疑】最高人民法院刑事审判庭解答在刑事审判工作中具有普遍指导价值的法律适用问题。

【理论前沿】摘要登载近期刑事理论界、实务界最新研究成果，及时跟踪研究刑事审判中出现的新问题，为刑事司法人员提供最新理论参考。

【域外司法】评介域外的刑事立法及司法制度、实务问题和典型案例的文章。

【经验交流】收录地方司法机关制定的刑事司法规范性文件及其背景说明；地方各级人民法院在刑事审判工作中对于某些问题的处理政策和意见等。

【实务探讨】针对刑事司法工作中必须解决的疑难、复杂问题，登载相关学者与司法人员的研究文章，为刑事司法工作人员提供解决相关问题的思路。

【大案传真】登载在社会上影响较大的案件的有关裁判文书，及时传递大要案、热点案件的审判信息。

【疑案争鸣】针对实践中发生的疑难案例，对其中争议问题进行分析，给读者提供参与交流探讨的平台，推动相关问题的深入研究。

【裁判文书选登】选择典型裁判文书进行评析，展现法官智慧，指出不足，促进裁判文书制作水平的不断提高。

最高人民法院刑事审判第一、二、三、四、五庭

目　录

【指导案例】

[第1506号]于某以危险方法危害公共安全案
——为报复同事向所在单位饮用水中投放兽用激素类药物的行为如何定罪处罚 …………………………… 刘振会(1)
[第1507号]刘某魁、孙某梅等人非法买卖枪支案
——对枪口比动能较低的涉气枪案件可不认定“情节严重”，无须报请核准在法定刑以下判处刑罚 ………… 何春燕(8)
[第1508号]曹某交通肇事案
——施工单位整修路段时未按规定履行安全警示义务，致使路段仍然具有公共通行功能的，该路段仍属于“道路” …………………………………………………… 金立寅(15)
[第1509号]张某重大责任事故案
——受让具有合法证照的网吧后未变更登记的不属于非法经营 ………………………………………… 蔡智玉(21)
[第1510号]王某某、徐某某走私国家禁止进出口的货物案
——犯罪工具与合法财产混同的，可以按比例没收 …………………………………………… 肖晚祥　宋　典(31)

[第1511号]湖北洁达环境工程有限公司、李某某逃税案
——对行为人初次逃税行为不予追究刑事责任的法律适用
…………………………… 李静然　李艳芳　林璟萱(39)
[第1512号]黄某正等合同诈骗案
——对合同整体履行不存在根本影响的欺诈行为如何定性
………………………………………………… 付　涵(45)
[第1513号]张某军故意杀人、张某明等人故意伤害案
——共犯实行过限情况下各共同犯罪人的责任认定
…………………………………………… 吴小军　魏　炜(52)
[第1514号]计某彬、付某生、阮某雨盗窃案
——利用计算机信息系统漏洞非法办理电信宽带业务
并对外出售应如何定性 ………… 刘　昕　龙　飞　孙　娟(62)
[第1515号]张某挪用资金案
——挪用资金罪中"单位"的认定 …………………… 崔芳芳(67)
[第1516号]许某怡侵害英雄烈士名誉、荣誉案
——侵害英雄烈士名誉、荣誉刑民责任的准确认定与衔接
……………………………………………… 石　魏　罗　兰(73)
[第1517号]舒某掩饰、隐瞒犯罪所得案
——掩饰、隐瞒非法获取的计算机信息系统数据的行为，
应当如何准确定罪量刑 ……………… 杨温蕊　袁红玲(81)
[第1518号]王某碗、王某甲、王某兵掩饰、隐瞒犯罪所得案
——掩饰、隐瞒犯罪所得罪中情节加重"次数"的认定及
量刑平衡 ……………………………… 朱晓军　王　辉(87)
[第1519号]王某兰、刘某先、哈某德出售出入境证件案
——"中介"人员、高校工作人员向合法入境的外籍人员出售
外籍人员居留证件的行为该如何定性
…………………………………………… 曲鹏程　杨　帆(94)

[第1520号]王某贩卖、制造毒品案
——使用尚未列入《易制毒化学品名录》的化学原料生产含毒品成分的饮料并销售的,应认定为贩卖、制造毒品罪 ………………………………………… 蔡　茂(101)
[第1521号]徐某贩卖毒品案
——代购毒品、"代购蹭吸"行为的认定、处理和未查获毒品实物案件如何认定毒品犯罪事实 …… 付想兵　刘　杰(108)
[第1522号]黎某昌等贩卖、运输毒品案
——重大毒品犯罪案件中技术侦查证据的移送与查证 ………………………………………… 白春子(118)
[第1523号]林某国等组织卖淫案
——"组织境外人员在境内卖淫"能否理解为"在境外组织人员入境卖淫",以及是否要求被组织的境外人员达到三人以上 ………………………………………… 聂昭伟(128)
[第1524号]于某岩受贿案
——国家工作人员收受未还清银行抵押贷款房产的既未遂认定 ………………………………… 孙　浩(134)

【立法、司法规范】

最高人民法院　最高人民检察院
关于办理危害生产安全刑事案件适用法律若干问题的解释(二)(2022年12月15日) ………………………………………… (142)
《关于办理危害生产安全刑事案件适用法律若干问题的解释(二)》的理解与适用 ……… 滕　伟　叶邵生　李加玺(147)

依法惩治危害生产安全犯罪　切实保障人民生命财产安全
——最高人民法院、最高人民检察院相关部门负责人就《关于办理危害生产安全刑事案件适用法律若干问题的解释（二）》答记者问 ……………………………………（163）
最高人民法院　最高人民检察院　教育部
印发《关于落实从业禁止制度的意见》的通知
（2022年11月10日）……………………………………（170）
《关于落实从业禁止制度的意见》的理解与适用
……………………………段农根　周加海　江继海　张济坤（173）
最高人民检察院　公安部
关于印发《关于依法妥善办理轻伤害案件的指导意见》的通知
（2022年12月22日）……………………………………（181）

【刑事政策】

人民法院贯彻落实党中央决策部署　依法惩治危害生产安全犯罪工作情况
（2022年12月15日）……………………………………（188）

【实务探讨】

职务犯罪中认定立功问题 ……………………王晓东　段　凰（192）

【裁判文书选登】

肖某章诈骗案
——广东省高级人民法院（2020）粤刑再7号刑事判决书 …（210）

【指导案例】

[第1506号]

于某以危险方法危害公共安全案

——为报复同事向所在单位饮用水中投放兽用激素类药物的行为如何定罪处罚

一、基本案情

被告人于某，男，1988年×月×日出生。2019年8月9日被逮捕。

山东省威海市人民检察院指控被告人于某犯以危险方法危害公共安全罪，向威海市中级人民法院提起公诉。

被告人于某辩称主观上不明知会造成股骨头坏死等症状，不想对同事造成大的伤害；部分被害人损害后果系自身原因所致，其行为只能加重症状，而非致病原因；没看到外来人员饮用含地塞米松的水。

威海市中级人民法院经审理查明：被告人于某在某市统计局工作期间，因不满工作安排、职称竞聘民主评议结果等原因，先后对徐某、郭某甲、李某等多名领导、同事产生怨恨，预谋实施报复。自2016年11月13日至2019年6月底，于某通过网络购买地塞米松6785支，利用工作之便，将5600余支地塞米松投放到单位各办公室桶装饮用水中，以及同事徐某、邵某某、郭某甲、李某等人使用的烧水壶、水杯内。单位同事及外来人员30余人饮用后，造成徐某等16人出现满月脸、水牛背、抑郁状态、关节积液、股骨头坏死等不同症状的激素不良反应。经鉴定，徐某、丁某甲双侧股骨头坏死，邵某某库欣综合征，三人均构成重伤二级；王某某精神损伤构成重伤二级，双侧股骨上段异常信号（骨梗死）并影响双下肢功能构成轻伤一级；郭某甲双侧股骨远端多发局灶性骨梗死并影响双下肢功能构成轻伤一级，血糖升高、肝功能异常、脂肪肝构成轻伤二级；姜某中度抑郁状态构成轻伤二级；汤某某双髋、双膝关节积液，丁某乙双髋关节、左膝关节积液，李某、刘某、邢某某、段某、赵某某、郭某乙双髋关节积液，刁某某双膝关节积液，勇某某右髋关节积液，均构成轻微伤。

威海市中级人民法院认为，被告人于某为发泄不满，向不特定多数人的饮用水中长期秘密投放激素类药物地塞米松，致多人重伤，其行为构成以危险方法危害公共安全罪。于某因不能正确对待工作安排等事宜对领导、同事产生怨恨，蓄意报复，向单位公用的饮用水中大量投放地塞米松，在知道多名同事因此出现身体损害后果后，仍持续进行大剂量、频繁投放，时间长达二年半多，数量高达5600余支，严重危害公共安全，造成4人重伤、2人轻伤、10人轻微伤，作案动机卑劣，主观恶性深，犯罪手段特别恶劣，危害后果特别严重，依法应予惩处。依据刑法第一百一十五条第一款、第六十一条、第四十八条、第五十七条第一款、第六十七条第三款、第五十一条、第六十四条之规定，以以危险方法危害公共安全罪判处于某死刑，缓期二年执行，剥夺政治权利终身。

宣判后，在法定期限内没有上诉、抗诉。威海市中级人民法院依法报送山东省高级人民法院核准。

山东省高级人民法院复核认为，原审判决认定事实和适用法律正确，定罪准确，量刑适当，诉讼程序合法。依据刑事诉讼法第二百四十八条和《最高人民法院关于适用〈中华人民共和国刑事诉讼法〉的解释》第四百二十八条第一款第一项的规定，核准威海市中级人民法院以以危险方法危害公共安全罪判处被告人于某死刑，缓期二年执行，剥夺政治权利终身的刑事判决。

二、主要问题

（一）于某向所在单位饮用水中投放兽用地塞米松的行为是否属于投放危险物质？

（二）于某以报复特定人员为目的向单位办公室桶装饮用水中投放兽用地塞米松的行为应如何定罪处罚？

三、裁判理由

（一）兽用地塞米松不属于投放危险物质犯罪中的危险物质，行为人向不特定人员的饮用水中投放兽用地塞米松的行为属于危害公共安全犯罪中的危险方法

根据我国刑法第一百一十四条的规定，投放危险物质罪中的危险物质包括毒害性、放射性、传染病病原体等物质。

1. 毒害性物质的基本范畴

一般认为，毒害性物质主要是指能对人或动物产生毒害的有毒物质，包括化学性有毒物质、生物性有毒物质。化学性有毒物质，也称人工合成有毒物质，如砒霜、鼠药、氰化物等；生物性有毒物质则可分为植物性有毒物质（如毒蘑菇）、动物性有毒物质（如河豚鱼）和微生物类有毒物质（如肉毒杆菌）。2016 年《最高人民法院、最高人民检察院关于办理环境污染刑事案件适用法律若干问题的解释》（法释〔2016〕29 号）第十五条规定了四类有毒物质：（1）危险废物，是指列入国家危险废物名录，或者根据国家规定的危险废物鉴别标准和鉴别方法认定的，具有危险特性的废物。据此，根据《国家危险废物名录（2016 版）》的规定，废弃危险化学品（包括剧毒化学品、重点环境管理危险化学品）均属于危险废物。（2）《关于持久性有机污染物的斯德哥尔摩公约》附件所列物质。（3）含重金属的污染物。（4）其他具有毒性的物质。污染环境罪中的有毒物质与投放危险物质罪中的毒害性物质具有同质性，因此，

上述物质可以纳入投放危险物质罪中的毒害性物质范畴。司法实践中，上述司法解释规定的前三类物质为具体的有毒物质，易于把握。第四类是抽象的兜底性规定，需要慎重把握，理论上可理解为与上述三类物质具有相同或相似毒害性的物质，但是否具有相同或相似毒害性，应当由鉴定机构作出鉴定意见，人民法院不宜根据个人理解予以认定。

2. 放射性、传染病病原体物质的基本范畴

一般而言，放射性物质主要是指铀、镭、钴等能对人或动物产生严重辐射危害的物质，包括可以产生裂变反应或聚合反应的核材料。传染病病原体是指在人体或动物体内适当的环境中繁殖从而给身体造成危害的传染病菌种、毒种，如霍乱弧菌、天花病毒、艾滋病毒、炭疽菌、肝炎病毒、结核杆菌等。这两类危险物质以具有放射性或传染性等物理、化学或病理等客观特性的存在为前提，以具有对人体或动物造成危害的功能为实质判断标准。因此，上述物质的判断，应当由有相应资质的机构和有相应资格的专业人员作出，人民法院不宜自行认定。

3. 危险物质的司法认定

对危险物质的认定可以从社会学与刑法学两个视角进行分析判断。在社会学意义上，凡是能够造成人身损害的毒害性、放射性、传染病病原体等物质，都属于危险物质，既包括物质本身具有对人体或动物生命健康的直接危害，也包括物质本身不具有对生命健康的直接危害，但不当使用可以损害生命健康的物质。在刑法学意义上，危险物质仅指刑法明确规定的对人体或动物生命健康具有直接危害的毒害性、放射性和传染病病原体等物质。具体而言，是指上文界定的毒害性、放射性和传染病病原体基本范畴内的物质。可见，社会学意义上危险物质的范畴包括但不限于刑法学意义上的危险物质范畴。司法认定中，应当按照罪刑法定原则，限定为刑法学意义上的危险物质范畴。

本案中，被告人于某向他人饮用水中投放的兽用处方药地塞米松磷酸钠注射液为激素类药物，该药物用于患有特定疾病的兽类之外的人和动物时，其本身具有的药物成分会对受体的生命健康造成危害，因此，在社会学意义上，可以称作危险物质。但是，在刑法学意义上，兽用地

塞米松是一种对症治疗兽类疾病的处方药，其主要功能和价值在于保护和恢复兽类的生命健康，不属于刑法规定的毒害性危险物质的范畴，不能认定为投放危险物质罪中的危险物质。

（二）行为人基于报复特定人员的目的实施危害不特定多人身心健康的行为，构成故意伤害罪与以危险方法危害公共安全罪的竞合，应择一重罪处罚

首先，行为人向不特定人员的饮用水中投放兽用地塞米松，危害公共安全，构成危害公共安全犯罪。公共安全中的公共领域具有承载工作、学习、生活等社会功能，以及不特定人员可以在此场所内自由活动的本质特征。因此，危害公共安全罪中的公共安全受到危害的实质判断标准，就是在公共场所中可以自由活动的不特定多人人身财产权益受到侵害。本案中，被告人于某投放兽用地塞米松的办公室，本单位的人员自由出入，同时，于某所在的市统计局系政府部门，具有处理社会公共事务的职能，到该单位办理行政事务的人员不特定，于某在办公室饮用桶装水中投放兽用地塞米松行为危害的人员具有不确定性，事实上，也造成了不特定多人身体健康严重受损。因此，于某的行为危害了公共安全，并造成了严重后果，符合危害公共安全罪的客观要件和实质危害标准，构成危害公共安全犯罪。

其次，行为人基于报复特定人员的目的实施危害不特定多人身心健康的行为，同时构成故意伤害罪与以危险方法危害公共安全罪的竞合，应择一重罪处罚。犯罪性质的确定应当按照主客观相一致的原则，从行为人的主观罪过和客观行为表现两个方面综合评判。行为人的主观罪过不能仅仅以行为人的供述和认识为判断标准，而是应当根据行为人的客观行为表现，结合行为人的供述，综合分析认定。本案中，主观上，被告人于某既具有伤害报复对象的直接故意，也有放任报复对象之外不特定人受损的间接故意；客观上，于某既实施了向单位办公室的桶装饮用水投放激素类药物地塞米松的行为，又实施了向报复对象的水壶、水杯中投放激素类药物地塞米松的行为，既造成了被报复人员徐某、郭某甲、

李某、刘某、丁某甲、丁某乙、段某、邵某某等人的身心健康损害，也造成了被报复人员之外的王某某、姜某、邢某某、赵某某、郭某乙、刁某某、汤某某、勇某某等20余人的身心健康损害。综合其主观心态与客观行为表现，其行为既构成故意伤害罪，也构成以危险方法危害公共安全罪，是一行为触犯两罪名的犯罪竞合，应择一重罪处罚。于某的行为造成多人重伤及轻伤、轻微伤后果，根据刑法规定，以故意伤害罪论处应当在三年以上十年以下有期徒刑判处刑罚，而以以危险方法危害公共安全罪论处则应当在十年以上有期徒刑、无期徒刑或者死刑幅度内判处刑罚，故应以处刑较重的以危险方法危害公共安全罪定罪处罚。

（三）行为人向不特定人员的饮用水中投放兽用地塞米松的行为，造成了多人身心健康严重受损和恶劣社会影响，应当依法严厉惩处

根据我国刑法第六十一条的规定，对于犯罪分子决定刑罚的时候，应当根据犯罪的事实、犯罪的性质、情节和对于社会的危害程度依法判处。本案中，于某的犯罪事实清楚，犯罪性质严重，犯罪情节恶劣，犯罪后果十分严重，社会影响极其恶劣，应当在法定刑幅度内从重处罚。

首先，被告人于某犯罪的事实清楚，证据确实、充分。于某为报复本单位领导和同事，通过网络购买兽用地塞米松注射液，向单位办公室内公用的桶装饮用水以及部分同事的饮用水杯中持续投放兽用地塞米松，造成多人受伤的事实，有徐某等被害人的陈述，众多证人的证言，现场勘验检查、搜查、辨认、侦查实验等笔录，水桶水样鉴定、被害人血液、尿液及伤情鉴定等鉴定意见，兽用地塞米松磷酸钠注射液、塑料瓶、注射器等物证，于某的支付宝账户及购买兽药记录、快递单、被害人住院病历等书证，于某进入被害人办公室将不明液体倒入烧水壶中的监控录像等视频资料以及于某的供述和辩解等证据予以证实，足以认定。

其次，被告人于某犯罪的性质严重，情节恶劣。于某因个人心胸狭窄对本单位领导和同事产生不满后，不计后果，向单位办公室内公用的桶装饮用水以及部分同事的饮用水杯中投放兽用地塞米松，其行为构成

危害公共安全的严重犯罪。于某投放兽药行为长达两年半之久，投放数量多达5600余支，尤其是于某在发现多名同事出现身体损害后果并多次就医后，仍持续进行大剂量、频繁投放，直到其中一名被害人经医生提醒在办公室中安装监控设备后才发现于某投放行为，报警将其抓获，犯罪情节十分恶劣，主观恶性极深。

最后，被告人于某犯罪行为造成的后果极其严重。于某的行为造成4人重伤、2人轻伤、10人轻微伤的严重后果。根据鉴定人对被害人损伤情况的说明，被害人的身体损伤存在持续加剧的可能。例如，被害人郭某甲，虽然目前可正常行走，但是现在为多发局灶性骨梗死并影响双下肢功能，与正常人相比较，更易发生骨折。而且，本案还有10余名人员饮用了含有地塞米松的水，其间也出现过相应症状，因放弃作伤情鉴定，未予认定身体损伤程度。此外，本案造成了恶劣社会影响，案发后引发广泛社会关注与网络热议。

综上，被告人于某为报复同事向所在单位办公室的桶装水中投放激素类药物，致多人身心健康受到重大伤害，其行为具有严重社会危害性，构成犯罪。由于激素类药物不属于毒害性、放射性和传染病病原体等危险物质，根据罪刑法定原则，其行为不构成投放危险物质罪。该行为造成不特定多人身心健康重大损害，属于危害公共安全中的危险方法。于某主观上既有报复特定对象的直接故意，也有放任被报复人员之外的人受到伤害的间接故意，客观上造成了被报复人员和其他多人身心健康的重大损害，构成故意伤害罪与以危险方法危害公共安全罪的竞合，应择一重罪，以以危险方法危害公共安全罪定罪处罚。于某危害公共安全的犯罪性质严重，动机卑劣，情节恶劣，后果极其严重，社会影响恶劣，法院以以危险方法危害公共安全罪判处其死刑，缓期二年执行，剥夺政治权利终身，符合罪责刑相适应原则，罚当其罪。

（撰稿：山东省高级人民法院　刘振会

审编：最高人民法院刑四庭　陆建红）

[第1507号]

刘某魁、孙某梅等人非法买卖枪支案

——对枪口比动能较低的涉气枪案件可不认定“情节严重”，无须报请核准在法定刑以下判处刑罚

一、基本案情

被告人刘某魁，男，1979年×月×日出生，原北京集英汇财会议服务有限责任公司法定代表人。2018年10月1日被取保候审。

被告人孙某梅，女，1958年×月×日出生，原齐齐哈尔迷之城堡拓展训练有限公司法定代表人。2016年4月7日被取保候审。

(其他被告人情况略)。

黑龙江省齐齐哈尔市铁锋区人民检察院指控被告人刘某魁、孙某梅等人犯非法买卖枪支罪，向齐齐哈尔市铁锋区人民法院提起公诉。

铁锋区人民法院公开审理查明：2014年6月，被告人孙某、孙某梅、杨某等人经研究决定，由孙某为公司购买开展野外真人CS游戏所需枪支。孙某通过网络联系到北京卖家被告人刘某魁，并前往北京从刘某魁处以3.2万元购得24支彩弹枪配件及彩弹5000余发，以零部件的形式由德邦物流发往齐齐哈尔。2014年6月末，杨某根据孙某指示将彩弹枪配件从库房中提出并负责安装，安装过程中发现胶圈漏气无法充进气体，枪支不能正常使用，杨某在铁锋区五金交电市场花费10余元购买胶圈20余个和氧气瓶压力表，将新购买的胶圈装到枪上并充气。案发后，侦查

机关将上述彩弹枪扣押并进行充气打压，发现有3支能正常击发。经鉴定，该3支彩弹枪被认定为枪支。

2013年12月，浙江省桐庐县张某炜、方某俊接受徐某义的建议欲开设真人CS野战俱乐部，后通过徐某义与被告人刘某魁取得联系并洽谈购买彩弹枪事宜。2014年12月，张某炜、方某俊前往北京市怀柔区集英汇财会议服务有限责任公司当场交予刘某魁现金3万元后，刘某魁将40支彩弹枪配件邮寄给张某炜，张某炜将购买彩弹枪的尾款6万元交由物流公司转交给刘某魁。经鉴定，该40支彩弹枪有15支可以认定为以压缩气体为动力的枪支。

铁锋区人民法院认为，被告人刘某魁、孙某梅的行为构成非法买卖枪支罪，于2017年1月24日对刘某魁在法定刑以下判处有期徒刑三年零六个月，并将全案依照在法定刑以下判处刑罚核准程序报核。齐齐哈尔市中级人民法院以部分事实不清、定罪有误、量刑不当为由发回铁峰区人民法院重新审判。铁锋区人民法院认定刘某魁犯非法买卖、邮寄枪支罪，在法定刑以下判处有期徒刑三年零六个月；孙某梅犯非法买卖枪支罪，在法定刑以下判处有期徒刑一年，缓刑一年，并再次将全案报核。黑龙江省高级人民法院以部分事实不清为由发回铁峰区人民法院重新审判。

铁锋区人民法院经再次审理认为，被告人刘某魁犯非法买卖枪支罪，情节严重，依法应处十年以上有期徒刑、无期徒刑或者死刑；被告人孙某梅犯非法买卖枪支罪，依法应处三年以上十年以下有期徒刑。刘某魁、孙某梅虽不具有法定减轻处罚情节，但考虑涉案枪支枪口比动能较低，材质除枪管系铁质外，其余部分均为塑料材质，出售及购买的用途为野外真人CS游戏娱乐使用，根据罪责刑相适应原则，依法可对刘某魁、孙某梅减轻处罚。孙某梅犯罪情节较轻，具有悔罪表现，没有再犯罪危险，如宣告缓刑对其居住社区没有重大不良影响，可以对其宣告缓刑。依据刑法第一百二十五条第一款、第三款，第三十条，第三十一条，第二十五条第一款，第二十六第一款、第四款，第六十七条第三款，第七十二条第一款，第六十一条和《最高人民法院、最高人民检察院关于涉以压缩气体为动力的枪支、气枪铅弹刑事案件定罪量刑问题的批复》第一条的规定，认定被告人刘某魁犯非法买卖枪支罪，判处有期徒刑三年零六个月；被告人孙某梅犯非法买卖枪支罪，判处有期徒刑一年，缓刑一年。

（其他被告人判决情况略）。

宣判后，在法定期限内没有上诉、抗诉。铁锋区人民法院经依法逐级报请齐齐哈尔市中级人民法院、黑龙江省高级人民法院同意后，报请最高人民法院核准。

最高人民法院经审查认为，原审判决认定的事实清楚，证据确实、充分，但适用法律错误，审判程序违法。根据刑法第六十三条第二款和《最高人民法院关于适用〈中华人民共和国刑事诉讼法〉的解释》第三百三十八条①的规定，裁定如下：

一、不核准齐齐哈尔市铁锋区人民法院（2019）黑0204刑初20号对被告人刘某魁以非法买卖枪支罪在法定刑以下判处有期徒刑三年零六个月；对被告人孙某梅以非法买卖枪支罪在法定刑以下判处有期徒刑一年，缓刑一年的刑事判决。

二、撤销齐齐哈尔市铁锋区人民法院（2019）黑0204刑初20号对被告人刘某魁以非法买卖枪支罪在法定刑以下判处有期徒刑三年零六个月；对被告人孙某梅以非法买卖枪支罪在法定刑以下判处有期徒刑一年，缓刑一年的刑事判决。

三、发回齐齐哈尔市铁锋区人民法院重新审判。

最高人民法院发回重审后，齐齐哈尔市铁锋区人民法院经重新开庭，判决如下：

一、被告人刘某魁犯非法买卖枪支罪，判处有期徒刑三年零六个月；

二、被告人孙某梅犯非法买卖枪支罪，免予刑事处罚。

宣判后，在法定期限内没有上诉、抗诉。判决已发生法律效力。

---

① 此处适用的是2012年《最高人民法院关于适用〈中华人民共和国刑事诉讼法〉的解释》，对应2021年《最高人民法院关于适用〈中华人民共和国刑事诉讼法〉的解释》第四百一十七条。

二、主要问题

（一）被告人刘某魁非法买卖枪支的行为是否属于“情节严重”？

（二）在法定刑以下判处刑罚核准案件是仅报核在法定刑以下判处刑罚的被告人还是全案报核？

三、裁判理由

（一）刘某魁非法买卖枪支的行为可不认定“情节严重”

刑法第一百二十五条第一款规定：“非法制造、买卖、运输、邮寄、储存枪支、弹药、爆炸物的，处三年以上十年以下有期徒刑；情节严重的，处十年以上有期徒刑、无期徒刑或者死刑。”2001 年制定、并于 2009 年修正的《最高人民法院关于审理非法制造、买卖、运输枪支、弹药、爆炸物等刑事案件具体应用法律若干问题的解释》（以下简称《解释》）规定，非法制造、买卖、运输、邮寄、储存军用枪支一支以上，或者以火药为动力发射枪弹的非军用枪支一支以上，或者以压缩气体等为动力的其他非军用枪支二支以上的，即构成犯罪。非法制造、买卖、运输、邮寄、储存枪支数量达到上述最低数量标准五倍以上的，属于“情节严重”。《解释》规定的定罪量刑标准是与公安部 2001 年制定的《公安机关涉案枪支弹药性能鉴定工作规定》的枪支鉴定标准相衔接的。该规定第三条第三项规定：“对于不能发射制式（含军用、民用）枪支子弹的非制式枪支，按照下列标准鉴定：将枪口置于距厚度为 25.4mm 的干燥松木板 1 米处射击，当弹头穿透该松木板时，即可认为足以致人死亡；弹头或弹片卡在松木板上的，即可认为足以致人伤害。具有以上两种情形之一的，即可认定为枪支。”此为通常所说的“射击干燥松木板法”。据有关方面和专家介绍，该标准相当于枪口比动能 16 焦耳/平方厘米左右。

基于从严管理枪支的考虑，公安部于 2007 年发布了新的《枪支致伤力的法庭科学鉴定判据》（自2008年3月1日起实施），对于制式枪支、适配制式子弹的非制式枪支、曾经发射非制式子弹致人伤亡的非制式枪支直接认定为具有致伤力；未造成人员伤亡的非制式枪支致伤力判据为枪口比动能大于等于1.8焦耳/平方厘米，即降到了原标准的十分之一左右。2010年《公安机关涉案枪支弹药性能鉴定工作规定》进一步明确，对不能发射制式弹药的非制式枪支，“枪口比动能大于等于1.8焦耳/平方厘米时，一律认定为枪支”。在枪支标准作出上述调整后，一些实际致伤力较低的枪支被认定为刑法意义上的枪支，行为人被定罪判刑，甚至判处重刑，罪刑不相适应。经调研论证，2018年3月8日，最高人民法院、最高人民检察院联合发布了《关于涉以压缩气体为动力的枪支、气枪铅弹刑事案件定罪量刑问题的批复》（以下简称《批复》），其中第一条规定，对于非法制造、买卖、运输、邮寄、储存、持有、私藏、走私以压缩气体为动力且枪口比动能较低的枪支的行为，在决定是否追究刑事责任以及如何裁量刑罚时，不仅应当考虑涉案枪支的数量，而且应当充分考虑涉案枪支的外观、材质、发射物、购买场所和渠道、价格、用途、致伤力大小、是否易于通过改制提升致伤力，以及行为人的主观认知、动机目的、一贯表现、违法所得、是否规避调查等情节，综合评估社会危害性，坚持主客观相统一，确保罪责刑相适应。第二条规定，对于非法制造、买卖、运输、邮寄、储存、持有、私藏、走私气枪铅弹的行为，在决定是否追究刑事责任以及如何裁量刑罚时，应当综合考虑气枪铅弹的数量、用途以及行为人的动机目的、一贯表现、违法所得、是否规避调查等情节，综合评估社会危害性，确保罪责刑相适应。

因《批复》规定比较原则，司法实践中就如何理解《批复》出现了一些分歧，尤其是对于数量已经达到《解释》规定的“情节严重”标准，是否可以直接适用《批复》不认定“情节严重”的问题，存在较大分歧。一种意见认为，《批复》对枪口比动能较低的涉以压缩气体为动力的枪支、气枪铅弹案件确定了“数量+情节”标准，实质性修改了《解释》对此类案件的唯数量标准，故可直接适用《批复》不认定“情节严重”，不需要适用在法定刑以下判处刑罚核准程序层报最高人民法院。另一种意见认为，《批复》是政策性的规定，对数量达到《解释》规定的“情节严重”标准的，要降档量刑必须报请核准。

经研究，我们同意第一种意见。最高人民法院、最高人民检察院之所以出台《批复》，就是因为枪支标准作出调整后，一些实际致伤力较低的枪支被认定为刑法意义上的枪支，部分行为人被科以重刑，罪责刑不相适应。2016 年 12 月以来，赵某华非法持有枪支案、刘某蔚走私武器案等案件，均因量刑过重受到媒体广泛关注。自 2017 年 1 月起，最高人民法院多次与最高人民检察院研究室、公安部法制局、海关总署缉私局等部门会商研究。经研究认为，解决涉枪犯罪存在的问题，应当完善相关司法解释。最高人民法院、最高人民检察院经调研，最终拟出了新的司法解释稿，决定适当提高涉以压缩气体为动力的枪支、气枪铅弹犯罪案件的入罪和法定刑升档门槛，明确对以压缩气体为动力的低致伤力枪支、气枪铅弹犯罪案件，在追究刑事责任时不应唯数量论，而应综合考虑有关情节追究刑事责任，确保罪责刑相适应。从《批复》出台的目的看，可以适用《批复》不认定“情节严重”，也就无须报请核准在法定刑以下量刑。本案中被告人刘某魁即属此类情况，其行为虽然达到《解释》规定“情节严重”的数量标准，但从枪支本身情况及用途看，可不认定为“情节严重”。

但需要注意的是，不能适用《批复》突破刑法规定的法定刑幅度判处刑罚。笔者发现有案件存在此种情况，如刑法规定非法买卖弹药罪的起点刑为有期徒刑三年，但某非法买卖弹药案件在被告人没有任何减轻处罚情节的情况下，也未报请核准在法定刑以下判处刑罚，直接适用《批复》判处有期徒刑二年。《批复》只是将此类案件量刑的唯数量标准修改为“数量+情节”标准，但仍须遵循刑法规定，不能突破刑法。

（二）在法定刑以下判处刑罚案件仅需报核法定刑以下量刑的被告人

刑法第六十三条第二款规定：“犯罪分子虽然不具有本法规定的减轻

处罚情节，但是根据案件的特殊情况，经最高人民法院核准，也可以在法定刑以下判处刑罚。”从以上规定看，需要报最高人民法院核准的仅是在法定刑以下判处刑罚的被告人，而非案件的所有被告人，这一点与死刑复核程序一样，不需要报核的被告人，在一、二审结束后，裁判即已发生法律效力，未发生法律效力的只有原审法院判决在法定刑以下判处刑罚的被告人。齐齐哈尔市铁锋区人民法院数次全案报核，并在判决书最后写明“本判决依法报请最高人民法院核准后生效”不当。中级人民法院、高级人民法院在核准过程中亦应注意此问题，对未涉及在法定刑以下判处刑罚的被告单位及被告人不能改变处理结果，否则有违在法定刑以下判处刑罚核准案件的审理范围。如果发现已生效判决的被告人量刑确有错误的，可以通过审判监督程序纠正。

（撰稿：最高人民法院刑四庭　何春燕
审编：最高人民法院刑四庭　叶邵生）

[第 1508 号]

曹某交通肇事案

——施工单位整修路段时未按规定履行安全警示义务，致使路段仍然具有公共通行功能的，该路段仍属于“道路”

一、基本案情

被告人曹某，男，1968 年×月×日出生。2021 年 1 月 12 日因犯交通肇事罪被取保候审，同年 5 月 20 日被逮捕。

上海市崇明区人民检察院指控被告人曹某犯交通肇事罪，向上海市崇明区人民法院提起公诉。

被告人曹某对公诉机关指控的基本事实无异议，提出本起交通事故应由崇明市政公司承担主要责任，其和被害人均应当承担次要责任，不应认定其构成交通肇事罪。其辩护人提出，本案案发地点系施工场地而非公共道路，本案不属于交通事故的范畴，且崇明市政公司未履行安全保障义务，系引发事故的根本原因，曹某对危害结果的发生至多承担次要责任。

上海市崇明区人民法院审理查明，2020 年 7 月 30 日 15 时 15 分许，被告人曹某驾驶牌号为沪 EQ××××的重型自卸货车，沿上海市崇明区崇明大道北侧非机动车道由西向东倒车行驶至鼓浪屿路路口东约 30 米处，为正在附近施工的上海崇明市政工程有限公司装运渣土。因其在倒车过程中未察明车后情况而撞及车后非机动车道内由东向西行驶的被害人樊某森骑驶的电动自行车，导致樊某森及其骑驶的电动自行车被撞后卷入货车底部。事故发生后，被告人曹某打电话报警并在现场等待，樊某森被送医救治。经鉴定，曹某所驾驶的涉案重型自卸货车安全技术状况不符合《机动车运行安全技术条件》的有关规定。同年 10 月 29 日，樊某森经救治无效而死亡。经鉴定，樊某森死因符合道路交通事故致四肢多发损伤、失血性休克，并发心肌损害等，终致多器官功能衰竭死亡。交通事故损伤为死者死亡的根本原因。经事故认定，被告人曹某负本起事故的主要责任，崇明市政公司负次要责任，樊某森不负责任。事发后，曹某及货车所投保的保险公司为被害人垫付医疗费 40000 元。

上海市崇明区人民法院认为，被告人曹某违反交通运输管理法规，因而发生重大交通事故，致一人死亡，且负事故的主要责任，其行为已构成交通肇事罪，依法应予惩处。依照刑法第一百三十三条、第六十七条第一款之规定，判决如下：

被告人曹某犯交通肇事罪，判处有期徒刑一年。

宣判后，被告人曹某提出上诉，认为其不应承担事故的主要责任，不构成犯罪。其辩护人认为，本案案发地点属于施工区域，崇明市政公司按规定应以围栏隔离并禁止公众通行，故暂停了“道路”的功能，本案不属于道路交通事故，道路交通事故认定书不应予以采信。

上海市第二中级人民法院审理认为一审判决并无不当，且审判程序合法，裁定驳回上诉，维持原判。

二、主要问题

（一）施工单位在对道路进行整修时，未按规定履行安全警示义务，交通参与者误入施工路段的，该路段能否认定为“道路”？

（二）上述情形下，事故责任该如何认定？

三、裁判理由

本案事故发生的地点位于正在整修的非机动车道路段，施工前崇明市政公司已依法获得当地交通运输管理部门的施工许可，并在公安机关进行了备案，但在施工时未对路段予以封闭，亦未设置任何警示标志。被告人曹某系受崇明市政公司临时委托前来装运渣土的重型货车驾驶员，其在作业过程中以为施工单位已经封闭相关路段，在倒车时因疏忽大意而撞击后方驶来的电动自行车，致使电动自行车骑驶者樊某森死亡。审理过程中，关于本案事发地点能否认定为“道路”及罪名认定，存在两种意见。第一种意见认为，本案事发地点属于施工区域，被告人曹某系在生产、作业中违反有关安全管理的规定，因而发生重大伤亡事故，应当认定其构成重大责任事故罪。第二种意见认为，事发地点仍然具有“道路”的属性，本案实质上是一起交通事故，被告人曹某应承担事故的主要责任，应当认定其构成交通肇事罪。

笔者同意第二种意见，具体理由如下。

（一）对于交通肇事罪中“道路”的理解

本案中，对事发地点性质的界定十分重要，认定不同，随之带来的就是对被告人行为定性的不同。申言之，若将之定性为具有公共交通属性的“道路”，那么应当考虑被告人是否构成交通肇事罪。若将之定性为生产、作业的施工区域，那么应当考虑被告人是否构成重大责任事故罪。

道路交通安全法第一百一十九条第一项规定：“‘道路’是指公路、城市道路和虽在单位管辖范围但允许社会机动车通行的地方，包括广场、公共停车场等用于公众通行的场所。”由此可见，“道路”不包括居民小区、学校校园、机关企事业单位内等不允许社会机动车自由通行的通道及专业停车场。最高人民法院、最高人民检察院、公安部发布的《关于办理醉酒驾驶机动车刑事案件适用法律若干问题的意见》（以下简称《意见》）第一条第一款明确，在道路上驾驶机动车，血液内酒精含量达到80毫克/100毫升以上的，属于醉酒驾驶机动车，依照刑法第一百三十三条之一第一款的规定，以危险驾驶罪定罪处罚。在随后的第二款中明确，前款规定的“道路”“机动车”，适用道路交通安全法的有关规定。危险驾驶罪与交通肇事罪在保护法益上具有高度的相似性，同是为了惩治危害公共交通安全的犯罪，维护道路交通秩序与公共安全。故二者在“道路”的定义上应当具有同质性，《意见》中关于“道路”的指示性规定，也应当适用于交通肇事罪。从道路交通安全法的有关规定中，不难发现，判断相关地点是否属于“道路”，关键在于其是否符合道路的公共性特征。而公共性的本质在于参与对象的不特定性。无论单位对其管辖范围内的路段、停车场采取的管理方式是收费还是免费，车辆进出是否需要登记，只要允许不特定的社会车辆自由通行，就属于“道路”；如果仅允许与管辖单位、人员有业务往来或因探亲访友等特定事由来访的车辆通行，则不属于允许社会车辆通行，不能认定为“道路”。

本案事发路段原系正常使用的非机动车道，属于“道路”无疑，但事发时正由崇明市政公司负责整修，该整修行为是否阻断了该路段的公共交通属性，是本案应当审查的重点。本案中，崇明市政公司虽经公安机关批准在事发路段非机动车道进行道路施工，但未按规定使用安全护栏、设置警示标志、指派人员看护，使路段实质上成了一个兼具开放施工与公共交通双重属性的特殊区域，交通参与者可以随意驶入事发区域。所以，应当认定本起事故发生在公共交通管理范围内，被害人系作为交通参与者在事故中遇难。依照《最高人民法院关于审理交通肇事刑事案件具体应用法律若干问题的解释》第八条的规定，在实行公共交通管理的范围内发生重大交通事故的，依照刑法中关于交通肇事罪及该解释的有关规定办理。所以，事发地点理应被认定为“道路”，本案应当适用刑法及其司法解释关于交通肇事罪的有关规定进行处理。

（二）如何认定本起交通事故责任

道路交通安全法第三十六条规定，根据道路条件和通行需要，道路划分为机动车道、非机动车道和人行道的，机动车、非机动车、行人实行分道通行。《道路交通安全法实施条例》第五十条规定，机动车倒车时，应当察明车后情况，确认安全后倒车。本案中，被告人曹某在仍具有公共交通属性的非机动车道上驾驶安全技术状况不符合规定的机动车倒车，仅凭观察车辆两侧及车内后视镜无法准确判断车辆后方的具体情况，对此其当庭予以确认。当法庭问及遇此情形该如何正确处置时，曹某坦陈应当寻求他人在旁指挥，若无法确认安全则不应继续倒车。因曹某在未确认安全的情况下驾驶机动车倒车，导致撞到被害人并将其卷入车底，系未尽到注意义务而致使事故发生，其行为是事故发生的直接原因。曹某及其辩护人提出，曹某在倒车时误以为施工方已封闭施工区域，不会有行人或车辆闯入，故其对危害结果无法预见。但笔者认为，机动车驾驶员的安全注意义务不会因行车地点、环境的不同而有所改变。换言之，不论是在封闭的施工区域内还是在开放的公共道路上，机动车驾驶员在驾驶车辆倒车时应当具有同样的注意义务。尤其是相较非机动车驾驶员与行人而言，机动车驾驶员的注意义务理应更高。本案中，被告人曹某的注意义务并不会因崇明市政公司未履行安全警示义务而有所降低。曹某作为一名具有 A2 准驾资格、在案发时驾龄已长达 24 年的资深驾驶员，清楚知晓上述机动车驾驶规则，其驾驶重型自卸货车在非机动车道上倒车，也应当知道一旦与非机动车、行人或是施工人员发生碰撞，极易造成人员伤亡等严重危害后果，却在驾驶时未尽到注意义务，因疏忽大意导致交通事故发生，对事故发生所起作用较大、过错程度较大，应当承担事故的主要责任。

道路交通安全法第三十二条第二款规定，施工作业单位应当在经批准的路段和时间内施工作业，并在距离施工作业地点来车方向安全距离处设置明显的安全警示标志，采取防护措施。本案中，崇明市政公司未按法律规定履行安全警示义务，未对施工的公共道路采取封闭措施，致使被害人樊某森误入施工道路，对交通事故的发生亦有一定责任。但相比被告人曹某肇事行为而言，对事故发生所起作用较小、过错程度较小，应当承担事故的次要责任。

被害人作为一名年逾 70 周岁的老人，精力、反应均不如普通成年人，其骑驶电动自行车在非机动车道上正常行驶、在未得到有效警示的情况下，无法苛求其能够准确判断出该道路是正在施工，还是暂停施工，抑或是施工完毕。况且，根据监控视频反映的情况及被告人曹某的当庭供述，事发路段系由东向西逐段整修，事故发生的地点属正常沥青路面，未及整修，距离东侧正在整修的路面约 80 米远。以常理度之，被害人认为事发路段属于能够正常通行的公共道路，无可厚非。同时，监控视频反映，被害人骑驶电动自行车在非机动车道正常行驶，驶至货车后方时采取了制动措施，却仍被继续倒车的货车撞击，无任何证据证实被害人有过错行为，故认定被害人对该起事故没有责任是正确的。法院认定被告人曹某违反交通运输管理法规，因而发生重大交通事故，致一人死亡，且负事故的主要责任，以交通肇事罪对其定罪处罚适当。

（撰稿：上海市崇明区人民法院　金立寅

审编：最高人民法院刑四庭　陆建红）

[第 1509 号]

张某重大责任事故案

——受让具有合法证照的网吧后未变更登记的不属于非法经营

一、基本案情

被告人张某，男，1993 年×月×日出生。2018 年 12 月 6 日被逮捕。

被告人张某付，男，1966 年×月×日出生。2018 年 12 月 13 日被逮捕。

河南省安阳市龙安区人民检察院指控被告人张某犯非法经营罪、买卖国家机关证件罪和重大责任事故罪，被告人张某付犯买卖国家机关证件罪，向安阳市龙安区人民法院提起公诉。

被告人张某辩称其经营网吧签订有转让合同，属正常经营，不构成非法经营罪；其没有多次安排接人上网，只是让高耀去接过一次上网人员，也没有给高耀发过工资，不属于安排。其辩护人提出：（1）被告人张某和张某付签订协议转让的仅仅是财产，不包括网吧证照，公诉机关指控非法经营罪和买卖国家机关证件罪的罪名不成立；（2）张某作为网吧实际经营人不属于重大责任事故罪的犯罪主体，安排高耀去接人的行为不违反有关安全管理的法律规定，与发生的严重交通事故之间不存在必然因果关系，不构成重大责任事故罪。

被告人张某付对起诉书指控的事实无异议。其辩护人提出：被告人张某付不是想通过买卖证件盈利，没有买卖国家机关证件的主观故意；双方签订的是整体转让协议，不构成买卖国家机关证件罪。

安阳市龙安区人民法院审理查明：2015年3月9日，被告人张某付注册登记了“安阳市龙安区腾飞网吧”（以下简称“腾飞网吧”），经营地址位于安阳市龙安区大白线路东（张家庄村北），并办理了《营业执照》《网络文化经营许可证》《公众聚集场所投入使用、营业前消防安全合格证》和《互联网上网服务营业场所安全审核合格证》等证照。2017年12月7日，张某付将腾飞网吧转让给其外甥即被告人张某，双方协议约定转让价格为12万元，包含网吧内的电脑、桌椅、《网络文化经营许可证》及《营业执照》等所有物品和证照。此后，张某开始经营腾飞网吧，其与张某付二人均未按规定到相关部门办理证照变更手续。经安阳县公安局网监大队远程勘验，自2017年12月7日至2018年11月16日，张某经营该网吧收入为24.60595万元；经调取成都吉胜有限责任公司登记的腾飞网吧电脑收费情况，张某经营该网吧收入为24.1861万元。

被告人张某在经营网吧期间，多次违规接纳未成年人上网。2018年11月16日晚上11时许，张某安排未取得机动车驾驶资格的高耀（已死亡）驾驶轿车，到安阳市龙安区善应镇接前来网吧上网的六名未成年人，返回途中发生交通事故，造成包含高耀和六名未成年人在内的七人死亡、一人受伤及五车部分损坏的严重后果。

安阳市龙安区人民法院认为，被告人张某在从事网吧经营中，在对上网人员提供车辆接送时，明知来上网的人员为六人，而安排不具有驾驶资格的高耀，深夜驾驶核载五人的轿车，超载接送六名未成年人，其行为违反了国家有关生产作业的安全管理规定，应对死亡七人、受伤一人、车损五辆的事故后果承担责任，其行为已构成重大责任事故罪，且属情节特别恶劣。公诉机关指控张某构成非法经营罪和买卖国家机关证件罪、张某付构成买卖国家机关证件罪不当。张某虽系经公安机关电话通知后主动到案，但其到案后未能如实供述犯罪事实，不构成自首。根据本案犯罪的事实、犯罪的性质、情节和对社会的危害程度，依据刑法第一百三十四条第一款、第六十一条、《最高人民法院、最高人民检察院关于办理危害生产安全刑事案件适用法律若干问题的解释》第七条、刑事诉讼法第二百条第一项、第二项之规定，判决如下：

一、被告人张某犯重大责任事故罪，判处有期徒刑七年；

二、被告人张某付无罪。

一审宣判后，安阳市龙安区人民检察院以一审判决张某不构成非法经营罪和买卖国家机关证件罪、张某付无罪属适用法律错误为由，提出抗诉。安阳市人民检察院经审查后认为该抗诉不当，决定撤回抗诉。

被告人张某以不构成重大责任事故罪提出上诉。其辩护人提出：刑法规定的重大责任事故罪仅限于厂矿单位在生产、作业过程中的行为，张某作为网吧的实际经营人不属于重大责任事故罪的犯罪主体，安排开车接人没有违反网吧的安全管理规定，也没有违反有关安全管理的法律规定，与发生的重大交通事故之间不存在法律上的因果关系，不构成重大责任事故罪。

安阳市中级人民法院认为，原审判决认定事实和适用法律正确，审判程序合法。安阳市人民检察院撤回抗诉的决定符合相关法律规定，应予准许。上诉人张某的上诉理由及其辩护人的辩护意见均不能成立，不予采纳。裁定如下：准予安阳市人民检察院撤回抗诉；驳回上诉人（原审被告人）张某的上诉，维持原判。

二、主要问题

（一）有偿转让具有合法证照的网吧，未办理证照变更登记的，是否构成买卖国家机关证件罪？

（二）受让具有合法证照的网吧，未办理证照变更登记而继续经营的，是否构成非法经营罪？

（三）网吧经营活动中接送上网人员发生事故的，是否构成重大责任事故罪？

三、裁判理由

一审公诉机关认为被告人张某付将其经营的网吧连同相关证照一并出售给被告人张某，二人均构成买卖国家机关证件罪；进而认为张某通过买卖取得的相关网吧证照是非法的，因此其经营行为属于没有取得《网络文化经营许可证》而擅自从事互联网上网服务经营活动，又构成非法经营罪。张某和张某付的辩护人则认为二人的行为不构成买卖国家机关证件罪，张某的行为不构成非法经营罪。一审法院认为张某、张某付在转让网吧过程中，未及时办理经营证照的法定代表人变更手续，仅违反了相关行政管理法规，依法应给予行政处罚，但不构成买卖国家机关证件罪和非法经营罪。张某安排不具有驾驶资格的高耀驾车超载接送上网人员的行为违反了生产经营安全管理的相关法律规定，与车辆发生事故导致人员死亡的严重后果之间具有刑法上的因果关系，构成重大责任事故罪。二审予以维持。

笔者同意一、二审法院的意见。具体理由如下。

（一）为经营而买卖具有合法证照的网吧，不构成非法买卖国家机关证件罪

伪造、变造、买卖国家机关证件罪，是指伪造、变造、买卖有权国家机关颁发的证件的行为，其侵害的法益是国家机关证件的公共信用。证件，是指国家机关颁发给特定申请主体，证明该主体具有一定权利义务关系或其他事实的凭证。前者，比如，营业执照、不动产权证书、机动车登记证书、专利权证书等；后者，比如，医师资格证书、法律职业资格证书等。获得国家机关颁发证件的主体可以据此直接实施一定的法律行为，而不需要另外证明自己的权利或者能力。通过伪造、变造形成虚假的国家机关证件，或者通过买卖国家机关证件，使得不合格的主体获得该证件，得以凭借该证件从事某种活动，不仅造成一定的社会风险，也导致国家机关证件的公共信用遭到破坏，应当纳入刑法规制范围。就买卖国家机关证件罪而言，是指作为购买者的一方在不具备申领相关证件条件的情况下，通过买卖的方式取得相关证件，包括买卖假借国家机关名义制作、内容虚假的证件，或者向国家机关申请并取得证件的人将该证件再非法出售给他人。

本案中，被告人张某付将其投资开办的腾飞网吧转让给被告人张某，

并将有关国家机关颁发给该网吧的四个证照即《营业执照》《网络文化经营许可证》《公众聚集场所投入使用、营业前消防安全合格证》和《互联网上网服务营业场所安全审核合格证》交给张某继续使用，笔者认为，这不属于买卖国家机关证件罪，理由如下。

第一，上述四个证照确实属于国家机关颁发的证件。首先，腾飞网吧为被告人张某付个人投资开办的非公司私营企业，属于当时有效的《私营企业暂行条例》中规定的独资企业。根据个人独资企业法第九条、第十二条的规定，申请设立个人独资企业，应当由投资人或者其委托的代理人向个人独资企业所在地的登记机关提交设立申请书、投资人身份证明、生产经营场所使用证明等文件；从事法律、行政法规规定须报经有关部门审批的业务的，还应当提交有关部门的批准文件；登记机关应当在收到设立申请文件之日起十五日内，对符合规定条件的予以登记，发给营业执照。本案中工商登记管理机关根据张某付申请而向其开办的个人独资企业腾飞网吧颁发的《营业执照》即属于国家机关证件。其次，腾飞网吧经营的上网服务活动属于必须报经有关部门审批的业务。国务院制定的《互联网上网服务营业场所管理条例》（以下简称《条例》）第十条规定，经营单位申请从事互联网上网服务经营活动，应当向县级以上地方人民政府文化行政部门提出申请；第十一条规定，申请人还应当向同级公安机关申请信息网络安全审核，并依照有关消防管理法律法规的规定办理审批手续，取得信息网络安全和消防安全批准文件后，文化行政部门经实地检查并审核合格的，发给《网络文化经营许可证》。因此，腾飞网吧取得的《网络文化经营许可证》等证件也属于国家机关颁发的证件。

第二，被告人张某受让腾飞网吧后作为新的投资人，需要针对上述证照办理变更登记手续。个人独资企业法第十五条规定，个人独资企业存续期间登记事项发生变更的，应当在作出变更决定之日起的十五日内依法向登记机关申请办理变更登记。《个人独资企业登记管理办法》第十三条规定，个人独资企业变更投资人姓名和居所、出资额和出资方式，应当在变更事由发生之日起十五日内向原登记机关申请变更登记；第十七条规定，个人独资企业因转让或者继承致使投资人变化的，个人独资企业可向原登记机关提交转让协议书或者法定继承文件，申请变更登记。《条例》第十三条规定，互联网上网服务营业场所经营单位变更名称、住所、法定代表人或者主要负责人的，应当依法到工商行政管理部门办理变更登记，并到文化行政部门、公安机关办理有关手续或者备案。根据上述行政法规规定，被告人张某付将其经营的个人独资企业腾飞网吧转让给张某，并不意味着网吧的停业或者解散，网吧作为一个企业并未消灭，其《营业执照》仍然继续有效，张某作为受让人只需要依照上述规定持转让协议书向工商登记机关申请变更登记即可；同样，张某付将腾飞网吧转让给张某，也不意味着该网吧所具有的《网络文化经营许可证》失效，张某到工商机关变更登记后，再持新的《营业执照》到文化主管部门对《网络文化经营许可证》的法定代表人进行变更，即可继续凭借该许可证开展经营活动。

第三，被告人张某对相关证照的受让，是网吧转让协议履行的必然内容之一，虽未及时变更投资人和法定代表人登记，但不属于买卖国家机关证件的行为。一方面，从民事法律的角度看，双方转让协议的合同标的物是作为一个企业的腾飞网吧，而不是网吧里的电脑、桌椅等设备财产。相关证照授权的对象是作为一个企业的腾飞网吧，而不是原法定代表人张某付个人。张某受让的合同标的也是作为一个企业并具备营业所必需相关证照的腾飞网吧，而并非受让张某付的四个证照并据以另行开办一个网吧企业。因此，该网吧的《营业执照》等四个证照的使用主体并没有发生转移，其二人之间也就不属于买卖国家机关证件的关系。另一方面，从行政法律的角度看，个人独资企业法和《条例》对于经营者转让《营业执照》《网络文化经营许可证》的行为和企业转让后未按规定办理变更登记的行为，也是分别作出不同的处罚规定，并未等同对待，后者的法律责任轻于前者。比如，个人独资企业法第三十五条规定，涂改、出租、转让营业执照的，责令改正，没收违法所得，处以3000元以下的罚款；情节严重的，吊销营业执照。第三十七条第二款规定，个人独资企业登记事项发生变更时，未按该法规定办理有关变更登记的，责令限期办理变更登记；逾期不办理的，处以2000元以下的罚款。再如，《条例》第二十九条规定，互联网上网服务营业场所经营单位涂改、出租、出借或者以其他方式转让《网络文化经营许可证》，尚不够刑事处罚的，由文化行政部门吊销《网络文化经营许可证》，没收违法所得，并处以罚款。《条例》第三十二条规定，互联网上网服务营业场所经营单位变更法定代表人或者主要负责人未向文化行政部门、公安机关办理有关手续或者备案的，由文化行政部门、公安机关依据各自职权给予警告，可以并处15000元以下的罚款；情节严重的，责令停业整顿，直至吊销《网络文化经营许可证》。上述规定足以说明，行政法律并未将“企业转让后未及时就相关证照办理变更登记的行为”和“买卖国家机关证件的行为”等同看待。行政犯罪的行政违法性是刑事违法性的必要条件，买卖国家机关证件罪作为一种行政犯罪，其规制的对象行为不能超出行政违法处罚的范围。

本案中，被告人张某付和张某转让腾飞网吧未及时办理变更登记的行为，既然不属于行政处罚范畴的转让国家机关证件行为，当然也就不可能属于买卖国家机关证件罪的规制范围，同样也不属于刑法第二百二十五条第二项规定的非法经营罪中“买卖经营许可证”的范围。

（二）受让具有合法证照的网吧而继续经营，虽然未办理证照变更登记，但不属于“擅自从事互联网经营活动”，不构成非法经营罪

非法经营罪是指违反国家规定，从事未经许可的经营活动，扰乱市场秩序，情节严重的行为。市场秩序，就是国家通过一定的法律制度约束市场行为主体，增加通过非法、不合理途径获取利益的成本，从而确立市场主体自觉从事合理、合法交易活动的有序状态。国家对市场经济进行管理是通过一系列分门别类的具体法律制度体系来实现的，违反这些法律制度的行为，都可能破坏或者扰乱市场管理秩序，如果达到一定的社会危害性，即可能构成刑法分则第三章“破坏社会主义市场经济秩序罪”中的具体个罪。刑法第二百二十五条对非法经营罪的客观行为表

现规定为四项，其中第四项是“违反国家规定”的“其他严重扰乱市场秩序的非法经营行为”。刑法第九十六条规定：“本法所称违反国家规定，是指违反全国人民代表大会及其常务委员会制定的法律和决定，国务院制定的行政法规、规定的行政措施、发布的决定和命令。”刑法第二百二十五条第四项规定的“违反国家规定”的“其他严重扰乱市场秩序的非法经营行为”，是考虑到市场经营种类和经营行为千变万化，为避免挂一漏万，授权其他法律或行政法规作为补充规范，对非法经营罪的表现形式作出补充规定。

《条例》第七条规定，国家对互联网上网服务营业场所经营单位的经营活动实行许可制度，未经许可，任何组织和个人不得从事互联网上网服务经营活动。根据该规定，互联网上网服务营业属于必须取得国家行政许可的一种经营活动。《条例》第八条不但对从事互联网上网服务经营活动的基本条件从经营主体必须是企业、相适应的资金、场所地址、消防安全条件、场所最低营业面积、计算机等装置及附属设备的数量、网络安全管理制度和安全技术措施等方面作出了规定，同时要求对互联网上网服务经营活动审批时，“还应当符合国务院文化行政部门和省、自治区、直辖市人民政府文化行政部门规定的互联网上网服务营业场所经营单位的总量和布局要求”。后者正是对互联网上网服务市场秩序的规范和保护，因此，未取得许可而擅自从事互联网上网服务的行为，从形式上看侵犯了国家对互联网上网服务这一行业的经营许可制度，从本质上看破坏了国家对互联网上网服务经营单位的总量控制及布局要求，导致出现无序竞争局面，扰乱了市场秩序，属于非法经营行为。《条例》第二十七条规定，违反该《条例》的规定，擅自从事互联网上网服务经营活动的，依法予以取缔；触犯刑律的，依照刑法关于非法经营罪的规定追究刑事责任；尚不够刑事处罚的，由文化行政部门没收违法所得及其从事违法经营活动的专用工具、设备并罚款。《条例》是国务院制定的行政法规，属于刑法中的“国家规定”，因此违反《条例》规定未取得行政许可而擅自从事互联网上网服务经营活动的行为即可能构成刑法第二百二十五条第四项规定的非法经营罪。而对于网吧变更法定代表人或者主要负责人后未向文化行政部门、公安机关办理有关手续或者备案的行为，《条例》第三十二条仅规定了行政法律责任，并未作出“触犯刑律的，依照刑法关于非法经营罪的规定，依法追究刑事责任”的规定，即作为补充规范的《条例》并未将这种行为纳入严重扰乱市场经济秩序并应予以刑事打击的范畴。

本案中，被告人张某付与张某签订转让协议，张某付将其经营的网吧连同设备、相关证件一并转让给张某，《网络文化经营许可证》是作为企业的证照，附属于企业一并转让给张某，张某系因受让腾飞网吧这个企业而一并受让网吧的《网络文化经营许可证》，并非单独购买《网络文化经营许可证》，因此不符合无证经营的情形。张某受让网吧及相关证照后，未按规定及时变更《网络文化经营许可证》上登记的法定代表人信息，只是违反了行政管理法规，该《网络文化经营许可证》作为对企业营业场所地址、营业面积、计算机等装置及附属设备数量、信息网络安全管理制度和安全技术措施等经营要件的合规确认，仍然合法有效，张某并没有利用该许可证易地易人另行开展互联网上网服务经营活动，而是在原地址、原经营场所及原经营规模下继续经营同一网吧，其行为从形式上看不属于没有许可证而擅自开展互联网上网服务经营活动，从实质上看也没有造成任何扰乱互联网上网服务市场经营秩序的后果，不属于非法经营行为，不构成非法经营罪。

需要补充说明的是，在本案讨论过程中，有意见认为只要是违反了国家对市场经营行为进行管理的任何法律法规，就可以认定为非法经营罪的客观行为，本案中被告人张某违法接纳未成年人到网吧上网，违反相关管理制度，属于非法经营行为。笔者认为，这种理解不当扩大了非法经营罪的内涵和外延，会直接导致非法经营罪沦为“口袋罪”，不符合罪刑法定原则和刑法谦抑精神。

（三）网吧经营活动中接送上网人员发生事故后果的，可以构成重大责任事故罪

刑法第一百三十四条第一款规定，在生产、作业中违反有关安全管

理的规定，因而发生重大伤亡事故或者造成其他严重后果的，处三年以下有期徒刑或者拘役；情节特别恶劣的，处三年以上七年以下有期徒刑。道路交通安全法第二条规定，中华人民共和国境内的车辆驾驶人、行人、乘车人以及与道路交通活动有关的单位和个人，都应当遵守本法。因此企业经营者违反道路交通安全等安全管理法规对生产、作业活动作出管理安排，导致发生伤亡事故后果的，应当构成重大责任事故罪。

本案被告人张某在经营网吧过程中，违规接纳未成年人上网，并在顾客人数较多时提供车辆接运服务，该接运行为属于其招揽顾客、扩大网吧上网人数、获取经营利润的手段，是网吧经营活动的一部分。作为网吧负责人的张某对网吧内部运行和接送上网人员的活动均负有安全管理的责任，在对上网人员提供车辆接送服务时，应当选择具有合法驾驶资格的人员，并安排与接送人员数量相适应的车辆，以确保不发生安全事故。张某安排不具有驾驶资格的高耀驾车接送上网人员，并在明知需要接送的上网人数为六人的情况下，安排一辆核定载客人员包含司机才五人的轿车接送，其行为违反了生产经营安全管理的相关法律规定，与车辆发生事故导致人员死亡的严重后果之间具有刑法上的因果关系，其行为应构成重大责任事故罪。

综上，人民法院根据本案的事实、情节，认定被告人等不构成非法经营罪、买卖国家机关证件罪，是严格依法审理案件的结果，体现了罪刑法定原则，是准确的。

（撰稿：河南省高级人民法院　蔡智玉

审编：最高人民法院刑二庭　于同志）

[第 1510 号]

王某某、徐某某走私国家禁止进出口的货物案

——犯罪工具与合法财产混同的，可以按比例没收

一、基本案情

被告人王某某，男，1969 年×月×日出生。2022 年 11 月 21 日被逮捕。

被告人徐某某，男，1968 年×月×日出生。2022 年 11 月 21 日被逮捕。

上海市人民检察院第三分院指控被告人王某某、徐某某犯走私国家禁止进出口的货物罪，向上海市第三中级人民法院提起公诉。

被告人王某某、徐某某对公诉机关指控的事实和罪名无异议，被告人王某某的辩护人亦无异议，徐某某的辩护人对事实无异议，提出涉案船舶应返还给被告人徐某某。

上海市第三中级人民法院经审理查明：2020 年 4 月，被告人王某某为牟取非法利益，受他人委托联系孙某某（已判刑）驾驶船舶前往他国运输我国禁止进口的物品绕关走私入境。被告人徐某某明知孙某某从事走私活动，仍将自己与他人共同购买的 A 船出租给孙某某，并一同上船参与此次运输。后孙某某招募他人，于同月 26 日共同驾乘 A 船从境内出发，前往他国装载走私物品绕关走私入境，并于同年 6 月 13 日在江苏省某码头将走私物品过驳给 B 船，被告人徐某某随即下船。2020 年 6 月 18

日、19 日，B 船将上述物品卸载于河北省某码头。后上述走私物品被销售，被告人王某某实施了帮助收取货款等行为。

2020 年 6 月 14 日，被告人王某某再次委托孙某某前往他国走私我国禁止进口的物品，孙某某伙同他人再次共同驾乘 A 船从境内出发，同年 7 月 4 日，A 船在他国装载走私物品后返航。同月 12 日 15 时许，A 船于航行中被我海上警局查获。涉案物品已被依法没收。

2021 年 1 月 29 日，被告人王某某、徐某某被抓获。到案后，被告人王某某、徐某某如实供述了上述事实。

上海市第三中级人民法院认为，被告人王某某为牟取非法利益，违反海关法规，逃避海关监管，受他人委托两次联系孙某某等人驾乘船舶从其他国家绕关走私我国禁止进口的物品入境并帮助收取货款；被告人徐某某为牟取非法利益，明知他人从事走私活动仍将船只租赁给他人，且伙同他人驾乘船舶走私入境，重量达 8284 余吨，均情节严重，其行为均构成走私国家禁止进出口的货物罪，依法应予惩处。在共同犯罪中，被告人王某某、徐某某均起次要作用，系从犯，依法应当从轻或者减轻处罚。被告人王某某、徐某某到案后如实供述自己的犯罪行为，系坦白，依法可以从轻处罚。被告人王某某自愿认罪，被告人徐某某自愿认罪，有一定的悔罪表现，均可以酌情从轻处罚。根据本案的犯罪事实、性质、情节及对社会的危害程度等，决定对被告人王某某从轻处罚、对被告人徐某某减轻处罚。王某某、徐某某参与走私犯罪，情节严重，尚不具备适用缓刑的条件，故辩护人要求对两名被告人适用缓刑的意见，依法不予采纳。关于涉案船舶的处理问题，经查，A 船系徐某某与他人共同出资购买，平时用于正常经营，如果直接判决予以没收，不符合罪责刑相适应及比例原则，故应当按照其所涉犯罪，以没收一定比例钱款的方式没收该作案工具。辩护人的相关合理辩护意见，予以采纳。据此，依照刑法第一百五十一条第三款，第二十五条第一款，第二十七条，第六十七条第三款，第五十二条，第五十三条第一款，第六十四条以及《最高人民法院、最高人民检察院关于办理走私刑事案件适用法律若干问题的解释》第十一条第一款第六项、第二款第一项之规定，判决如下：

一、被告人王某某犯走私国家禁止进出口的货物罪，判处有期徒刑五年六个月，并处罚金人民币一百万元。

二、被告人徐某某犯走私国家禁止进出口的货物罪，判处有期徒刑三年，并处罚金人民币二十五万元（已缴纳）。

三、走私犯罪违法所得予以追缴，供犯罪所用的本人财物予以没收。没收被告人徐某某人民币二十万元（已缴纳）。

一审宣判后，被告人王某某、徐某某均未提出上诉，上海市人民检察院第三分院亦未抗诉。判决已发生法律效力。

二、主要问题

（一）涉案船舶是否应当认定为犯罪工具？

（二）犯罪工具与合法财产混同时，如何保护合法权益？

（三）按比例没收钱款时，如何确定没收的比例？

三、裁判理由

（一）涉案船舶应当认定为犯罪工具

犯罪工具是指犯罪分子进行犯罪活动时所使用的器具物品。犯罪工具的认定，如果标准过于宽泛，则可能损害公民合法财产权；如果标准过于严苛，则可能使特殊没收的作用无法发挥。司法实践中，判断某一物品是否属于犯罪工具，一般是从该物品与犯罪行为之间是否具有直接关联性、是否对犯罪成立发挥实质性作用等方面进行考虑。在水上绕关走私案件中，犯罪分子通过不向海关申报的方式绕开海关设立的关卡进行走私活动，此时，船舶作为实施犯罪必不可少的工具，与走私犯罪之间具有直接关联性，对犯罪行为的成立发挥实质性帮助作用，可以说，如果没有船舶，绕关走私的犯罪行为便无法产生，犯罪行为无法实现。本案中，孙某某等人逃避海关监管，两次驾驶 A 船走私入境，涉案船舶应当认定为犯罪工具。

刑法虽然并未直接规定犯罪工具应当如何进行处理，但是刑法第六十四条明确规定，违禁品和供犯罪所用的本人财物，应当予以没收。供犯罪所用的本人财物，包括犯罪工具和组成犯罪行为之物，司法机关对犯罪工具判决予以没收的法律依据便是刑法第六十四条。对犯罪工具予以没收，是因为该工具在具体犯罪中发挥了作用。对犯罪工具的没收，体现了对犯罪分子实施犯罪行为的否定性评价，能够消除犯罪分子使用同一工具再次犯罪的危险，摧毁犯罪的物质基础，发挥预防犯罪的功能。在绕关走私犯罪案件中，犯罪分子使用的船舶对于犯罪的产生具有促进和帮助作用，因此，具有没收的必要性。

（二）涉案船舶的处理应当兼顾第三人的合法权益

犯罪工具可以依法判决没收，并不意味着所有的犯罪工具都应当予以没收。刑法第六十四条对没收范围进行了限制，明确规定没收的财物必须是本人财物，体现了罪责自负和保护第三人合法权益的原则。“供犯罪所用的本人财物”中“本人”的范围，不应扩大到无关第三人。对于个人犯罪来说，“本人”的概念仅仅针对行为人自己；对于共同犯罪来说，“本人”的概念可以指向单独的个人，也可以指向共同犯罪中的部分行为人，还可以指向共同犯罪的所有人。无论如何，“本人”不能指向与案件无关的第三人。刑法第六十四条对没收财物的权属进行限定，表明了对非犯罪行为人合法权益的保护。

本案中，A船系被告人徐某某和他人共同出资购买（船只总价638.99万元，其中徐某某出资187万元、孙某瑞出资451.99万元），两人共同享有船舶所有权，属于按份共有。如果孙某瑞明知他人要实施走私犯罪而将船舶租赁给对方或者明知他人使用船舶实施走私犯罪而采取默许的态度，那么可以直接依照法律规定对涉案船舶进行没收。目前，根据现有证据，孙某瑞既未参与走私犯罪，亦不明知A船用于走私。

被告人徐某某对A船享有约1/3的所有权，涉案船舶是否可以适用刑法第六十四条的规定进行没收，成为一个难题。一方面，涉案船舶系合法财产与犯罪财产混同之物，且无法分割，如果直接判决予以没收，则严重损害第三人对船舶享有的所有权；如果直接判决予以发还，则无法体现法律对被告人徐某某使用船舶参与走私犯罪的否定性评价，有放纵犯罪之嫌。另一方面，徐某某滥用船舶所有权造成社会危害的行为客观存在，如果仅仅因为第三人在犯罪工具上享有所有权就不予没收该犯罪工具，可能会引发潜在犯罪分子的效仿。因此，对于认定为犯罪工具的器物，不能仅仅因为犯罪工具上有他人所有权或者限定物权，就从法律上不对该犯罪工具进行处置。

涉案船舶应当予以没收还是发还，成为一个难题。如何既能遵守“供犯罪所用的本人财物，应当予以没收”的规定，又能严格保护第三人的合法权利？

（三）犯罪工具与合法财产混同，可以按比例没收

当犯罪工具与合法财产混同时，可以考虑通过没收一定比例钱款的方式进行处理，一般适用于涉案财物被第三人善意取得、涉案财物由多人共同共有且不可分割或者附有他物权等情形。供犯罪所用的本人财物，既有“财”亦有“物”，由于“财”和“物”具有相互转化的可能性，“物”和“财”形态上的转变不影响司法机关对犯罪工具的认定与没收。用没收钱款的方式没收涉案财物，符合法律精神。例如，犯罪分子多次使用某船舶参与绕关走私，后将该船舶出售给第三人，第三人支付对价，构成善意取得。此时，作为犯罪工具的船舶原物已经不属于犯罪分子了，对犯罪工具不予处理或者没收第三人已合法取得所有权的船舶均不可取，可以考虑没收犯罪分子出售船舶价款的数额。采用按比例没收钱款的方式对犯罪工具进行处理，在一定程度上剥夺了犯罪分子再犯罪的能力，既贯彻了不使任何人从犯罪中获利的原则，同时又能够做到物尽其用、保护第三人合法权益。

以按比例没收钱款的方式没收涉案财物并非理论上的“空想”，而是

已经得到国际条约和法律的支持。我国于 2003 年 12 月 10 日签署的《联合国反腐败公约》第三十一条第五款明确规定："如果这类犯罪所得已经与从合法来源获得的财产相混同，则应当在不影响冻结权或者扣押权的情况下没收这类财产，没收价值最高可以达到混合于其中的犯罪所得的估计价值。"虽然该规定针对的是犯罪所得，但是结合《联合国反腐败公约》第三十一条其他款项的规定，对犯罪工具的处理亦可遵循这一方法。我国反有组织犯罪法第四十五条第二款规定："依法应当追缴、没收的涉案财产无法找到、灭失或者与其他合法财产混合且不可分割的，可以追缴、没收其他等值财产或者混合财产中的等值部分。"虽然反有组织犯罪法系为黑社会性质组织和恶势力组织犯罪量身定制的法律，但是，该规定体现出的价值理念可以供其他类型案件的处理借鉴。事实上，在有关走私犯罪法律适用问题的规范性文件中，也有类似规定。《最高人民法院、最高人民检察院、海关总署打击非设关地成品油走私专题研讨会会议纪要》第五条第二款规定："有证据证明依法应当追缴、没收的涉案财产被他人善意取得或者与其他合法财产混合且不可分割的，应当追缴、没收其他等值财产。"因此，对于走私案件来说，使用没收相应比例钱款的方法处理犯罪工具，既有法理依据，亦有规范依据。

（四）没收比例的确定应综合考虑多种因素

为保障公民私权利、约束国家公权力，公法领域设置了一些限制公权力行使的原则，比例原则就是其中之一。比例原则包含妥当性、必要性、平衡性等内容，贯彻比例原则，能够发挥人权保障的功能，促进公权力选择最佳的规制手段。对于犯罪工具的没收，应当坚持权属限制和量度限制，既坚持没收供犯罪所用的本人财物，又坚持比例原则。

犯罪工具原本属于犯罪分子合法财产，投入犯罪系权利滥用，但是工具对犯罪的"促进"或者说"帮助"作用不同，有大小之分，所以对犯罪工具的处理也应当有所区分。本案中，船舶本体虽然无法进行分割，但是可以对船舶的价值进行划分，根据被告人徐某某对船舶享有所有权的比例，判处没收相应的钱款，避免不没收或全没收的窘境。涉案船舶总价值638.99万元，被告人徐某某出资187万元，法院并非直接判决没收徐某某187万元的钱款。涉案船舶平时用于正常生产经营活动，偶尔用于走私，如果直接判决没收徐某某享有的所有权份额等值钱款，明显不适当。当决定采用没收一定比例的钱款方式时，还应当考虑到钱款价值与犯罪工具“作用”的价值相当。

对犯罪工具的处理，没收比例的确定可以从工具所有人在犯罪中的地位和作用、使用犯罪工具的心理状态等多方面因素进行考虑。本案中，综合考虑以下各种因素，最终判决没收被告人徐某某20万元人民币。

一是从犯罪分子在走私犯罪中的地位、作用看，被告人徐某某虽然参与走私犯罪一次，但是并未实施安排他人工作、指挥联络等行为，所起作用相较于王某某、孙某某等人而言较小。而且，徐某某的获利来源是将船舶租赁给他人的租金，并未直接从走私犯罪中获利。

二是从犯罪分子将犯罪工具投入犯罪时的主观态度看，涉案船舶投入走私犯罪中具有偶然性。徐某某与他人共同购买A船，主要目的是将船舶租赁给他人使用以获取租金。船舶用于走私并非徐某某刻意追求的目的，亦不是徐某某经过深思熟虑的结果。因此，没收比例不宜过高。

三是从犯罪工具本身的属性看，A船平时主要用于正常生产、经营活动，偶尔用于走私犯罪，如果直接判决予以没收，则会导致裁判失当。如果犯罪工具系专门、主要用于犯罪或者频繁用于犯罪，那么在确定没收的比例时应当从严。

四是从犯罪工具自身的价值看，涉案船舶价值较大，往往是一个家庭或几个家庭资产的重要构成部分，当犯罪分子因犯罪被判处刑罚时，犯罪分子的家人更加需要稳定可靠的收入来源。根据犯罪工具在犯罪中所起作用的大小，没收一定比例的钱款，有利于保障犯罪分子家属的正常生活，维护社会稳定。

五是从维护所有权制度的角度看，采用按比例没收可以最大限度发挥物尽其用的原则，保护公民合法财产权。产权制度是社会主义市场经济体制的基石，其稳定对于交易安全、经济发展具有重要意义，如果因没收犯罪工具而侵害与犯罪无关的第三人合法权益，则可能会影响市场经济的发展。

六是从判决效果看，本案的处理能够让民众感受到公平正义就在身边。徐某某家属得知可以没收一定比例的钱款，在宣告判决之前积极主动帮助徐某某预缴钱款。宣告判决后，徐某某明确表示认罪服法、不会上诉，其家属亦感谢法院的公正处理，体现了政治效果、法律效果和社会效果的有机统一。

综上，法院根据相关规定和案件具体情况，作出按比例没收被告人徐某某人民币二十万元的判决是适当的。

（撰稿：上海市第三中级人民法院　肖晚祥　宋　典
审编：最高人民法院刑二庭　逄锦温）

[第1511号]

湖北洁达环境工程有限公司、李某某逃税案

——对行为人初次逃税行为不予追究刑事责任的法律适用

一、基本案情

原公诉机关湖北省荆州市沙市区人民检察院。

申诉单位（一审被告单位、二审上诉单位）湖北洁达环境工程有限公司，住所地荆州市沙市区北京路×号。

申诉人（一审被告人、二审上诉人）李某某，男，1956年×月×日出生，湖北洁达环境工程有限公司法定代表人，系该公司董事长。2007年11月26日被取保候审。

荆州市沙市区人民法院一审查明：被告人李某某系湖北洁达环境工程有限公司（以下简称洁达公司）法定代表人，占股94.23%。经审计，2003年至2007年，洁达公司应缴纳税款80.341314万元，逃避缴纳税款共计44.629251万元，少缴税款占应缴税款55.55%。2007年9月11日，该市地方税务局稽查局将洁达公司、李某某涉嫌逃税案移送公安机关。同年9月25日，公安机关立案侦查，洁达公司、李某某于同年9月30日、11月1日先后补缴税款共计45.806908万元。公安机关于2008年7月28日将本案移送审查起诉，检察机关于2008年8月21日将本案退回补充侦查。其间，刑法修正案（七）于2009年2月28日施行。公安机关于2009年5月7日将本案重新移送审查起诉。检察机关于2009年6月

29日向法院提起公诉。

荆州市沙市区人民法院于2009年9月19日作出（2009）沙刑初字第151号判决，认定洁达公司犯逃避缴纳税款罪，判处罚金人民币四十五万元；李某某犯逃避缴纳税款罪，判处有期徒刑三年，并处罚金人民币四十五万元；退缴逃避缴纳税款44.629251万元，依法上缴国库。

宣判后，洁达公司和李某某不服，提出上诉。湖北省荆州市中级人民法院于2009年11月19日作出（2009）鄂荆中刑终字第132号裁定，撤销原判，发回重审。荆州市沙市区人民法院于2010年4月29日作出（2010）沙刑初字第9号判决，认定洁达公司犯逃税罪，判处罚金人民币六十五万元；李某某犯逃税罪，免予刑事处罚；退缴逃税税款依法上缴国库。

宣判后，洁达公司和李某某不服，提出上诉。二审期间，洁达公司和李某某申请撤回上诉。荆州市中级人民法院于2010年7月22日作出（2010）鄂荆中刑终字第49号裁定，准许洁达公司和李某某撤回上诉。洁达公司以经营困难为由，申请减免罚金人民币二十万元。荆州市沙市区人民法院于2010年7月27日作出（2010）沙刑执字第9号裁定，减少洁达公司罚金人民币二十万元。

裁判生效后，洁达公司和李某某不服，提出申诉。荆州市沙市区人民法院于2011年6月7日作出（2011）沙刑监字第1号驳回申诉通知，荆州市中级人民法院于2012年12月5日作出（2012）鄂荆州中刑申字第6号驳回申诉通知，均驳回其申诉。洁达公司和李某某仍不服，向湖北省高级人民法院提出申诉。湖北省高级人民法院于2013年7月19日作出（2013）鄂刑申字第00041号再审决定，指令荆州市荆州区人民法院对该案进行再审。荆州市荆州区人民法院于2014年6月13日作出（2013）鄂荆州区刑再字第00001号裁定，驳回洁达公司、李某某的申诉；维持荆州市沙市区人民法院（2010）沙刑初字第9号判决。

宣判后，洁达公司和李某某不服，提出上诉。荆州市中级人民法院于2015年4月30日作出（2014）鄂荆州中刑再终字第00001号裁定，驳回上诉，维持荆州市荆州区人民法院（2013）鄂荆州区刑再字第00001号裁定。洁达公司和李某某仍不服，提出申诉。湖北省高级人民法院于2017年7月10日作出（2015）鄂刑再申字第00013号决定，提审本案。后于2018年8月28日作出（2018）鄂刑再1号裁定，驳回申诉，维持湖北省荆州市中级人民法院（2014）鄂荆州中刑再终字第00001号裁定。洁达公司和李某某不服，向最高人民法院提出申诉。

最高人民法院经审查认为，自2009年2月28日施行的刑法修正案（七）对刑法第二百零一条作了修正，增加了第四款对有逃税犯罪行为的被告人附条件不予追究刑事责任的特别条款，即“有第一款行为，经税务机关依法下达追缴通知后，补缴应纳税款，缴纳滞纳金，已受行政处罚的，不予追究刑事责任；但是，五年内因逃避缴纳税款受过刑事处罚或者被税务机关给予二次以上行政处罚的除外”。本案中，税务稽查部门在发现洁达公司有逃税行为、可能涉嫌犯罪后，没有对逃税人进行纳税追缴、行政处罚，而是直接将案件移送公安机关立案侦查。洁达公司、李某某在侦查阶段向公安机关补缴了全部应纳税款，后又根据原审生效裁判缴纳了判罚的全部罚金。经查，税务机关直接将本案移交公安机关处理时刑法修正案（七）尚未出台，但公安机关最终移送审查起诉、检察机关提起公诉、原审法院作出一审裁判的时间均在刑法修正案（七）施行之后。根据从旧兼从轻原则，结合本案的具体情况，对洁达公司、李某某应当适用刑法第二百零一条第四款的规定。原审未适用该规定，属于适用法律错误，应予纠正。最高人民法院于2019年9月11日作出（2019）最高法刑申231号决定，以原审适用法律确有错误为由，指令湖北省高级人民法院对本案进行再审。

湖北省高级人民法院再审查明的事实和证据与原一、二审及再审认定的事实和证据一致。湖北省高级人民法院于2020年12月30日作出（2019）鄂刑再5号判决，以适用法律错误为由，撤销原审生效裁判，依法改判洁达公司、李某某无罪。

二、主要问题

对于刑法修正案（七）施行前实施，未经税务机关给予行政处罚，直接移交司法机关处理的逃税行为，审判时刑法修正案（七）已经施行的，能否适用修正后刑法第二百零一条第四款对逃税初犯附条件不予追究刑事责任的特别条款？

三、裁判理由

本案中有两种不同观点，具体如下。

第一种观点认为，洁达公司逃避缴纳税款的行为不符合刑法第二百零一条第四款规定的情形，不应适用该条款。适用该款的条件为：有该条第一款行为，经税务机关下达追缴通知且补缴应纳税款，缴纳滞纳金，已受行政处罚的情形。该款将全面接受和履行税务机关的行政处罚作为不予追究刑事责任的必要前置条件，但并未规定行政机关必须先予行政处罚而不能直接移送司法机关。本案中，税务机关在稽查过程中发现洁达公司涉嫌逃税犯罪后，根据相关规定直接将案件移送公安机关刑事立案，符合法律规定。公安机关立案后，案件已经进入刑事诉讼程序，洁达公司向公安机关退缴的款项属于涉案赃款，不属于向税务机关补缴应纳税款的情形，且未接受相应行政处罚。

第二种观点认为，本案审判阶段，刑法修正案（七）已经施行，根据从旧兼从轻的时间效力原则，应当适用修正后的刑法第二百零一条第四款，在洁达公司、李某某接受税务机关行政处罚，补缴应纳税款，缴纳滞纳金后，对其不予追究刑事责任。

笔者同意上述第二种观点。对于刑法修正案（七）施行前实施且未经行政处罚、施行后审判的逃税行为，在符合立法精神的情况下，应当适用刑法第二百零一条第四款对逃税初犯不予追究刑事责任的特别条款。具体理由如下。

（一）根据立法原意，由税务机关给予行政处罚是决定是否启动刑事诉讼的前置程序

自2009年2月28日起施行的刑法修正案（七）对刑法第二百零一条作了修正，最主要的修正之一就是增加了第四款不予追究刑事责任的特殊条款。该修改主要是为了限定逃税罪的处罚范围，体现宽严相济的刑事政策；同时，也更好地维护税收征管秩序，促使纳税义务人依法积极履行纳税义务，保证国家税收收入。根据该规定，结合对立法的理解，是否接受税务机关给予的行政处罚就成为能否启动刑事诉讼的前置程序，对于逃税人，应当先由税务机关依法下达追缴通知，如果逃税人补缴应纳税款，缴纳滞纳金，并已受行政处罚，且不存在五年内因逃避缴纳税款受过刑事处罚或者被税务机关给予二次以上行政处罚情形的，就不再追究刑事责任。换言之，接受税务机关的行政处罚成为不予追究刑事责任的前提条件，或者说是刑罚阻却事由。

（二）从刑法时间效力角度而言，本案应适用修正后的刑法第二百零一条第四款

本案中，税务稽查部门在发现洁达公司及李某某有逃税行为，可能涉嫌犯罪后，没有对逃税人进行纳税追缴、行政处罚，而是直接将案件移送公安机关刑事立案，洁达公司及李某某在侦查阶段向公安机关缴纳了全部应纳税款。税务机关直接将本案移交公安机关处理的行为发生在2007年，当时刑法修正案（七）尚未施行，税务机关的做法符合相关规定。但是，公安机关最终将本案移送审查起诉的时间为2009年5月7日，检察机关提起公诉的时间为2009年6月29日，法院第一次作出一审裁判的时间为2009年9月19日，即公安机关移送审查起诉、检察机关提起公诉、法院作出一审裁判的时间均在2009年2月28日刑法修正案（七）施行之后。相对于修正前的刑法规定，修正后的刑法第二百零一条第四款赋予了逃税人通过全面接受税务机关的行政处罚和履行补缴税款义务

而免予刑事追究的选择，更加有利于被告人。且现有证据表明洁达公司此前仅因少缴税款受到过一次行政处罚，不属于五年内因逃避缴纳税款受过刑事处罚或者被税务机关给予二次以上行政处罚的情形。因此，对于本案这种情况，公安机关、检察机关、审判机关不应直接移送审查起诉、提起公诉或作出有罪判决，而应当根据从旧兼从轻原则，适用修正后刑法第二百零一条第四款的规定。

从本案中洁达公司和李某某在公安机关立案侦查后迅速补缴甚至多缴应纳税款的实际表现看，如果当时的办案机关认识到这一法律适用问题，及时将案件退回行政机关，洁达公司和李某某是完全能够满足“补缴应纳税款，缴纳滞纳金，已受行政处罚”这一刑罚阻却事由的。因此，原审法院在洁达公司和李某某的逃税行为未经税务机关行政处罚的情形下，直接对其行为定罪处罚，属于适用法律错误，应通过再审程序予以纠正。

（三）本案的再审改判，有利于保障民营企业健康发展

洁达公司因本案被追究刑事责任后，因为企业有案底严重影响了信誉和进一步发展，对企业的经营、发展造成了不利影响。洁达公司和李某某实际已积极纠正错误，退缴全部税款并缴纳罚金，国家流失的税收收入得以追回，逃税企业已受到经济性制裁，所有法律关系均得到恢复，洁达公司和李某某的行为并未严重到必须给予刑事处罚的程度。在营造法治化营商环境、保障和促进民营企业健康发展的大背景之下，对本案经再审作出非犯罪化处理，更有利于案件取得良好的政治效果、法律效果和社会效果。

（撰稿：最高人民法院刑五庭　李静然
湖北省高级人民法院　李艳芳
湖北省襄阳市中级人民法院　林璟萱
审编：最高人民法院刑二庭　欧阳南平）

[第 1512 号]

黄某正等合同诈骗案

——对合同整体履行不存在根本影响的欺诈行为如何定性

一、基本案情

被告人黄某正，男，1963 年×月×日出生。2018 年 1 月 19 日被逮捕，2019 年 10 月 10 日变更为取保候审。

被告人周某，男，1984 年×月×日出生。2017 年 12 月 15 日被逮捕，2018 年 1 月 31 日变更为取保候审。

被告人袁某庆，男，1965 年×月×日出生。2017 年 12 月 30 日被刑事拘留，2018 年 2 月 8 日变更为取保候审。

江西省九江市濂溪区人民检察院指控被告人黄某正、周某、袁某庆犯合同诈骗罪，向九江市濂溪区人民法院提起公诉。

被告人黄某正及其辩护人提出，涉案工程尚未竣工验收，没有结算工程款，本案系经济纠纷，不属于刑事案件。被告人周某、袁某庆及其辩护人均提出，周某、袁某庆主观上没有非法占有目的，其行为系职务行为，不构成合同诈骗罪。

九江市濂溪区人民法院经审理查明，2012 年 11 月，被告人黄某正以承包方临川一建的名义与发包方德恒公司签订某社区土建工程施工总承包合同，工程总造价约 4 亿元。约定前期所有工程由承包方垫资兴建，每月按实际完成的工程量办理核算清单，累计完成工程达 1 亿元工程量时，发包方一次性支付工程进度款8000万元，后续工程按每月完成工程量的70%支付工程进度款。合同签订后，被告人黄某正作为实际承建人自筹资金，组织施工。因项目1#、6#、7#楼地底有大量溶洞分布，2013年3月12日，德恒公司项目经理冷伟明代表业主方与施工方代表黄某正、监理公司总监胡某学等人开会讨论决定，桩基施工先开挖土方达到设计标高要求后再施工桩基，桩基灌注砼按实际计算，收小票为依据，工程竣工结算时按桩基签证单结算。同年3月18日，临川一建与德恒公司、监理公司签订了桩基溶洞处理专项方案及费用签证明细准则，约定在工程实际处理过程中，使用的材料数量以现场实际发生并经三方签证的数量为准，溶洞填筑高度工程量以三方确认的数量为准，并折算成总桩长。2013年3月至8月，项目1#、6#、7#楼水下混凝土灌注桩共施工完成446根桩基，混凝土供应商九江科晟混凝土有限公司（以下简称科晟公司）供应混凝土共计12044立方米。

在446根桩基施工过程中，被告人黄某正以弥补前期施工混凝土损耗为名，要求科晟公司另外提供一部分虚假送货单，并先后安排项目部经理周某生和材料员被告人袁某庆领取。起初，通过实际运输6立方米开具9立方米混凝土送货单的方式虚开混凝土送货单，后改为直接虚开未实际发生的送货单，领取的虚假送货单混杂在真实送货单中，由现场技术员被告人周某填录在工程量签证单中，并授意周某不如实记录施工相关数据，虚增桩长和土层厚度数据，致使签证单上反映的工程量与实际施工不符。德恒公司冷某明、郭某华、曹某、吕某华及项目监理方缪某刚、胡某学等签证人员未经核实，均在工程量签证单上签名认可。2013年10月，黄某正向德恒公司提交了根据水下混凝土灌注桩工程量签证单制作的工程预算书，申请支付工程款。2013年11月25日至2015年2月17日，德恒公司支付工程款共计117785504元，双方确认已完成工程量308705652元。2017年10月，德恒公司向公安机关报案称，临川一建挂靠人黄某正伪造签证单、虚报工程量在承包德恒公司的房地产项目中诈骗该公司工程款。后三被告人被抓获归案。

九江市濂溪区人民法院认为，虽然三被告人在合同履行过程中具有欺骗行为，但其夸大数量的欺骗行为对合同最终适当、全面的履行不具有根本影响，不属于诈骗类犯罪所要求的根本上的“虚构事实”，属于民事欺诈行为。三被告人的主客观行为表现，均不符合合同诈骗罪的构成要件。据此，依照刑事诉讼法第二百条第一款第二项的规定，判决三被告人无罪。

宣判后，九江市濂溪区人民检察院提出抗诉，认为原审被告人黄某正具有谋取不正当利益的主观目的，客观上实施了在工程量签证单上虚增数量的欺骗行为，符合合同诈骗罪中“以其他方法骗取对方当事人财物”的情形，事后能否通过民事救济手段挽回损失，不影响合同诈骗罪性质的认定。原审判决采信证据不当，定性错误，适用法律错误。九江市人民检察院审查后认为抗诉意见正确，支持抗诉。

九江市中级人民法院经审理查明，原审被告人黄某正、周某、袁某庆在施工合同履行过程中，虽有虚增混凝土用量218立方米的行为，但综合全案情况及本案建设工程合同履行的实际情况，不能认定黄某正等人具有非法占有的目的，其虚增砼用量的行为不符合合同诈骗罪的犯罪构成要件，不构成合同诈骗罪。抗诉机关的抗诉意见与在卷证据和查明的事实不符，不能成立，依法不予支持。原审判决认定部分事实不清，但定性准确，处理正确，审判程序合法。依照刑事诉讼法第二百三十六条第一款第一项之规定，裁定驳回抗诉，维持原判。

二、主要问题

合同履行过程中的部分欺诈行为如何定性？

三、裁判理由

对于黄某正等人的行为如何定性，审理中形成以下两种意见。

第一种意见认为，被告人黄某正等人以非法占有为目的，在履行合同过程中，骗取对方当事人财物，其行为构成合同诈骗罪；且德恒公司已向黄某正实际支付1亿多元，应当认定为犯罪既遂。

第二种意见认为，被告人黄某正等人的主观目的是谋取不当利益，但其夸大数量的欺骗行为对合同整体适当、全面履行不具有根本影响，属于民事欺诈行为。由于该工程尚未竣工及验收，德恒公司尚欠黄某正工程款未付，虚报工程量可在工程竣工验收后通过调解、仲裁或民事诉讼方式进行救济。

笔者赞同第二种意见。主要理由如下。

（一）坚持罪刑法定原则，对兜底条款作出限制解释

根据刑法第二百二十四条的规定，有下列情形之一，以非法占有为目的，在签订、履行合同过程中，骗取对方当事人财物，数额较大的，构成合同诈骗罪：（1）以虚构的单位或者冒用他人名义签订合同的；（2）以伪造、变造、作废的票据或者其他虚假的产权证明作担保的；（3）没有实际履行能力，以先履行小额合同或者部分履行合同的方法，诱骗对方当事人继续签订和履行合同的；（4）收受对方当事人给付的货物、货款、预付款或者担保财产后逃匿的；（5）以其他方法骗取对方当事人财物的。公诉机关认为，黄某正等人的行为属于该条第五项兜底条款规定情形，构成合同诈骗罪。笔者认为，兜底条款是对法条无法穷尽的情形进行的概括规定，目的是防止法律规范出现盲点或者漏洞。经济犯罪中兜底条款的存在有其合理性，但对兜底条款的解释应当受罪刑法定原则明确性要求的约束，兜底情形必须与刑法明示的内容具有行为同质性与结果同质性。[①] 具体到合同诈骗罪中，对该条第五项应作严格的限制解释，其他的行为性质和危害程度应与前面的四种情形具有相当性，防止不当扩大罪名适用范围。

在合同履行过程中，部分行为存在欺诈的，是作为合同诈骗罪论处，还是视为民事欺诈行为，应从合同履行的整体情况综合判断。结合本案

---

① 参见蔡道通：《经济犯罪“兜底条款”的限制解释》，载《国家检察官学院学报》2016年第3期。

具体案情，在连续履行的建设工程合同中，对民事欺诈与刑事诈骗的界分主要考虑以下因素。

1. 主观故意方面

民事欺诈的行为人既具有承担约定民事义务的诚意，又具有通过实施部分欺诈行为获得合同约定标的费用之外多余费用的目的，但前者是主要的、基础的，后者是次要的、附带的。而合同诈骗的行为人不具有承担约定民事义务的诚意，只是意图非法占有、控制对方的财物。因此，虽然两者都具有非法占有的目的，但非法占有目的在主观故意中的意义不同。

2. 客观行为方面

民事欺诈的行为人既实施履行合同的行为，又实施虚构事实或者隐瞒真相的行为，但前者是整体的、基础的，后者是部分的、附带的。而合同诈骗的行为人实施虚构事实或者隐瞒真相的行为，却完全没有实施履行合同的行为，或者虚假实施部分履行合同的行为；即使行为人虚假实施部分履行合同的行为，也仅仅是为实施虚构事实或者隐瞒真相的行为提供掩护。因此，虽然两者都采取了欺骗手段，但骗取对方财物在客观行为中的重点不同，

3. 履约能力和态度情况

民事欺诈的行为人在签订合同时具有能够履行合同的能力和积极履行合同的态度；在履行合同中也往往具有能够履行合同的能力和积极履行合同的态度；即使在履行合同中履行合同的能力发生变化，其积极履行合同的态度还是明确的。而合同诈骗的行为人在签订合同时一般不具有履行合同的能力和积极履行合同的态度；在履行合同中更是往往不具有履行合同的能力和积极履行合同的态度。

4. 取得财物的处置情况

行为人对取得财物的处置情况，在相当程度上反映了其行为时的主观心理态度。行为人将取得财物全部或大部分用于合同履行的，即使客观上未能完全履行合同义务，一般应当认定为民事欺诈，不宜按照合同

诈骗罪论处。行为人将取得财物全部或大部分用于挥霍、从事非法活动、携款逃匿等的，一般应当认定其具有非法占有的故意，构成犯罪的可以按照合同诈骗罪论处。

本案中，黄某正等人作为施工方的主体资格是真实的，并且有完全履约能力，案发前已经垫资完成了 3 亿多元的工程量。黄某正等人将虚假的送货单混杂在真实送货单中，其虚增的工程量只占整个工程的极小一部分，对合同适当、全面履行不存在根本性、决定性的影响。德恒公司和监理公司未尽到必要的审查义务就签字确认，未尽到审查职责，客观上也为黄某正等人提供了可乘之机，故亦存在过失。黄某正等人获得工程进度款后，没有将取得财物用于挥霍、从事非法活动、携款逃匿等，而是继续投入到工程建设之中，积极履行合同义务，因此，其行为不属于刑法关于合同诈骗罪所规定的前四种情形，在行为的性质和社会危害性等方面也未达到与该四种情形相当的程度，不能认定构成合同诈骗罪。

（二）秉持刑法谦抑理念，防止将民事欺诈行为作为犯罪处理

随着市场经济的飞速发展，经济主体之间的交往活动日益频繁，当事人之间因签订、履行合同引发的纠纷日益增多，尤其是建设工程领域，经常发生质量、数量等方面的争议。根据《最高人民检察院、公安部关于公安机关管辖的刑事案件立案追诉标准的规定（二）》，合同诈骗罪的立案标准是 2 万元以上。如果在合同履行过程中一遇欺诈就向公安机关报案，作为刑事案件处理，不仅不利于经济发展，也有违刑法的谦抑精神。

2019 年 10 月 24 日，最高人民法院出台《关于为推动经济高质量发展提供司法服务和保障的意见》（法发〔2019〕26 号）指出，要准确把握罪与非罪的界限，严格区分经济纠纷与经济犯罪、合法财产与犯罪所得、正当融资与非法集资，坚决防止利用刑事手段干预经济纠纷，坚决防止将经济纠纷当作犯罪处理，坚决防止将民事责任变为刑事责任；强调要依法严格把握非法经营罪、合同诈骗罪的构成要件，防止随意扩大

适用，妥善解决民刑交叉问题。刑法作为维护社会秩序和公民权益的最后手段，没有必要干预社会生活的各个方面。能用民事、仲裁等其他途径解决的，尽量运用其他途径解决，只有其他法律不能调整的行为才能纳入刑法调整的范围。这不但给立法者界定了刑法立法的实质标准，而且给司法者提供了正确适用刑罚的实质标准。在司法实践中，人民法院应当谨慎运用刑法，防止刑罚权随意侵入经济纠纷。

正所谓“最高的法律是人的良知”，案件的裁判结果要兼顾国法、天理、人情，如果裁判结果与民众朴素情感发生较大偏离，将无法获得社会认同。一般来说，合同诈骗案件是被害方因被告方的诈骗行为而给付财物，遭受经济损失。从本案来看，德恒公司支付的款项系合同约定的工程进度款，涉案工程尚未竣工验收，双方未进行工程结算。对于黄某正等人虚报混凝土用量部分，可以在工程竣工验收合格后，根据合同约定通过调解、仲裁或民事诉讼方式进行救济。案发时，德恒公司尚拖欠被告方上亿元工程款，如果本案定性为合同诈骗，追究被拖欠巨额工程款的施工方负责人刑事责任，有违一般人的价值判断。综上，二审法院裁定驳回抗诉，维持一审法院无罪判决，是正确的。

（撰稿：江西省高级人民法院　付　涵
审编：最高人民法院刑四庭　陆建红）

[第1513号]

张某军故意杀人、张某明等人故意伤害案

——共犯实行过限情况下各共同犯罪人的责任认定

一、基本案情

被告人张某军，男，汉族，1983年×月×日出生。2018年2月14日被逮捕。

被告人张某明，男，汉族，1985年×月×日出生。2018年2月14日被逮捕。

被告人王某磊，男，汉族，1991年×月×日出生。2018年2月14日被逮捕。

被告人周某云，男，汉族，1982年×月×日出生。2018年2月14日被逮捕。

北京市人民检察院第一分院以被告人张某军犯故意杀人罪，被告人张某明、周某云、王某磊犯故意伤害罪，向北京市第一中级人民法院提起公诉。

被告人张某军、张某明、王某磊、周某云当庭均对起诉书指控的事实和罪名无异议。

北京市第一中级人民法院经审理查明：2018年1月7日0时许，被告人张某军、张某明、周某云、王某磊在朋友家吃完饭后离开，行至北京市昌平区某村东侧土路时，因王某磊、周某云随意踢踹被害人王海震

（男，殁年35岁）所开家电维修店院外栅栏，张某军、张某明、周某云、王某磊与追出来的王海震发生争执，后四人对王海震进行殴打，将王海震打倒在地后，用脚踢踹王海震头部等部位。后张某军持石块猛砸倒地不动的王海震的头部，致王海震颅脑损伤死亡。2018年1月8日，张某军、张某明被抓获归案；2018年1月9日，王某磊被抓获归案；2018年1月12日，周某云被抓获归案。

北京市第一中级人民法院认为，张某军故意非法剥夺他人生命，致人死亡，其行为已构成故意杀人罪；张某明、王某磊、周某云故意伤害他人身体，致人死亡，其三人的行为均已构成故意伤害罪，依法均应予惩处。张某军、张某明、王某磊、周某云均系主犯。张某军、张某明曾因故意犯罪被判处有期徒刑以上刑罚，刑罚执行完毕后五年以内再犯应当判处有期徒刑以上刑罚之罪，系累犯，依法均应从重处罚。被害人王海震与四人案发前没有矛盾，在本案中亦无过错，本案系由王某磊、周某云的滋事行为所引发，张某军在被害人王海震被打倒在地不动、没有任何反抗能力的情形下，持石块猛砸被害人头部，致被害人颅脑损伤死亡，犯罪性质特别恶劣；其犯罪对社会治安秩序的破坏明显高于事出有因的邻里纠纷、婚恋家庭矛盾所引发的犯罪，社会危害性极大；其有多次前科，此次犯罪又系累犯，可见其主观恶性极深，人身危险性极大；其到案后未如实供述，也无赔偿被害人亲属经济损失等悔罪行为，虽当庭认罪，不足以对其从轻处罚。张某军所犯故意杀人罪罪行极其严重，依法应当判处死刑。张某明、王某磊、周某云到案后能够如实供述主要犯罪事实，可依法对其三人从轻处罚。由于张某军、张某明、王某磊、周某云的犯罪行为使附带民事诉讼原告人王某奎、鲍某花、王某薪遭受的合理经济损失，四人依法应予赔偿并承担连带责任。故认定张某军犯故意杀人罪，判处死刑，剥夺政治权利终身；张某明犯故意伤害罪，判处有期徒刑十五年，剥夺政治权利三年；王某磊犯故意伤害罪，判处有期徒刑十三年，剥夺政治权利三年；周某云犯故意伤害罪，判处有期徒刑十二年，剥夺政治权利二年；张某军、张某明、王某磊、周某云赔偿附带民事诉讼原告人王某奎、鲍某花、王某薪经济损失共计人民币 55000 元并承担连带责任；驳回附带民事诉讼原告人王某奎、鲍某花、王某薪的其他诉讼请求。

一审宣判后，被告人张某军以原判定性错误、量刑过重为由，被告人张某明、王某磊、周某云以原判量刑过重为由，向北京市高级人民法院提起上诉。

北京市高级人民法院经公开审理认为，上诉人张某军故意非法剥夺他人生命，致人死亡，其行为已构成故意杀人罪；上诉人张某明、王某磊、周某云故意伤害他人身体，致人死亡，三人的行为均已构成故意伤害罪，依法均应予以惩处。鉴于故意杀人罪和故意伤害罪所侵犯的客体均系他人的人身权利，属于同类客体，四上诉人的行为在故意伤害范畴内具有重合性质，成立故意伤害的共同犯罪。本案系严重危害社会治安的刑事案件。被害人与四上诉人案发前素不相识、没有矛盾，在本案中亦无过错。本案虽由王某磊、周某云滋事行为所引发，但随后四人围殴、踢踹被害人，均积极实施加害行为，均系主犯，根据四上诉人各自的犯罪行为及在共同犯罪中的地位和作用，分别判处刑罚。张某军在被害人被打倒在地失去反抗能力的情形下，持石块猛砸被害人头部，致被害人颅脑损伤死亡，罪行极其严重，犯罪性质特别恶劣，社会危害性极大；张某军有多次前科，系累犯，依法应予从重处罚；此次犯罪系滥杀无辜，其主观恶性极深，人身危险性极大，依法应判处死刑。在案现场监控录像显示张某军先后持石块两次砸击被害人，故张某军所提仅砸了被害人一下的上诉理由，显然与事实不符；张某军到案后未能如实供述主要犯罪事实，特别是对其持石块猛砸被害人头部的关键情节始终避重就轻，亦无赔偿被害人家属的实际行动，虽当庭认罪，但不足以对其从轻处罚。张某明有多次前科，系累犯，主观恶性深，依法应予从重处罚；本案虽不是由张某明引发，但其积极殴打被害人，在被害人倒地后踢踹次数多，其行为不符合聚众斗殴的特征；张某明归案后能如实供述主要犯罪事实，可依法对其从轻处罚。王某磊与周某云踹门滋事在先，系本案的引发者，在犯罪过程中均积极、主动对被害人实施殴打行为，事发后亦无赔偿被害人家属的实际行动；王某磊曾因殴打他人被行政处罚，并非初犯；周某云虽患有轻度精神发育迟滞，但其实施违法行为时无智能障碍导致的辨认及控制能力障碍，系完全刑事责任能力人，显然不属于受胁迫而被动参与犯罪。原判在量刑时已考虑本案各种法定、酌定情节，并在量刑幅度内对张某军、张某明、王某磊、周某云判处了与各自所犯罪行相适应的刑罚，量刑并无不当。原审人民法院根据张某军、张某明、王某磊、周某云犯罪的事实、犯罪的性质、情节和对于社会的危害程度所作的刑事部分判决，定罪和适用法律正确，量刑适当，审判程序合法，应予维持。故裁定驳回张某军、张某明、王某磊、周某云的上诉，维持原审刑事部分判决。依法将张某军的死刑判决报请最高人民法院核准。

最高人民法院经复核认定，张某军故意非法剥夺他人生命，其行为构成故意杀人罪。在共同犯罪中，张某军直接致死被害人，系主犯。张某军结伙酒后滋事，随意殴打无辜被害人致死，严重危害社会治安，犯罪情节恶劣，后果严重，实属罪行极其严重，且系累犯，应依法从重处罚。第一审判决、第二审裁定认定的事实清楚，证据确实、充分，定罪准确，量刑适当，审判程序合法。故裁定核准北京市高级人民法院维持第一审以故意杀人罪判处被告人张某军死刑、剥夺政治权利终身的刑事裁定。

二、主要问题

（一）如何认定共同犯罪中的实行行为过限？

（二）在共犯实行过限情况下，未过限行为人是否需要对死亡后果承担责任？

三、裁判理由

就共同犯罪案件而言，部分实行犯在行为实施过程中可能会超过共同犯罪人意思联络范围而实施犯罪，这种情况被称为共犯实行过限。司法实践中，围绕共犯实行过限问题的争议颇多，集中表现为两个方面：一是共犯实行过限的认定标准或条件；二是共犯实行过限情况下（未）过限行为人的刑事责任认定。本案就是一起典型的共犯实行过限案件，其主要争议焦点在于本案被告人张某军是否存在实行过限，以及在共犯实行过限的情况下，其他被告人是否需要对死亡后果承担刑事责任。

（一）共犯实行过限的认定条件

我国传统刑法理论认为，实行犯过限是指实行犯超过了共同犯罪人事先预谋或者临时谋议范围而实施的犯罪行为，在具体案件审理中往往需要结合行为主体、行为性质、行为时间、主观方面、行为限度等因素进行判断。司法实践中，裁判者对有关行为主体、行为时间、主观罪过等因素的判断较为容易，但往往难以把握“行为是否超越共同谋议之罪范围”这一核心问题。国内学界围绕行为限度问题存在若干学说，对此宜以“共同谋议”这一概念作为判断核心，重点考察共同谋议内容的明确性，具体而言有以下三个方面。

一是共同谋议的内容明确，各共同犯罪人就犯罪目标、手段、程度等已经达成了具体详细的合意，形成了统一的行动方案。在此情况下，如果各行为人都能够按照事先谋议的内容实施犯罪，则将在共同谋议的范围内成立共同犯罪；如果其中部分实行行为人实施了超过谋议范围的事项，一般可认定为共犯实行过限。

二是共同谋议的内容并不明确，反而呈现出明显的概括性，即实行犯之间以“教训教训”“收拾收拾”之类的语言达成合意，在实施过程中则表现为见机行事、随机应变。此类情况下，实行犯的行为只要不是明显超出共同谋议范围，都应视为整个共同犯罪行为的一部分，不宜认定为实行过限。值得注意的是，实践中裁判者需结合具体案情准确把握概括性合谋的边界，避免过分扩大解释。

三是各共犯人在事前或事中缺乏明显的共同谋议，而是通过实际行动、神态表情等进行犯意联络，该种情况在寻衅滋事、聚众斗殴等犯罪中较为常见。共同犯罪人往往先因故与被害人产生口角或纠纷，在矛盾突然激化后实施暴力行为。由于事态变化迅速，各共同犯罪人无暇进行直观的犯意联络，故较难认定行为是否超过共同谋议范围。对此，宜结合实行犯的组织地位以及多数行为人行为方式等因素综合进行判断。一方面，实行犯中的组织、领导者或其他主犯的行为手段及程度往往是其他共犯行为的“风向标”。例如，在组织地位较高的实行犯以扇耳光的方式殴打被害人时，组织地位较低的实行犯突然拿出匕首扎刺被害人颈部，一般可认定超过共同谋议范围。另一方面，在各实行犯之间没有明显地位作用差异时，各共犯人往往通过随时随地观察其他共犯人的行为以获得动态的犯意联络。据此，如果行为人以明显超越多数共犯人行为性质、手段、程度的方式实施犯罪行为，一般可认定为超过共同谋议范围。

（二）实行过限情况下共犯责任的归属

在能够认定共犯实行过限的前提下，哪些行为人需对过限行为造成的危害后果负责，是裁判者必须回答的问题。根据主客观相一致原则，非过限行为人对过限行为既无事先的故意，也无事中的明知，不能认定其对过限行为造成的损害结果持有故意，但这并不意味着非过限行为人不需要对损害结果承担责任。围绕着非过限行为人的责任承担问题，有观点认为如果非过限行为人在场袖手旁观没有制止，会在客观上对实行过限犯产生心理支持和精神鼓励，进而使非过限行为人具备主观罪过及心理因果关系，应对实行过限后果承担刑事责任。以上观点值得商榷。首先，在一些犯罪中，实行过限行为的实施十分突然，且持续时间短暂，即使非过限行为人在场，其难以立即作出反应，仅以袖手旁观作为归责理由并不妥当。其次，在共同犯罪中，共犯出现在实行过限的现场只是参与前一个共同犯罪行为的附随状态，如以其知情为由要求其承担实行过限的责任，则不免苛责过严。最后，对非实行过限行为人罪责的判断应基于其在事前或事中的行为及态度，事后追认有违责任主义要求，不宜成为认定其罪责的理由。故对于共犯实行过限情况下各共同犯罪人归责问题的判断，宜从以下几个方面展开。

一要从客观上判断造成损害结果的原因是否明确。过限行为往往会造成比共同谋议的犯罪目的更为严重的法益侵害后果，此时需判断该严重危害后果的成因是否明确。对于以上问题的判断有必要区分重合过限之罪与非重合过限之罪。基于非重合过限之罪与共谋之罪在侵害法益性质方面的明显区别，相关责任归属相对明确，一般应由过限行为人单独承担过限行为的刑事责任。由于重合过限之罪与共谋之罪在所侵害的法益上具有相似性，实践中尤其需要解决的是对重合过限之罪的责任承担问题。如果根据在案证据，致害成因不能精准指向某具体行为人，即使存在共犯实行过限，一般也不宜将过限行为人与非过限行为人分别定罪论处，应当要求共同犯罪人整体对危害后果负责。如果在案证据能够证明致害结果是过限行为人直接造成的，过限行为人需对该结果负责在所不论，非过限行为人是否应承担责任需结合具体案情进一步分析判断。

二要从客观上判断非过限行为是否为过限行为的实施创造了条件。在致害成因能够精准指向某非过限行为人时，在部分共同犯罪尤其是非重合过限之罪中，首先需要判断非过限行为与严重危害后果之间是否存在因果关系。过限行为人完全是另起犯意的，非过限行为与严重危害后果之间并不存在因果关系。例如，甲、乙、丙、丁四人共谋对某商店实施聚众哄抢，在分头行动过程中，甲发现女店主在房间里休息并将其奸淫。该案中非过限行为并未为奸淫行为创造客观条件，一般不能要求乙、丙、丁对奸淫结果负责。相反地，在部分共同犯罪尤其是重合过限之罪中，非过限行为致使被害人处于不能反抗、不敢反抗的境地，过限行为人基于此再行实施过限之罪的，则非过限行为与危害后果之间存在因果关系。

三要从主观上判断非过限行为人对过限行为是否具有预见可能性。在致害成因能够精准指向过限行为人时，非过限行为人只有符合因果关系要求，且对危害后果具有预见可能性才能承担责任。由于非过限行为人缺乏事前及事中的明知，其必须对过限行为的实施具有预见可能性才能承担刑事责任，否则将违背现代刑法责任主义的要求。例如，甲、乙、丙三人共谋殴打被害人，约定“教训一下被害人，让他长长记性，下手别太重”，但甲、乙二人出发前看见丙在裤兜里揣了一把水果刀，此时二人对丙在行为时可能持刀杀伤被害人具有预见可能性。后甲、乙、丙三人寻找被害人并对其进行殴打，使其退缩到墙脚难以反抗，丙忽然持刀扎刺被害人心脏并致其死亡。该案中，非过限行为给过限行为的实施创造了条件，且其他实行犯对该损害结果有预见可能性，故非过限行为人需要对被害人死亡结果负责。

（三）本案中各行为人的责任认定

其一，被告人张某军的行为是否属于实行过限。本案与二人以上共谋的共同实施犯罪行为有所不同：一是四人事先无共谋，是在事中以实际行为完成犯意沟通和联络，现场形成共同故意；二是四人实施的客观行为不同，主观故意的具体内容也不尽相同。该案整个犯罪过程可分为三个阶段：一是引发阶段。王某磊、周某云酒后滋事，踢踹被害人家门后离开，被害人王某震从院内追出理论，与四人发生口角。在这一阶段中，周某云、王某磊的行为属于无事生非的寻衅滋事行为。二是四人共同故意殴打被害人阶段。在王某震经四被告人推搡殴打倒地后，四人均踢踹被害人多下，其间，张某军拿路边的石块砸被害人身上一下。四人对伤害王某震虽事先无预谋，但在现场以实际行动达成事中的犯意联络，具有伤害被害人的共同故意。根据鉴定意见，被害人致命伤并非四人踢踹行为或者张某军持石块砸身上的行为造成，故四人在此阶段的行为系故意伤害，不宜认定具有非法剥夺他人生命的主观故意。三是张某军持石块猛砸被害人头部转化为故意杀人阶段。当四人的踢踹行为导致被害人倒地失去反抗能力，另三人准备逃离现场时，张某军又持石块砸击王某震头部，造成了被害人头部致命伤，最终致被害人颅脑损伤死亡。张某军的该行为已超出了故意伤害的范畴，显系积极追求他人死亡。从作案工具看，张某军使用的石块长 28 厘米、最宽处 12 厘米、高 18 厘米，正常成年人均明知此重量和硬度的石块砸向他人头部会致人死亡；从打击部位看，张某军持石块目标明确地砸向王某震头部，而头部为明显的要害部位；从打击方式和打击力度看，其是双手将石块举到头顶再往下猛砸，最后导致被害人颅脑损伤死亡，其中左颞骨粉碎性骨折，可见其砸击用力猛、力度大；从打击的时间节点看，其在被害人已倒地失去反抗能力的情况下朝被害人头部猛砸，显见其积极追求被害人死亡结果的发生；从行为后果看，该行为直接导致被害人当场死亡。上述行为均反映出张某军系故意杀人，属于超过共同谋议范围的实行过限行为。

其二，实行过限情况下各共同犯罪人的刑事责任认定。依据法医学的因果关系，被害人致命伤符合具有一定质量、一定硬度的钝性物体（如砖石类）一次作用于头面部所形成，但法医学上没有直接因果关系不等于无须对死亡结果承担相应刑事责任，被害人的死亡后果与张某明、王某磊、周某云之前所实施的伤害行为存在法律上的因果关系，三人应对被害人死亡后果共同承担刑事责任。首先，本案系共同犯罪。整个犯罪过程紧凑，相互配合、相互支持，四人从共同实施伤害行为，再到张某军超出伤害故意实施杀人行为致人死亡的过程不足 3 分钟，是一个前后紧密联系的犯罪过程；四人各自的行为都是共同加害行为的一部分。鉴于故意伤害和故意杀人所侵犯的客体均系他人的人身权利，属于同一类客体，故意杀人行为当中也包含伤害的行为在内。因此，四人的行为在故意伤害犯罪上具有重合性质，成立故意伤害的共同犯罪。其次，客观上四人各自的行为都是共同加害被害人致死这一整体的组成部分。王某磊、周某云滋事踹门在先，系案件引发者；在伤害行为实施过程中，三人均对王某震实施了殴打行为，张某明共踢踹被害人七下，还有骑在被害人身上压制被害人反抗的行为，王某磊共踢踹被害人五下，周某云共踢踹被害人三下，且从监控视频看，三人的踢踹力度均不小，均系积极、主动加害被害人，四人均系主犯；如果没有张某明、王某磊和周某云前期的踢踹行为导致被害人王某震倒地失去反抗能力，张某军最后用石块砸击被害人头面部的行为也无法单独、顺利完成。最后，根据我国刑法主客观相统一的原则和共同犯罪理论，每个共同犯罪人承担刑事责任都必须以其对所实施的犯罪行为具备犯罪故意为前提，也必须以其实施的犯罪行为对危害结果具有因果联系为前提。本案中，张某军应当对其杀人行为承担刑事责任。对于张某明等三人而言，由于其共同犯罪故意并不包括由张某军杀害被害人实施过限行为的内容，且张某明等三人对杀害被害人既无事先的故意，也无事中的明知，三人所实施的踢踹行为与张某军杀害被害人的行为没有刑法意义上的必然因果关系，因而不能令张某明等三人对张某军所实施的杀人行为承担刑事责任。但张某明等三人对被害人的死亡结果具有预见可能性。四人在殴打行为中形成了共同伤害的意思联络，其间张某军犯意转化为故意杀人，其他三人虽无追求或放任被害人死亡的故意，但应当认识到在现场混乱、同案犯情绪较为激动的情况下，殴打的危害程度难以控制，共同伤害行为一旦发起，有可能对被害人造成重伤甚至死亡的严重后果；张某军持石块对被害人身上、特别是头部实施致命侵害时，三人均在现场目睹了事实经过，未采取阻止伤害、救助被害人等避免结果发生的行为，足以说明三人对被害人死亡的结果具有预见可能性。三人的加害行为与被害人的死亡结果之间存在一定关联，量刑时应考虑造成被害人死亡后果的情节。

综上，本案中被告人张某军在殴打对方的过程中，拿石块猛砸被害人致命部位，主观上具有剥夺他人生命的故意，其行为应认定为故意杀人罪，承担故意杀人的责任。张某明、王某磊、周某云共同故意殴打他人身体，主观上具有伤害的故意，三人的行为均构成故意伤害罪。

（撰稿：北京市高级人民法院　吴小军　魏　炜

审编：最高人民法院刑三庭　鹿素勋）

[第 1514 号]

计某彬、付某生、阮某雨盗窃案

——利用计算机信息系统漏洞非法办理电信宽带业务并对外出售应如何定性

一、基本案情

被告人计某彬，男，1980 年×月×日出生。2019 年 12 月 20 日被逮捕。

被告人付某生，男，1992 年×月×日出生。2019 年 12 月 20 日被逮捕。

被告人阮某雨，女，1992 年×月×日出生。2019 年 12 月 20 日被逮捕。

江苏省苏州市姑苏区人民检察院指控被告人计某彬、付某生、阮某雨犯盗窃罪，向苏州市姑苏区人民法院提起公诉。

被告人计某彬和阮某雨对起诉指控的犯罪事实无异议，当庭表示认罪认罚。被告人付某生提出未参与犯罪预谋，也没有获得电信服务。

被告人计某彬的辩护人提出，涉案金额应按照有利于被告人的原则认定，计某彬有坦白、认罪认罚、部分退赔等情节，可在量刑建议之下对其从轻处罚。被告人阮某雨的辩护人提出，阮某雨系从犯，有坦白、认罪认罚、部分退赔并取得谅解等情节，建议对其从轻或减轻处罚。被告人付某生的辩护人提出，付某生等人通过实施非法获取计算机信息系统数据等行为，使电信公司误以为已付费并提供服务，本案系诈骗而非盗窃犯罪；付某生无前科，针对所起作用所提辩解不影响如实供述的认定，可酌情从轻处罚。

苏州市姑苏区人民法院经审理查明：春申路中国电信营业厅（以下简称春申路营业厅）是中国电信股份有限公司苏州分公司（以下简称电信苏州分公司）的非直营代理机构。被告人计某彬与电信苏州分公司订立政企业务合作代理合同，经营春申路营业厅，自主招聘、管理员工和经营业务。2019 年 6 月，春申路营业厅员工被告人付某生发现在江苏电信营业云平台系统智慧 BSS 子系统（以下简称电信系统）中，输入未发售的宽带业务“速通卡”（电子储值卡）卡号，即可直接生成安装工单而无须支付服务费的技术漏洞，后告知计某彬。计某彬为非法获利，与付某生商量利用此漏洞作案，春申路营业厅店长被告人阮某雨同意并加入。计某彬负责联系他人借用工号，确定宽带业务分销价格，发布客户信息、“速通卡”卡号，录入工单，经付某生提议通过袁海东非法制作具有拷贝电信系统数据和自动翻页功能的“爬虫”软件，分配犯罪收益等。付某生负责从电信系统库存“速通卡”中获取卡号，查找即将到期宽带客户信息（后期利用“爬虫”软件自动筛选），删除电信系统拦截代码等，传授店内员工进行操作，参与部分做单等。阮某雨负责春申路营业厅员工分工安排、提成分配、销赃价格商议等。2019 年 7 月至 11 月间，计某彬、付某生和阮某雨采取非法获取“速通卡”卡号、删除电信系统拦截代码等手段，出售宽带业务，生成安装工单，窃取电信苏州分公司价值人民币 111.5314 万元的电信宽带服务资费。

苏州市姑苏区人民法院认为，被告人计某彬、付某生和阮某雨为非法获利，采取非法获取计算机信息系统数据，对计算机信息系统中处理的数据进行删除等手段，窃取电信宽带服务资费，数额特别巨大，三人的行为均已构成盗窃罪。依照刑法相关规定，判决如下：

一、被告人计某彬犯盗窃罪，判处有期徒刑十年六个月，并处罚金人民币三万元；

二、被告人付某生犯盗窃罪，判处有期徒刑十年六个月，并处罚金人民币二万元；

三、被告人阮某雨犯盗窃罪，判处有期徒刑四年六个月，并处罚金人民币一万五千元。

一审宣判后，被告人计某彬、付某生和阮某雨均未提起上诉，检察机关亦未抗诉，该判决已发生法律效力。

二、主要问题

利用计算机信息系统漏洞非法办理电信宽带业务并对外出售应如何定性?

三、裁判理由

关于本案的定性存在较大争议，具体如下。

第一种意见认为，各被告人最初通过非法获取电信系统内存储的“速通卡”卡号后生成业务工单，之后通过删除电信系统拦截代码绕过验证，无须卡号直接生成业务工单，前后行为分别构成非法获取计算机信息系统数据罪、破坏计算机信息系统罪。

第二种意见认为，各被告人的前后行为导致电信苏州分公司误以为他人已付费而自愿提供服务，均构成诈骗罪。

第三种意见认为，各被告人的手段行为构成非法获取计算机信息系统数据罪、破坏计算机信息系统罪，目的行为构成盗窃罪，应当按照牵连犯从一重罪处罚的原则，认定各被告人的行为均构成盗窃罪。

笔者赞同第三种意见，理由如下。

（一）各被告人前后手段行为分别构成非法获取计算机信息系统数据罪、破坏计算机信息系统罪

在本案中，各被告人作案过程分为两个阶段。

第一阶段为 2019 年 7 月至 9 月。各被告人通过借用他人工号登录电信系统，删除部分代码，进入电信系统数据库，但未对计算机信息系统的功能进行删除、修改、增加、干扰，未造成计算机信息系统不能正常

运行，也未对计算机信息系统中存储、处理或者传输的数据和应用程序进行删除、修改、增加的操作。各被告人非法进入电信系统数据库，获取电信系统中存储数据即“速通卡”卡号，在办理“速通卡”900电信宽带业务时，直接使用非法获取的卡号，实现“免费”办理，通过对外出售，违法所得远超过5000元，构成非法获取计算机信息系统数据罪。

第二阶段为2019年10月至11月。“速通卡”900业务下架后，通过删除部分代码免费获取的“速通卡”卡号已无法使用。各被告人为“免费”办理“速通卡”600、1000及1600业务，通过删除电信系统中的拦截代码，跳过授信校验的环节，在无须输入“速通卡”卡号及密码的情况下，“免费”办理电信宽带业务。各被告人对电信系统中处理的数据即拦截代码进行了删改，破坏了计算机信息系统，违法所得也远超过5000元，构成非法破坏计算机信息系统罪。

（二）各被告人的目的行为构成盗窃罪

第一，“速通卡”业务具有财产属性，各被告人利用技术手段未支付对价即生成业务工单并出售，侵犯了电信苏州分公司的财产权。“速通卡”业务系用户支付一定对价后取得电信苏州分公司有偿宽带服务的指令媒介。正常情况下，用户购买“速通卡”业务后就可享受电信苏州分公司提供的相应宽带服务。正是这种有偿性使“速通卡”业务具备了财产属性。本案中，各被告人无论是通过删除代码方式获取电信系统库存中的“速通卡”卡号，还是通过删除拦截代码绕过验证，目的都是“免费”办理电信公司“速通卡”业务后对外出售，获取本应由苏州电信分公司提供宽带服务后收取的电信资费。

第二，各被告人的取财方式具有“秘密性”，苏州电信分公司在此过程中未自愿交付财物。各被告人非法办理“速通卡”业务后对外出售获利的行为，客观上利用了电信系统的漏洞，具有一定的隐蔽性。电信公司约在三个月之后，才通过后台发现“速通卡”业务数据异常并报案。各被告人在实施上述行为时，通过借用他人工号操作，告知合作者系通过内部低价购买等方式，对自己获利的手段和方式加以掩饰，可见三人主观上也不希望相关行为被电信公司及他人所察觉。既然电信公司在案发时未能察觉各被告人的行为，自然也不存在陷于错误认识而自愿交付财物。

（三）对三名被告人应按照盗窃罪定罪处罚

刑法第二百八十七条规定："利用计算机实施金融诈骗、盗窃、贪污、挪用公款、窃取国家秘密等犯罪的，依照本法有关规定定罪处罚。"实践中有观点认为，"依照本法有关规定定罪处罚"无须考虑手段行为，直接按照目的行为定罪处罚。笔者认为，上述观点不符合牵连犯择一重罪处罚的原则，不能有效应对司法实践中复杂的犯罪情形，实不可取。司法实践中，行为人利用计算机实施有关犯罪，同时危害他人计算机信息系统安全且手段行为已独立成罪。如果按照前述观点，按照目的行为进行定罪处罚，容易出现放纵犯罪或罪责刑不相适应的情况。

具体到本案，各被告人通过非法获取"速通卡"卡号，办理"速通卡"900业务对外出售，共计获利70余万元，该行为构成非法获取计算机信息系统数据罪，且达到"情节特别严重"程度，应在三年以上七年以下有期徒刑幅度内量刑。各被告人还通过删除拦截代码方式直接办理"速通卡"600、1000、1600业务对外出售，共计获利40余万元，该行为构成破坏计算机信息系统罪，且"后果特别严重"，应在五年以上有期徒刑幅度内量刑。按照手段行为定罪惩处，即便是进行数罪并罚之后，法定最高刑也只能到有期徒刑二十年。按照目的行为以盗窃罪定罪惩处，结合盗窃数额，法定最高刑为无期徒刑。故按照牵连犯原则择一重处罚原则，应对各被告人均按照盗窃罪定罪处罚。

综上，法院认定被告人计某彬、付某生、阮某雨的行为均构成盗窃罪是正确的。

（撰稿：江苏省苏州市姑苏区人民检察院　刘昕　龙飞　孙娟
审编：最高人民法院　逄锦温）

[第 1515 号]

张某挪用资金案

——挪用资金罪中“单位”的认定

一、基本案情

被告人张某，女，1983 年×月×日出生。2020 年 2 月 20 日被逮捕，同年 7 月 28 日被取保候审。

北京市朝阳区人民检察院指控被告人张某犯挪用资金罪，向朝阳区人民法院提起公诉。

朝阳区人民法院经审理查明：某香港有限公司（以下简称某香港公司）于 2014 年 3 月 25 日在香港特别行政区注册成立，段某系公司董事。2020 年 11 月 26 日，某香港公司在北京市注册成立北京代表处，首席代表人为段某。在注册成立北京代表处之前，某香港公司在北京市以公司名义开展相关活动。2017 年某香港公司与某人力资源服务公司签订派遣服务协议，约定由某人力资源公司向某香港公司派遣工作人员。被告人张某于 2019 年 4 月与某人力资源公司签订派遣员工劳动合同，被派遣至某香港公司工作，职位是招聘总监。在张某任职某香港公司期间，段某将公司的员工工资、差旅报销、办公支出等费用由自己个人银行账户转账至张某银行账户，再由张某负责对外发放和支出。此外，公司还授权张某使用本人的同一个银行账户代公司收取客户缴纳的费用。张某利用保管和支配公司资金的职务便利，将部分公司款项挪用于个人消费等，在2019年6月至9月间，共计挪用公司资金21.185597万元，超过三个月未归还。2020年1月13日，公安机关将被告人张某抓获归案。在公诉机关提起公诉前，被告人张某的亲属代其退缴21.9万元。该款由公诉机关移送至朝阳区人民法院。

朝阳区人民法院经审理认为，被告人张某利用其在单位负责资金保管和支配的职务便利，挪用本单位资金供个人使用，且数额较大，超过三个月未归还，其行为构成挪用资金罪。鉴于其归案后能够供认主要犯罪事实，在公诉机关提起公诉前，在亲属的帮助下退缴了全部违法所得，当庭有一定的认罪悔罪表示，对其依法从轻处罚，并适用缓刑。依照刑法第十二条，第二百七十二条第一款、第三款，第七十二条第一款，第七十三条第二款、第三款，第六十一条和第六十四条之规定，判决如下：

一、被告人张某犯挪用资金罪，判处有期徒刑七个月，缓刑一年；

二、在案之人民币二十一万九千元，其中二十一万一千八百五十五元九角七分，发还某香港有限公司北京代表处，其余七千一百四十四元零三分发还被告人张某。

一审宣判后，被告人张某不服，提出上诉，北京市第三中级人民法院经审理认为，原判决认定事实清楚，定罪准确，量刑适当，故裁定驳回上诉，维持原判。

二、主要问题

在某香港公司没有在中国内地市场监督管理部门进行有效登记、未取得内地经营资质的情况下，其能否被认定为挪用资金罪的被害单位？

三、裁判理由

（一）挪用资金罪的被害单位应从法益保护角度进行认定

在确认了某香港公司属于在香港合法注册的公司之后，需要进一步确认该公司能否成为本案挪用资金罪的被害单位。

根据《外国（地区）企业在中国境内从事生产经营活动登记管理办法》规定，“未经审批机关批准和登记主管机关核准注册登记，外国企业不得在中国境内从事生产经营活动”；“香港、澳门、台湾地区企业从事上述生产经营活动的，参照本办法执行”。根据《外国企业常驻代表机构登记管理条例》的规定，“香港特别行政区、澳门特别行政区和台湾地区企业在中国境内设立代表机构的，参照本条例规定进行登记管理”；“代表机构不得从事营利性活动”。本案中的某香港公司自2018年开始，以公司名义在内地开展宣传推广等业务活动，并通过第三方劳务派遣公司聘用工作人员，为聘用人员发放工资、缴纳保险等，但是未依法在内地注册企业，亦未依法设立代表机构，因此其以某香港公司名义在内地开展业务活动违反了上述规定。同时，该公司许可通过公司董事段某的个人账户支付公司经营费用，亦属违规行为。由此，某香港公司能否成为挪用资金罪的被害单位成为争议的焦点。第一种意见认为，该公司未在内地市场管理部门进行注册，不具备经营资质，且经营的款项系通过个人银行账户支付结算，因此不具备单位的主体资格，本案被告人不构成挪用资金罪；第二种意见认为，虽然该公司未依法依规履行注册登记等手续，但其实际上“以公司名义”开展业务活动，招聘工作人员，工作人员有不同的分工和岗位，其构成和运营模式与公司企业相同，且经营活动本身未违反相关法律规定，具备了经济实体的特征，通过个人银行账户支付经营费用，亦不能否定该公司“以公司名义”开展经营活动的实质性，因此本案被告人构成挪用资金罪。笔者同意第二种观点，理由如下。

刑法第三十条对于单位犯罪的“单位”规定比较清晰，《最高人民法院关于审理单位犯罪案件具体应用法律有关问题的解释》（法释［1999］14号，以下简称《解释》）第一条也进行了详尽的列举，使刑法第三十条在司法实践中更具可操作性：“刑法第三十条规定的‘公司、企业、事业单位’，既包括国有、集体所有的公司、企业、事业单位，也包括依法设立的合资经营、合作经营企业和具有法人资格的独资、私营等公司、企业、事业单位。”而对于被害单位的“单位”，刑法及相关司法解释的规定则相对模糊，《最高人民法院研究室关于个人独资企业员工能否成为职务侵占罪主体问题的复函》（法研［2011］20 号，以下简称《复函 1》）对此作了原则性规定：刑法第三十条规定的单位犯罪的“单位”与刑法第二百七十一条职务侵占罪的单位概念不尽一致，前者是指作为犯罪主体应当追究刑事责任的“单位”，后者是指财产被侵害需要刑法保护的“单位”，责任追究针对的是该“单位”中的个人。《最高人民法院研究室关于对通过虚假验资骗取工商营业执照的“三无”企业能否成为职务侵占罪客体问题征求意见的复函》（法研［2008］79 号，以下简称《复函 2》）规定，行为人通过虚假验资骗取工商营业执照成立的企业，即使为“三无”企业，只要该企业具有法人资格，并且不是为进行违法犯罪活动而设立的公司、企业、事业单位，或者公司、企业、事业单位设立后不是以实施犯罪为主要活动的，应当视为刑法中的“单位”，能够成为刑法第二百七十一条第一款规定的“公司、企业或者其他单位”。这些单位中的人员，利用职务上的便利，将单位财物非法占为己有，数额较大的，构成职务侵占罪。简而言之，《复函 2》强调的是企业的法人资格以及经营内容的合法性。

从《解释》第一条可以看出，具有法人资格的独资企业才能成为单位犯罪的主体，反之，不具有法人资格的独资企业不能成为单位犯罪的主体。司法解释之所以这样规定，主要是考虑此类企业因无独立财产，个人与企业行为的界限难以区分，不具备独立承担刑事责任的能力。而《复函 1》又明确答复职务侵占罪的“被害单位”包括不具有法人资格的个人独资企业（关于个人独资企业，民法总则和民法典均将其归类为不具有法人资格，但是能够依法以自己的名义从事民事活动的非法人组织）。笔者认为，《解释》《复函 1》和《复函 2》对于“单位”的理解不同，主要原因是《解释》侧重的是打击犯罪，因此对于犯罪主体“单位”的构成规定更为严格，需要形式与实质相一致，而《复函 1》《复函 2》则侧重保护经营主体的财产权益，因此对于“单位”的构成规定则较为宽松。基于此，笔者认为刑法第二百七十一条第一款立法的目的在于保护单位财产，惩处单位内工作人员利用职务便利、侵占单位财产的行为，因此该款规定的“单位”范围应当要大于单位犯罪中的“单位”，如此更符合现代法律服务经济社会发展、营造良好营商环境的立法本意。

挪用资金罪与职务侵占罪侵害的法益基本相同，因此，对于二罪名被害单位的理解可以认为是一致的。某香港公司是否构成挪用资金罪的被害单位，不能只看其在内地是否具有合规的资质，更要审查其是否符合单位的实质、其经营活动是否合法。笔者认为该公司符合上述单位的特征，同时其开展的业务不为法律规定所禁止，故应认定为挪用资金罪的被害单位。

（二）使用个人银行账户支付结算不能否定被害单位性质的认定

某香港公司为了一时的经营便利，使用个人银行账户进行支付结算，此举不仅存在金融风险，更容易衍生税务等法律风险（该内容非本文讨论的范围，在此暂且不述）。辩方也提出，段某使用个人银行账户给张某转账，认为张某挪用的只是段某个人的钱款，并没有挪用公司的款项，退一步讲被告人即使构成犯罪涉嫌的罪名也应为侵占罪，属自诉案件。

法院经审理认为，某香港公司使用个人银行账户支付结算经营费用确有违反财务制度之处，但这不能否定该公司“以公司名义”开展经营活动的实质，不能否定其系被害单位性质的认定。在案证据能够证明段某个人账户打给张某的钱款，确系某香港公司用于公司经营的资金，尤其是在案的请款邮件、微信聊天记录等客观证据，足以证明段某根据张某的请款（一般是请求付款的意思，有可能是请求付货款，也可能是单位内部请求取现金）用途（比如，发工资、报销办公经费等）和数额将款项打至张某的个人账户，再由张某负责按请款目的支付结算。张某作为公司雇员，不仅有妥善保管资金的义务，更具有按照请款目的支出的职责。张某利用职务便利，将其保管的资金仅部分用于公司的经营活动，其他资金则挪为己用，且数额较大，超过三个月未还，其行为构成挪用资金罪。

在本案宣判前，某香港公司在北京市注册成立某香港公司北京代表处，法院判决将被告人退赔的钱款依法发还该公司北京代表处于法有据。

（撰稿：北京市朝阳区人民法院　崔芳芳

审编：最高人民法院刑三庭　鹿素勋）

[第 1516 号]

许某怡侵害英雄烈士名誉、荣誉案

——侵害英雄烈士名誉、荣誉刑民责任的准确认定与衔接

一、基本案情

被告人许某怡，女，1993 年×月×日出生。2021 年 4 月 29 日被逮捕。

北京市东城区人民检察院指控被告人许某怡犯侵害英雄烈士名誉、荣誉罪，向东城区人民法院提起刑事附带民事公益诉讼。

附带民事公益诉讼起诉人诉请法院判令被告人许某怡承担侵害英雄烈士名誉、荣誉和社会公共利益的民事责任——在国内主要门户网站及全国性媒体公开赔礼道歉、消除影响。

被告人许某怡对公诉机关指控的事实、罪名及量刑建议没有异议且签字具结，在开庭审理过程中亦认罪认罚，并同意附带民事公益诉讼起诉人的诉讼请求。辩护人暨委托诉讼代理人的意见为，许某怡认罪态度较好，到案后能如实供述自己的罪行，认罪认罚；犯罪情节相对较轻，在发表微博后及时采取补救措施；系初犯、偶犯，愿意在国内主要门户网站及全国性媒体公开赔礼道歉，消除影响，建议对许某怡从轻处罚。

东城区人民法院经审理查明：英雄烈士董存瑞，河北省怀来县人。1948 年 5 月 25 日在解放隆化城的战斗中，毅然托起炸药包炸毁敌军碉堡，壮烈牺牲，年仅 19 岁。1950 年全国战斗英雄和劳动模范代表会议上，董存瑞被追授为全国战斗英雄。2009 年 9 月 10 日，董存瑞被评为

"100 位为新中国成立作出突出贡献的英雄模范人物"。被告人许某怡在北京市东城区东直门南小街×号使用其名为"YvonnAlmond"的新浪微博账户（粉丝数 24.8 万余），先后于 2021 年 3 月 24 日 20 时 58 分、3 月 25 日 12 时 16 分发布 2 条包含侮辱英雄烈士董存瑞内容的微博。微博发布后迅速、广泛传播，阅读次数分别达 39506 次和 50744 次，造成恶劣社会影响，严重侵害了英雄烈士的名誉、荣誉和社会公共利益。

东城区人民法院认为，英雄烈士事迹和精神是社会公共利益的重要组成部分，对英雄烈士的事迹和精神的歪曲、丑化、亵渎、否定，是对社会公共利益的损害。被告人许某怡在互联网上发布的 2 条包含侮辱英雄烈士董存瑞内容的微博，歪曲、丑化、亵渎了英雄烈士的事迹和精神，浏览次数共计达 9 万余次，被告人许某怡的行为侮辱了英雄烈士的名誉、荣誉，损害了社会公共利益，情节严重，已构成侵害英雄烈士名誉、荣誉罪。许某怡到案后能够如实供述所犯罪行，自愿认罪认罚，依法可予以从轻处罚。许某怡的行为造成了恶劣的社会影响，侵害了社会公共利益，还应承担相应的民事责任。公诉机关暨附带民事公益诉讼起诉人提起附带民事公益诉讼请求事实清楚、证据确实充分，许某怡及其委托诉讼代理人对公益诉讼请求表示认可，同意在国内主要门户网站及全国性媒体公开赔礼道歉、消除影响，对刑事附带民事公益诉讼请求予以支持。综上，根据被告人犯罪的事实、性质、情节和对社会的危害程度，依照刑法第二百九十九条之一，第六十七条第三款，第六十一条，第六十四条；民法典第一百七十九条第一款第十项、第十一项，第一百八十五条；英雄烈士保护法第二十二条，第二十五条，第二十六条之规定，判决如下：

一、被告人许某怡犯侵害英雄烈士名誉、荣誉罪，判处有期徒刑七个月；

二、被告人许某怡于本判决生效之日起十日内在国内主要门户网站及全国性媒体公开赔礼道歉、消除影响（赔礼道歉内容须经本院审核），相应费用由被告人许某怡负担。

宣判后，在法定期限内没有上诉、抗诉。判决已发生法律效力。

二、主要问题

侵害英雄烈士名誉、荣誉案刑事责任的准确认定及刑事附带民事公益诉讼之刑民责任如何衔接配合？

三、裁判理由

中华民族是崇尚英雄、成就英雄、英雄辈出的民族，和平年代同样需要英雄情怀。刑法修正案（十一）增设了侵害英雄烈士名誉、荣誉罪，结合刑事附带民事公益诉讼，在加大惩治力度的同时弥补民事、刑事自诉案件中无英雄烈士近亲属提起诉讼的程序困境。本案系北京市首例侵害英雄烈士名誉、荣誉案，公诉机关同时提起了附带民事公益诉讼，审判中的核心与难点在于刑事责任的准确认定和刑民责任的衔接。

（一）侵害英雄烈士名誉、荣誉刑事责任的准确认定

把握此类案件罪与非罪的标准，首先应判断侵害英雄烈士名誉、荣誉行为的侵害程度是否达到“情节严重”程度。2022 年最高人民法院、最高人民检察院、公安部发布的《关于依法惩治侵害英雄烈士名誉、荣誉违法犯罪的意见》规定，本罪中“情节严重”应当结合行为方式，涉及英雄烈士的人数，相关信息的数量、传播方式、传播范围、传播持续时间，相关信息实际被点击、浏览、转发次数，引发的社会影响、危害后果以及行为人前科情况等综合判断。但其未规定具体的立案追诉标准，仅规定必要时可以参照适用《最高人民法院、最高人民检察院关于办理利用信息网络实施诽谤等刑事案件适用法律若干问题的解释》（以下简称《解释》）的规定。《解释》规定，利用信息网络诽谤他人的同一诽谤信息实际被点击、浏览次数达到 5000 次以上，或者被转发次数达到 500 次以上的，认定为刑法第二百四十六条第一款规定的“情节严重”。一方面，侵害英雄烈士名誉、荣誉行为相较于普通网络诽谤行为的侵害性更

大；另一方面，当时网络还没有像现在这么普及，犯罪行为的覆盖面、影响力相对较小，因而现在参照该规定时入罪门槛应适当提高，并结合案件情况进行具体认定。具体而言，可以从传播内容、传播方式、传播效果三方面综合考量。

其一，传播内容。结合侮辱、诽谤的具体方式、对英雄烈士事迹和精神的歪曲、否定、丑化和亵渎程度，被侵害英雄烈士的知名度及热度综合判断。侵害方式既包括直接的侮辱、诽谤，也包括“其他方式”，如将英雄烈士与反面人物进行类比、以所谓“还原历史”“探究细节”的名义歪曲、否定、丑化、亵渎英雄烈士或非法披露涉及英雄烈士隐私的信息，以及公开发布对英雄烈士具有侮辱性的绘画、在烈士陵园等标志性地点以侮辱性姿势、符号拍照等。

其二，传播方式。一是区分媒介和场域，如传播平台是报纸杂志等传统媒体还是网络等新型媒体，是在主流社交网络平台发表言论，还是通过朋友圈或私信进行传播，由此不仅可以判断被告人的主观恶性大小还可预判不当言论的传播范围，进而判断对法益的侵害程度。一般而言，通过网络发布侮辱性言论传播速度快、传播领域广、接触人员多，一经发出公众即可浏览、回复、转发，并可对言论进行加工、删减，且网络具有储存功能，难以彻底清除，可能造成较大负面影响。二是看是否向特殊群体传播造成恶劣影响，如向未成年人传播或向境外传播等，在入罪及量刑时应酌情考量。值得注意的是，此类案件附带民事公益诉讼部分的常规判项包括被告人赔礼道歉、消除影响，其中致歉平台的选择应参照被告人的传播方式，视涉案言论的传播范围确定，一般应遵循传统媒体与新型媒体结合、省级以上平台发布致歉声明的原则，报纸杂志方式致歉字体应略大于通稿字体，网站方式致歉可设置致歉专栏。

其三，传播效果。包括量化效果和社会评价效果。量化效果可参照《解释》，同一信息实际被点击、浏览次数达到5000次以上，或者被转发次数达到500次以上即可作为入罪的标准。社会评价效果可结合犯罪言论的传播时间长短、范围，通过社会公众对传播内容的反响，如点评内容、转载注解、是否报案，以及英雄烈士及其近亲属因侵害行为所造成的精神和物质损害加以判断。需要指出的是，虽民法学中名誉权与荣誉权有明确概念区分，但刑事司法实践中如无明确证据证实仅侵害了一种权利时，宜将二者合并诉判，即认定被告人构成侵害英雄烈士名誉、荣誉罪，不再选择适用罪名，如此，更利于体现本罪立法价值导向，也便于社会公众理解和接受。

本案中，被告人许某怡在主流媒体针对社会公众熟知和敬仰的英雄烈士董存瑞发表侮辱言论，阅读次数高达9万余次，远远超过5000次，综合考量传播内容、方式及效果，许某怡对法益的侵害程度已达到了“情节严重”，应当以侵害英雄烈士名誉、荣誉罪追究刑事责任。

（二）侵害英雄烈士名誉、荣誉行为刑民责任衔接问题

根据法律规定，对于侵害英雄烈士名誉、荣誉行为，检察机关可以代表国家提起公益诉讼，行为达到犯罪程度的，可以一并提起刑事附带民事公益诉讼。英雄烈士的名誉和荣誉具有私益和公益双重属性，通过附带民事公益诉讼的方式，在裁判文书中责令被告人公开赔礼道歉，是恢复英雄烈士名誉、消除恶劣影响和维护社会公共利益的最佳途径。在案件办理中，应关注刑民责任的衔接问题。

1. 公益诉讼民事责任与刑事责任的范围衔接

其一，责任设置上，刑事责任是指犯罪行为应当承担的法律责任，通过对罪犯施加刑罚以实现特别预防和一般预防功能。具体而言，特别预防方面包括限制或剥夺罪犯再犯能力、对罪犯进行教育改造；一般预防方面包括对潜在犯罪人进行警戒和威慑，对被害人（及其家属）进行安抚。而民事责任是指民事主体不履行或者不完全履行民事义务应当依法承担的不利后果，是救济民事权利损害的必要措施，也是保护民事权利的直接手段。刑事责任与民事责任在产生原因、适用规范、责任形式、追责形式等均存在不同。相较于适用门槛高（入罪标准高、证明标准高）、重打击的刑事责任，民事责任具有适用门槛低、调整范围广、责任

方式多等优点，更加侧重对损害利益的弥补、对不良影响的消除。对于通过网络侵害英雄烈士名誉、荣誉的行为，其危害具有扩展性、不特定性、快捷性，对于情节严重的罪犯，除适用刑罚外，民事责任上除了停止侵害外，最重要的是消除影响，对其行为予以反思、对社会公众有一个正确的交代，通过惩治以儆效尤，并对该行为通过宣传、教育等形式加以矫正，充分发挥刑罚及民事责任承担的双重效用。

其二，责任形式上，刑事责任承担方式包括适用主刑、附加刑等刑罚和予以训诫或者责令具结悔过、赔礼道歉、赔偿损失等非刑罚性处置措施。根据民法典第一百七十九条，民事责任承担方式包括停止侵害，排除妨碍，消除危险，返还财产，恢复原状，修理、重作、更换，继续履行，赔偿损失，支付违约金，消除影响、恢复名誉，赔礼道歉，责任负担方式更加灵活多样，有效弥补了刑事诉讼仅限于物质赔偿的片面性和局限性，可对民众形成更好的教育、宣传效果。在案件审理中，应当灵活运用、组合刑事、民事责任，多样化责任负担方式。侵害英雄烈士名誉、荣誉案件中，民事责任一般为通过媒体赔礼道歉、消除影响，如果英烈家属提出赔偿要求的，可能涉及承担相应的赔偿责任。笔者认为，今后可探索公益诉讼中检察机关提出惩罚性赔偿的诉讼请求。一方面，侵害英雄烈士名誉、荣誉行为不仅是对作出伟大贡献的英烈的人格利益的侵害，更是对英烈身上所体现的社会主义核心价值观的轻视和否定，如果不采用一定的经济惩罚，将致使侵害英烈权益的违法成本较低、责任威慑力较弱；另一方面，在部分案件中行为人通过侵权行为直接或间接牟利，检察机关对其采取包含经济内容的惩罚措施具有正当性和必要性。

其三，证据标准上，刑事附带民事公益诉讼属于民事公益诉讼的延伸及在刑事领域附民的扩展，但其本质上仍属于对民事责任承担而开展的诉讼活动，只不过其借助刑事审判力度加强民事公益诉讼的执行力度及审判进程。而承担刑事责任须达到确实充分的证明标准，民事责任证明程度则达到高度盖然性标准即可。刑事责任与民事责任不仅在横向上通过责任方式进行互补，亦在纵向上通过证明标准形成阶梯型的责任体系。因而在侵害英雄烈士名誉、荣誉案件中，对于证明标准、情节程度达到入罪标准的侵权人，应同时负担刑事责任和民事责任；对于证明标准、情节程度未达到入罪标准的侵权人，可以单独负担民事责任，通过刑民责任的衔接与结合，织密法网，同时实现更好的打击和教育效果。

2. 刑事附带民事公益诉讼的程序设置衔接

刑事附带民事公益诉讼作为刑事诉讼与民事公益诉讼的复合之诉，与单独提起的民事公益诉讼存在较大区别。

其一，提起诉讼上，根据《最高人民法院、最高人民检察院关于检察公益诉讼案件适用法律若干问题的解释》和《最高人民法院、最高人民检察院关于人民检察院提起刑事附带民事公益诉讼应否履行诉前公告程序问题的批复》的规定，在民事公益诉讼和刑事附带民事公益诉讼中，人民检察院拟提起公益诉讼前应当公告。履行公告程序的原因在于法律设计检察机关的民事公益诉讼的诉权属于补充性质，目的在于维护民事公益诉讼主体之间的平等地位，只是从提高诉讼效率、节约司法资源的角度由检察机关履行提起公益诉讼的职责。笔者认为，侵害英雄烈士名誉、荣誉行为与破坏环境资源等其他公益诉讼案由不同，其在私益领域一般仅涉及特定英雄烈士家属的利益，因而仅联系家属即可达到上述程序设置目的，且与单独提起民事诉讼不同，刑事附带民事公益诉讼与刑事诉讼一并诉至法院，同时经过了前期的侦查起诉程序，因而对于可以联系到家属的以侵害英雄烈士名誉、荣誉为案由提起的刑事附带民事公益诉讼，可不以公告程序为诉讼提起前提。本案中，公诉机关已经进行诉前公告，并已征询董存瑞唯一近亲属董存梅的意见，董存梅表示不提起民事诉讼，支持公诉机关提起公益诉讼。

其二，量刑影响上，如单独提起民事公益诉讼，鉴于其与刑事案件审判是相互独立的程序，在民事公益诉讼审判在后的情况下，将难以直接对被告人的量刑施加影响；而刑事附带民事公益诉讼中被告人的民事责任履行成效直接影响到量刑评价。因而在刑事附带民事公益案件办理中，应注重刑事量刑与侵权责任承担关联性的整体评价，既要充分发挥民事责任履行对量刑的正向效应，同时又应当避免民事责任过度影响刑事责任。

其三，赔偿范围上，单独提起民事公益诉讼，可要求被告承担惩罚性赔偿、消除影响、恢复名誉等民事责任；但对于并处罚金的刑事案件，如侵权人已在民事公益诉讼中承担了惩罚性赔偿责任，如果需要再对违法者实施刑罚，笔者认为可以酌减其承担刑事罚金的数额和责任。同样，如果违法者已被科以刑事罚金，在民事公益诉讼中提出惩罚性赔偿金时，可以考虑酌情降低惩罚金的数额，防止过度处罚，从而违背惩罚性赔偿制度设立的初衷。实践中还存在对同一违法者已经提起了民事公益诉讼，并且已经判决其承担惩罚性赔偿责任，被侵权的个人又对其提起民事私益诉讼的情形，此时，法院不宜再判决让其承担惩罚性赔偿责任，后诉的民事赔偿可以从前诉已判决的惩罚性赔偿金中支付或扣减。

本案中，被告人许某怡在主流媒体对董存瑞烈士发表侮辱言论，阅读次数高达 9 万余次，结合其传播内容、传播方式、传播效果，对法益侵害程度已达到“情节严重”之危害程度，以侵害英雄烈士名誉、荣誉罪追究其刑事责任是适当的。在责任承担方面，充分发挥刑民责任的衔接配合：刑事方面，考虑到其行为性质、危害后果及自愿认罪认罚的从宽情节，对其判处有期徒刑七个月；民事责任承担方面，考虑到其行为对社会造成的负面影响，要求其在国内主要门户网站及全国性媒体公开赔礼道歉、消除影响。通过刑民责任结合，在严惩犯罪的同时，积极恢复其损害的社会关系及对英雄烈士造成的负面影响。

（撰稿：北京市东城区人民法院　石　魏　罗　兰

审编：最高人民法院刑三庭　鹿素勋）

[第1517号]

舒某掩饰、隐瞒犯罪所得案

——掩饰、隐瞒非法获取的计算机信息系统数据的行为，应当如何准确定罪量刑

一、基本案情

被告人舒某，男，1975年×月×日出生。2019年1月12日被取保候审。

江苏省江阴市人民检察院指控被告人舒某犯掩饰、隐瞒犯罪所得罪，向江阴市人民法院提起公诉。

被告人舒某对公诉机关指控的犯罪事实、罪名、量刑建议均无异议。其辩护人提出，舒某购买医院药品统方数据自用，社会危害性小，认罪认罚，请求对其从轻处罚并适用缓刑。

江阴市人民法院经审理查明：被告人舒某系四川奥邦医贸有限公司派驻江苏省的业务推广代表。2018年1月至12月，舒某为便于有针对性地调整销售策略，明知系他人（另案处理）非法获取的医院药品统方数据仍多次收购，共计支付5.7万余元。

江阴市人民法院认为，被告人舒某明知是他人犯罪所得而予以收购，其行为构成掩饰、隐瞒犯罪所得罪。舒某自愿认罪认罚，可予以从轻处罚。依照刑法第三百一十二条第一款、第七十二条及《最高人民法院关于审理掩饰、隐瞒犯罪所得、犯罪所得收益刑事案件适用法律若干问题

的解释》第一条之规定，以掩饰、隐瞒犯罪所得罪判处被告人舒某有期徒刑一年，缓刑一年六个月，并处罚金人民币六千元；禁止被告人舒某在缓刑考验期内从事药品营销活动。

一审宣判后，被告人未提出上诉，检察机关亦未抗诉。判决已发生法律效力。

二、主要问题

明知是他人非法获取的计算机信息系统数据而实施掩饰、隐瞒行为，应如何认定“违法所得”并准确量刑？

三、裁判理由

医院药品统方数据是医院内部对医生临床用药信息的统计数据，属于医院保密信息。国家医药卫生行政主管部门三令五申禁止医疗机构向药品销售代表等企业人员提供统方数据。但实践中，一些医院内部人员、外部普通黑客通过非法侵入医院计算机信息系统的方式，获取药品统方数据，销售牟利；而一些药品销售代表则通过购买等形式非法获取医院药品统方数据，用以分析医生用药情况、制定针对性的销售策略，包括以回扣等方式进行商业贿赂，破坏正常的医药管理秩序。对于前者，通常涉嫌非法获取计算机信息系统数据犯罪；对于后者即明知药品统方数据系他人非法获取仍予购买的行为，通常以掩饰、隐瞒犯罪所得罪处理并无争议，但对“违法所得”的认定以及量刑幅度的确立存在分歧。

根据《最高人民法院关于审理掩饰、隐瞒犯罪所得、犯罪所得收益刑事案件适用法律若干问题的解释》（以下简称《掩饰、隐瞒犯罪解释》）第一条和第三条的规定，对于掩饰、隐瞒涉及计算机信息系统数据、计算机信息系统控制权的，审理相关案件时应当依照相关司法解释的规定，具体是指《最高人民法院、最高人民检察院关于办理危害计算机信息系统安全刑事案件应用法律若干问题的解释》（以下简称《危害计算机信息系统解释》）。根据《危害计算机信息系统解释》第七条的规定，明知是非法获取计算机信息系统数据犯罪所获取的数据、非法控制计算机系统犯罪所获取的计算机信息系统控制权，而予以转移、收购、代为销售或者以其他方法掩饰、隐瞒，违法所得5000元以上的，应当以掩饰、隐瞒犯罪所得罪定罪处罚；违法所得5万元以上的，即应当认定为掩饰、隐瞒犯罪所得“情节严重”。这与《掩饰、隐瞒犯罪解释》所规定的定罪量刑标准有明显差距。本案审理过程中，对于如何理解《危害计算机信息系统解释》第七条中的“违法所得”，能否认定被告人舒某掩饰、隐瞒犯罪所得的行为构成“情节严重”，存在以下两种意见。

第一种意见认为，《危害计算机信息系统解释》第七条规定的“违法所得”，是指掩饰、隐瞒的计算机信息系统数据、计算机信息系统控制权的价值。被告人舒某为收购医院药品统方数据支付5.7万余元，已超过5万元标准，应当认定为“情节严重”。

第二种意见认为，《危害计算机信息系统解释》第七条规定的“违法所得”，应理解为掩饰、隐瞒行为人的非法获利数额。而对于行为人尚未实际获利或无法查清获利数额的，因不能明确违法所得数额而无法适用《危害计算机信息系统解释》，但仍可以适用《掩饰、隐瞒犯罪解释》对此类犯罪的规定，即以掩饰、隐瞒犯罪所得及其产生的收益的价值作为定罪量刑标准。被告人舒某收购医院药品统方数据支付的5.7万余元，即为掩饰、隐瞒犯罪所得的价值，因未达到10万元标准，故不属于“情节严重”。

笔者同意第二种意见。理由如下。

（一）《危害计算机信息系统解释》第七条规定的“违法所得”，应理解为行为人的非法获利数额

刑法中规定的“违法所得”一般指的是获利数额。例如，《最高人民法院关于审理生产、销售伪劣产品刑事案件如何认定“违法所得数额”的批复》指出，“违法所得数额”是指生产、销售伪劣产品获利的数额。《最高人民法院关于审理非法出版物刑事案件具体应用法律若干问题的解

释》第十七条明确，“违法所得数额”是指获利数额。《最高人民法院、最高人民检察院关于办理内幕交易、泄露内幕信息刑事案件具体应用法律若干问题的解释》第十条规定，该类犯罪中的“违法所得”是指通过内幕交易行为所获利益或者避免的损失。《最高人民法院研究室关于非法经营罪中“违法所得”认定问题的研究意见》也认为，非法经营罪中“违法所得”是指获利数额，应与非法经营数额区分开来。综合前述司法解释和规范性文件关于“违法所得”的规定来看，在无特别规定的情况下，“违法所得”应指获利数额，适用《危害计算机信息系统解释》第七条的规定亦应作此理解。

前述第一种意见将被告人舒某收购药品统方数据的5.7万元认定为违法所得数额，错误理解了“违法所得”的概念，这种理解可能会导致掩饰、隐瞒涉及计算机信息系统数据的犯罪与上游非法获取计算机信息系统数据犯罪之间的量刑倒挂，违背罪责刑相适应的基本原则。一般情况下，掩饰、隐瞒犯罪所得罪的社会危害性承继和依附于上游犯罪，在上下游“一对一”的模式下，下游犯罪人的罪责不应超过上游犯罪人。根据《危害计算机信息系统解释》的规定，上游非法获取计算机信息系统数据罪入罪的数额标准与下游以非法获取的计算机信息系统为犯罪对象的掩饰、隐瞒犯罪所得罪一致，均设定为违法所得5000元以上。非法获取计算机信息系统数据的犯罪分子一般来说是“空手套白狼”，收购者支付给上游犯罪人的价格一般应认定为上游犯罪人的违法所得，但是如果对收购者也直接以其支付的价格来定罪量刑，明显就与这种上下游关系不平衡了。而且在下游层层转卖的情况下，越往下游，购买者支付的价格会更高，导致越是处于犯罪链下游的行为人量刑反而越重，造成量刑不平衡。

因此，本案中被告人舒某为购买药品统方数据支付的5.7万余元不能直接认定为其“违法所得”，故不能适用《危害计算机信息系统解释》第七条认定其行为属于“情节严重”的情形。

（二）掩饰、隐瞒计算机信息系统数据尚未获利或者获利无法查清的，可以适用《掩饰、隐瞒犯罪解释》的一般规定定罪处罚

将《危害计算机信息系统解释》第七条规定的“违法所得”解释为非法获利数额，则该规定仅能适用于非法获利数额比较明确的情形。例如，行为人帮助他人藏匿非法获取的计算机信息系统数据或数据储存介质，从他人处获得的报酬即为其违法所得。又如，行为人收购他人非法获取的计算机信息系统数据后再转卖获得的差价即为其违法所得。但如本案中医药销售代表收购药品统方数据的情形，难以准确认定行为人收购统方数据后具体带来多大的利益，或者其收购行为结束后尚未获利即被抓获，从而造成违法所得难以认定。对此，笔者认为，掩饰、隐瞒计算机信息系统数据尚未获利或者无法查清获利的，可以适用《掩饰、隐瞒犯罪解释》的一般规定定罪处罚。

《危害计算机信息系统解释》自 2011 年 9 月 1 日起施行，对掩饰、隐瞒涉及计算机信息系统数据、计算机信息系统控制权的犯罪所得及其产生的收益行为如何适用刑法第三百一十二条作了特殊规定。《掩饰、隐瞒犯罪解释》自 2015 年 6 月 1 日起施行，并于 2021 年修正，取消了掩饰、隐瞒犯罪所得罪定罪的数额门槛，同时保留了“掩饰、隐瞒犯罪所得及其产生的收益价值总额达到十万元以上的”构成“情节严重”的定罪量刑标准。可见《掩饰、隐瞒犯罪解释》采用的定罪量刑数额依据是“掩饰、隐瞒的犯罪所得及其收益的价值”，与《危害计算机信息系统解释》中“违法所得”有明显区别。在有且能够查清违法所得的情况下，根据《掩饰、隐瞒犯罪解释》第一条、第三条的明确规定，应当优先适用《危害计算机信息系统解释》。当然，在没有违法所得或违法所得没有查清的情况下，仍可适用《掩饰、隐瞒犯罪解释》对相关行为进行规制。否则就会得出行为人无偿帮助他人藏匿非法获取的计算机信息系统数据即无法认定为犯罪的错误结论。

本案中，被告人舒某从他人处收购药品统方数据后未转卖牟利，其

自身获利情况无法查清，或者说，即使能够对比其购买药品统方数据后销售情况的上升情况，也难以完全将上升部分直接认定为违法所得，故可以适用《掩饰、隐瞒犯罪解释》的一般规定。舒某为收购该犯罪所得支付5.7万余元，系掩饰、隐瞒犯罪所得的价值，因未达到10万元以上标准，不应认定为“情节严重”。

综上，根据本案犯罪事实、情节和后果，江苏省江阴市人民法院以掩饰、隐瞒犯罪所得罪判处被告人舒某有期徒刑一年，缓刑一年六个月，并处罚金人民币六千元，是适当的。

（撰稿：江苏省无锡市中级人民法院　杨温蕊　袁红玲

审编：最高人民法院刑四庭　陆建红）

[第 1518 号]

王某碗、王某甲、王某兵掩饰、隐瞒犯罪所得案

——掩饰、隐瞒犯罪所得罪中情节加重

“次数”的认定及量刑平衡

一、基本案情

被告人王某碗，男，1976 年×月×日出生。2022 年 1 月 21 日被取保候审。

被告人王某甲，男，1984 年×月×日出生。2022 年 1 月 4 日被取保候审。

被告人王某兵，男，1982 年×月×日出生。2021 年 12 月 28 日被取保候审。

江苏省扬中市人民检察院指控被告人王某碗、王某甲、王某兵犯掩饰、隐瞒犯罪所得罪，于 2022 年 5 月 20 日向扬中市人民法院提起公诉，于 2022 年 7 月 22 日以变更起诉决定书变更部分起诉内容（不再认定“情节严重”）。

被告人王某碗、王某甲、王某兵认罪认罚。

扬中市人民法院经审理查明：2021 年 7 月至 12 月，刘某（已判刑）多次至江苏省扬中市新坝镇永平村江苏普勒电气有限公司窃得铜排边角料后，分别与被告人王某碗、王某甲、王某兵联系销赃。被告人王某碗、王某甲、王某兵在明知刘某向其出售的铜排边角料来路不正、系赃物的

情况下仍多次收购。其中，被告人王某碗收购十七次，应承担犯罪金额为 21356 元，从中非法获利 700 元；被告人王某甲收购五次，应承担犯罪金额为 16210 元，从中非法获利 450 元；被告人王某兵收购十一次，应承担犯罪金额为 15535 元，从中非法获利 350 元。

被告人王某碗、王某甲、王某兵能如实供述自己的犯罪事实。被告人王某碗自愿退赔 20000 元。

扬中市人民法院认为，被告人王某碗、王某甲、王某兵明知是犯罪所得而予以收购，其行为均已构成掩饰、隐瞒犯罪所得罪。被告人王某碗、王某甲、王某兵能如实供述自己的犯罪事实，系坦白，依法可以从轻处罚。被告人王某碗、王某甲、王某兵认罪认罚，依法可以从宽处理。被告人王某碗退赔了被害人部分损失，可以酌定从轻处罚。根据被告人王某碗、王某甲、王某兵的犯罪情节和悔罪表现，对其适用缓刑不致再有犯罪的危险且对其所居住的社区没有重大不良影响。据此，依照刑法第三百一十二条第一款，第六十七条第三款，第七十二条第一款、第三款，第七十三条第二款、第三款，第六十四条及《中华人民共和国刑事诉讼法》第十五条之规定，判决如下：

一、被告人王某碗犯掩饰、隐瞒犯罪所得罪，判处有期徒刑一年六个月，缓刑二年，并处罚金人民币一万五千元；

二、被告人王某甲犯掩饰、隐瞒犯罪所得罪，判处有期徒刑十个月，缓刑一年，并处罚金人民币一万元；

三、被告人王某兵犯掩饰、隐瞒犯罪所得罪，判处有期徒刑一年，缓刑一年，并处罚金人民币一万元；

四、对被告人王某碗所退赃款人民币 700 元予以没收，由扣押机关上缴国库；对被告人王某甲未退赃人民币 450 元、被告人王某兵未退赃人民币 350 元予以追缴，上缴国库；对被告人王某碗自愿退赔人民币 19300 元，由扣押机关发还被害人。

一审宣判后，三被告人未提出上诉，检察机关亦未抗诉。判决已发生法律效力。

二、主要问题

（一）如何认定掩饰、隐瞒犯罪所得罪中情节加重的“次数”？

（二）如何把握掩饰、隐瞒犯罪所得罪与上游犯罪的量刑平衡？

三、裁判理由

（一）本案不构成情节严重，但“次数”可作为酌定从重处罚情节

本案犯罪事实并不复杂，证据确实、充分，审理期间对被告人王某碗、王某兵的收赃行为是否构成“情节严重”，存在以下不同的意见。

第一种意见认为，《最高人民法院关于审理掩饰、隐瞒犯罪所得、犯罪所得收益刑事案件适用法律若干问题的解释》（以下简称《解释》）第三条第一款第二项规定，“掩饰、隐瞒犯罪所得及其产生的收益十次以上”应认定“情节严重”。本案被告人王某碗、王某兵收赃均达到十次以上，属于情节严重，其法定刑为三年以上七年以下有期徒刑，并处罚金。

第二种意见认为，掩饰、隐瞒犯罪所得罪的入罪条件以上游犯罪事实成立为前提，犯罪客体为犯罪所得而非违法所得。被告人王某碗、王某兵单次收购上游盗窃铜排边角料达到犯罪程度（江苏省盗窃罪“数额较大”标准为2000元）的次数分别为四次、二次，均未达十次，不属于情节严重，其法定刑为三年以下有期徒刑、拘役或者管制，并处或者单处罚金。

笔者同意第二种意见。掩饰、隐瞒犯罪所得罪属于下游犯罪，应结合主观故意、犯罪构成、犯罪客体等方面综合认定情节严重中的“次数”。理由如下。

第一，基于掩饰、隐瞒的客体是犯罪所得，“次数”应以相应上游行为达到犯罪程度为前提。从刑法体系上看，作为入罪条件的“次数”与作为情节加重的“次数”具有完全不同的认定标准。例如，多次盗窃，

以“次数”入罪扩大打击范围，所以对“次数”的认定相对宽泛；而多次抢劫，以“次数”情节加重而调整刑格，对“次数”的认定则更为严苛。《解释》中规定十次以上应认定情节严重，对此处情节加重的“次”应作严格认定，进行限制性理解。因掩饰、隐瞒的客体是犯罪所得，所以认定情节严重中的“次”应以相应上游行为达到犯罪标准为前提。

第二，基于同一主观故意连续实施多起掩饰、隐瞒行为的，应认定为“一次”。认定“次数”应综合考虑行为人犯罪故意的产生、犯罪行为实施的时间、地点等因素，客观分析、认定。被告人基于同一犯意实施犯罪的，原则上认定“一次”。如在同一地点，同时对在场的多人收赃的；或基于同一犯意在同一地点连续多次收赃的，如在同一地点连续对途经此地多人收赃的，一般应认定“一次”而不是多次犯罪。

第三，基于同一上游犯罪客体实施掩饰、隐瞒行为的，应认定为“一次”。上游犯罪行为人对处置涉案财物具有主动性或随意性，对同一物品可以一次性或分数十次出售。但无论上游犯罪行为人处置了多少次，相应实施掩饰、隐瞒的犯罪客体只有一个，多次收赃行为实质上属于多次的不能犯，不宜片面认定多次。例如，上游犯罪窃得一辆汽车拆散分数十次销售给同一收赃人，实质上基于同一客体掩饰、隐瞒了一辆汽车，此时以次数高低区分不同量刑是不适当的。

第四，基于上游犯罪以情节入罪实施掩饰、隐瞒的，应认定为“一次”。上游犯罪以情节入罪，意味着对上游犯罪进行了整体性评价。此时，上游犯罪等同于一个整体，可以评价为上述“第一”或“第三”规制的范围，则无论收赃多少次在评价是否属于情节严重的次数时亦应认定为“一次”。例如，上游犯罪为多次盗窃入罪，后分多次销赃，相应掩饰、隐瞒次数应认定“一次”为宜。

本案中，刘某存在一次盗窃二次销赃的情况，而被告人王某碗、王某兵多为小额收赃，社会危害性较小。被告人王某碗、王某兵收赃对应上游盗窃行为达到犯罪程度次数分别为四次、二次，均未达到《解释》规定的“掩饰、隐瞒犯罪所得及其产生的收益十次以上”，不应认定情节严重，但具体收赃次数可作为酌定从重处罚的量刑情节。

（二）掩饰、隐瞒犯罪所得罪应与上游犯罪量刑保持平衡

第一，掩饰、隐瞒犯罪所得罪属于下游犯罪，与上游犯罪联系紧密，量刑一般不高于上游犯罪。掩饰、隐瞒犯罪所得罪列于妨害司法罪章节，妨害司法机关利用赃物证明上游犯罪及顺利追缴赃物，是基于上游犯罪产生的犯罪。掩饰、隐瞒犯罪所得罪对上游犯罪具有一定依附性，未对被害人造成进一步的损失，亦不承担退赔责任，相应社会危害性明显小于上游犯罪，量刑应与之相适应。实践中，存在掩饰、隐瞒犯罪行为人主动补偿被害人损失的情况，亦应在量刑时酌情考虑。

第二，掩饰、隐瞒行为独立成罪，危害性应小于事前通谋情形。《解释》第五条规定：“事前与盗窃、抢劫、诈骗、抢夺等犯罪分子通谋，掩饰、隐瞒犯罪所得及其产生收益的，以盗窃、抢劫、诈骗、抢夺等犯罪的共犯论处。”事前通谋对强化实施上游犯罪意志等方面起到帮助作用，搭建销赃平台，加快犯罪、销赃进度，相应社会危害性更大。而仅实施掩饰、隐瞒行为自然要区别于事前通谋的情况，相对社会危害性更小，在量刑时应有所区别。简言之，对同一上游犯罪实施掩饰、隐瞒的行为人量刑不得高于上游犯罪量刑。对不同上游犯罪是否适用本原则，仍然可以用事先通谋危害性更大来解释，即职业收赃人虽然危害性大，但仅存在掩饰、隐瞒行为，其法定刑要低于事先通谋情形，可在具体量刑时从严掌握，包括财产刑及缓刑适用。

第三，与上游犯罪相平衡，应区分不同的数额标准。例如，根据《解释》第三条第一款第一项的规定，掩饰、隐瞒犯罪所得及其产生的收益价值总额达到 10 万元以上的，应认定情节严重。但部分上游犯罪即使数额达到 10 万元以上，其法定刑仍在三年以下有期徒刑，此时认定下游犯罪情节严重与上述第一点、第二点分析相悖。例如，非法采矿 10 万元方达入罪条件（10 万元以下属于违法所得）。（见表 1）

表1　部分上游犯罪（江苏）标准一览表

罪名	入罪标准	升格标准
集资诈骗罪	10万元以上（法定刑三至七年有期徒刑）	100万元以上（法定刑七年以上有期徒刑）
合同诈骗罪（个人犯罪）	2万元以上（法定刑三年以下有期徒刑）	50万元（法定刑三年以上十年以下有期徒刑）
非法捕捞水产品罪	捕捞50公斤以上（法定刑三年以下有期徒刑）	无
非法采矿罪	10万元以上（法定刑三年以下有期徒刑）	50万元以上（法定刑三年以上七年以下有期徒刑）

笔者注意到，《解释》在2021年修正时删除了数额入罪标准，《解释》第一条第二款规定："人民法院审理掩饰、隐瞒犯罪所得、犯罪所得收益刑事案件，应综合考虑上游犯罪的性质、掩饰、隐瞒犯罪所得及其收益的情节、后果及社会危害程度等，依法定罪处罚。"同时，《解释》第三条第二款规定："司法解释对掩饰、隐瞒涉及机动车、计算机信息系统数据、计算机信息系统控制权的犯罪所得及其产生的收益行为认定'情节严重'已有规定的，审理此类案件依照该规定。"例如，司法解释规定涉及机动车价值50万元以上属于情节严重，这区别于一般规定10万元。

因此，《解释》对掩饰、隐瞒行为的追诉、情节认定作出了差异化的规定，这体现了掩饰、隐瞒犯罪所得罪必须以上游犯罪成立为前提，量刑时应与上游犯罪的法定刑保持平衡。具体操作上，应进一步细化特殊案由下掩饰、隐瞒行为情节严重的数额规定或增加情节严重但书规定，同时强化案例指导形成实务共识，确保罪责刑相适应。

（三）程序上不得直接援用刑法总则处罚

对于可能认定掩饰、隐瞒犯罪所得罪情节严重的，须保证上下游犯罪量刑平衡存在两种情况：一是根据案件情况不宜认定情节严重，直接援用刑法分则条款即可做到量刑平衡。例如，前述对情节加重的次数进行限制性评价，从而无法认定《解释》中规定的情节严重情形。二是客观符合情节严重认定条件，但量刑仍明显高于上游犯罪，无法做到罪责刑相适应。例如，收购非法开采的砂石 20 万元，上下游犯罪量刑很难均衡。对于第二种情况，不能直接援用刑法总则规定对被告人减轻处罚，而应当在法律框架内层报最高人民法院依法核准在法定刑以下判处刑罚。

刑法第五条规定："刑罚的轻重，应当与犯罪分子所犯罪行和承担的刑事责任相适应。"罪责刑相适应原则系刑法总则规定，其效力当然适用于分则各个条款。办理刑事案件应贯彻落实罪责刑相适应原则，有助于检验法律或结合群众朴素价值观来判断结果是否产生明显不当的后果，但该原则不是法定减轻处罚的量刑情节，不可在个案中直接援用对行为人减轻处罚。刑法第六十三条第二款规定："犯罪分子虽然不具有本法规定的减轻处罚情节，但是根据案件的特殊情况，经最高人民法院核准，也可以在法定刑以下判处刑罚。"刑事诉讼法及相关司法解释亦规定了"在法定刑以下判处刑罚"的具体办理程序。因此，如果根据具体案情，结合《解释》的规定应认定掩饰、隐瞒行为构成情节严重，但就此处罚仍明显违背罪刑相适应原则的，应采用"在法定刑以下判处刑罚"的核准程序解决。

（撰稿：江苏省扬中市人民法院　朱晓军　王　辉
审编：最高人民法院刑三庭　鹿素勋）

[第 1519 号]

王某兰、刘某先、哈某德出售出入境证件案

——“中介”人员、高校工作人员向合法入境的外籍人员出售外籍人员居留证件的行为该如何定性

一、基本案情

被告人刘某先，女，1980 年×月×日出生。2018 年 7 月 5 日被逮捕。

被告人王某兰，女，1982 年×月×日出生。2018 年 7 月 5 日被逮捕。

被告人哈某德，男，1990 年×月×日出生，巴基斯坦伊斯兰共和国国籍。2019 年 2 月 1 日被逮捕。

吉林省长春市人民检察院以被告人王某兰、刘某先、哈某德出售出入境证件罪，向长春市中级人民法院提起公诉。

各被告人及其辩护人均提出各被告人不构成出售出入境证件罪的辩解和辩护意见。

长春市中级人民法院经审理查明：2018 年 1 月至 3 月间，被告人刘某先、王某兰以牟利为目的，利用长春某高校具有给外籍人员申办居留许可证件的资质，在明知被告人哈某德招揽的 15 名外籍人员意图通过付费方式购买学习类居留证件，并不实际在该高校就读的情况下，仍收取外籍人员钱款，冒充该高校副校长李某某签批外国留学人员来华签证申请表，向出入境管理机构提供内容虚假的居留许可证件申请材料，协助

上述不符合申领学习类居留证件的外籍人员申领居留证件。被告人刘某先、王某兰、哈某德共同出售出入境证件15份，其中5份因出入境管理机构暂停办理而犯罪未遂。

长春市中级人民法院认为，被告人刘某先、王某兰、哈某德以牟利为目的，非法出售出入境证件，情节严重，其行为均构成出售出入境证件罪，应依法予以严惩。被告人哈某德有揭发他人犯罪的行为，且经查证属实，依法构成立功，可从轻处罚。根据被告人刘某先、王某兰、哈某德的犯罪事实、情节及对社会的危害程度，依照刑法第三百二十条，第二十五条第一款，第二十六条第一款、第四款，第五十二条，第五十三条，第三十五条，第六十八条和《最高人民法院、最高人民检察院关于办理妨害国（边）境管理刑事案件应用法律若干问题的解释》第二条、第三条之规定，判决如下：

一、被告人刘某先犯出售出入境证件罪，判处有期徒刑六年，并处罚金人民币十万元；

二、被告人王某兰犯出售出入境证件罪，判处有期徒刑五年六个月，并处罚金人民币十万元；

三、被告人哈某德犯出售出入境证件罪，判处有期徒刑五年，并处罚金人民币十万元、驱逐出境。

一审宣判后，被告人刘某先、王某兰、哈某德均提出上诉，刘某先、王某兰上诉称其不构成出售出入境证件罪，哈某德上诉称对其量刑过重。吉林省高级人民法院经审理认为，刘某先、王某兰以牟利为目的，在收取了哈某德转交的外籍人员的“学费”“加急费”“押金”等费用后，向出入境管理机关提供虚假、伪造的材料，致使出入境管理机关据此颁发了居留证件，帮助本不应该获得居留证件的涉案外籍人员获得居留证件，居留证件属于出入境证件，故对该上诉理由不予采纳。原判认定的事实清楚，证据确实、充分，定罪准确，量刑适当，审判程序合法。据此裁定驳回上诉，维持原判。

二、主要问题

“中介”人员、高校工作人员向合法入境的外籍人员出售外籍人员居留证件的行为该如何定性？

三、裁判理由

关于本案“中介”人员、高校工作人员向合法入境的外籍人员出售外籍人员居留证（以下简称居留证）的行为定性问题，存在以下两种意见。

第一种意见认为应构成出售出入境证件罪。理由如下：首先，居留证件属于出入境证件范畴。其次，居留证申请材料是取得居留证的必备要件，合法入境的外籍人员为了停留在我国境内，在无法通过正规合法途径取得居留证时，通过付费方式向高校工作人员购买居留证申请材料，再由高校工作人员出面办理居留证，以达到骗取居留证的目的，三被告人的行为侵犯了我国国（边）境管理秩序。最后，出售出入境证件罪的主体为一般主体，“中介”人员、高校工作人员符合出售出入境证件罪的主体要件，且本案不属于单位犯罪。综上，三被告人的行为符合出售出入境证件罪的犯罪构成要件，应当以出售出入境证件罪追究刑事责任。

第二种意见则认为本案三被告人的行为属于法无明文规定，应当无罪。理由如下：首先，刑法第三百二十条、2012 年颁布的《最高人民法院、最高人民检察院关于办理妨害国（边）境管理刑事案件应用法律若干问题的解释》（以下简称《解释》）第二条第二款、第三条将出入境证件界定为出入境时需要查验的资料。而居留证申请材料属于申领居留证时需要使用的材料，不属于出入境时需要查验的资料，依文义解释居留证申请材料不属于出入境证件的范畴。其次，三被告人虽为合法入境的外籍人员有偿提供居留证申请材料，但申请材料的审核和最终颁发居留证的机关系出入境管理机构，三被告人既不是居留证的颁发者，也不是持有者，因而不具备出售居留证的基础和前提。最后，三被告人虚构了外籍人员来华学习的事实，隐瞒了非法停留我国的真相，协助不符合申领学习类居留证件的外籍人员向出入境管理机构出具内容虚假的居留证申请材料，骗取居留证，三被告人的行为应该被评价为骗取居留证，而非出售居留证。刑法第三百一十九条规定了骗取出境证件罪，但本罪以“为组织他人偷越国（边）境使用”为构成要件，本案三被告人是以牟利为目的协助合法入境的外籍人员骗取居留证，合法入境的外籍人员的目的是“合法”长期居留在我国境内，主客观不一致，故无法依据此条款对三被告人的行为进行评价。

笔者赞同第一种意见，具体分析如下。

（一）居留证属于出入境证件

刑法第三百二十条规定“出售护照、签证等出入境证件的，处五年以下有期徒刑，并处罚金；情节严重的，处五年以上有期徒刑，并处罚金”。该条文没有将出入境证件的种类完整罗列，而是使用“护照、签证等出入境证件”的有限列举加定义的方式予以说明。

《解释》第二条第二款规定，刑法第三百一十九条第一款规定的“出境证件”包括护照或者代替护照使用的国际旅行证件，中华人民共和国海员证，中华人民共和国出入境通行证，中华人民共和国旅行证，中国公民往来香港、澳门、台湾地区证件，边境地区出入境通行证，签证、签注，出国（境）证明、名单，以及其他出境时需要查验的资料。《解释》第三条规定，刑法第三百二十条规定的“出入境证件”，包括《解释》第二条第二款所列的证件以及其他入境时需要查验的资料。对于《解释》所列举的各类出入境证件，实践中不难理解，但居留证是否属于出入境证件范畴，《解释》未予明确。

出售出入境证件罪是典型的行政犯，对出入境证件的含义和范围进行解释时，不但要关注司法解释的相关规定，还要参照行政法规或政令的相关规定。出入境管理法第六十七条、第七十三条、第八十五条、第九十二条均有“停留居留证件等出入境证件”的表述，由此可见，居留证属于法定的出入境证件。

同时，从居留证的实际功能分析，居留证具有可多次出入我国国（边）境的功能。出入境管理法第二十二条规定，外国人持有效的外国人居留证件的可以免办签证。签证有明确的有效期，具有在我国境内较短时间内停留、居留的功能。居留证则是在我国较长期居留、停留的证件。外籍人员在合法入境后若要合法长期停留在我国境内需要申办居留证，在居留证到期后则应依法离境。外籍人员以其持有的合法入境时使用的入境证件配合居留证使用，可多次出入我国国（边）境。在此意义上居留证与签证具有相似性，属于出入境时需要查验的证件。刑法第三百二十条明确规定签证属出入境证件。因此，居留证具有出入境证件的功能，应当认定为出入境证件。

（二）三被告人的行为侵犯了我国国（边）境管理秩序出入境管理法第三十条第二款规定

申请办理外国人居留证件，应当提交本人的护照或者其他国际旅行证件，以及申请事由的相关材料，并留存指纹等人体生物识别信息。公安机关出入境管理机构应当自收到申请材料之日起十五日内进行审查并作出审查决定，根据居留事由签发相应类别和期限的外国人居留证件。出入境管理法第三十一条规定，不能按照规定提供相关证明材料的，不予签发外国人居留证件。《外国人入境出境管理条例》第十六条规定，外国人申请学习类居留证件，应当按照规定提交招收单位出具的注明学习期限的函件等证明材料。该条例第二十条规定，公安机关出入境管理机构可以通过面谈、电话询问、实地调查等方式核实申请事由的真实性。从前述规定可知，学习类居留证的申请证明材料对居留证的申领成功与否具有至关重要的作用。

本案中，三被告人假借招生办学之名，利用长春某高校具有给外籍人员申办居留许可证件的资质，在明知十余名外籍人员并不实际在该高校就读，只是意图通过付费方式购买学习类居留证件“合法”停留在我国境内，而冒充该高校副校长李某某签批外国留学人员来华签证申请表，向出入境管理机构提供内容虚假的居留许可证件申请材料，从中牟利。出入境管理机构并不明知三被告人的真实意图，在长春某高校具有给外籍人员申办居留许可证件资质的前提下，在申请证明材料齐备的情况下，向不符合申请条件的外籍人员发放了学习类居留证件。三被告人主观上具有利用出入境管理机构达到出售出入境证件的故意，客观上实施了向非法停留在我国境内的外籍人员出售申请学习类居留证件材料，并以此向出入境管理机构申请居留证件的行为，其行为本质就是出售居留证件。三被告人的行为致使多名来自重点国家的涉案外籍人员非法停留在我国境内，截至案发尚有部分外籍人员下落不明，严重扰乱和侵犯了我国国(边)境的正常管理秩序，给我国社会安全造成极大隐患，符合出售出入境证件罪的客体要件，具有刑事处罚的必要。

(三) 出售出入境证件罪的主体为一般主体

刑法第三百二十条规定的出售出入境证件罪的主体为一般主体，不能将其限缩解释为出入境管理机构的工作人员。被告人刘某先、王某兰、哈某德符合该罪的主体要件。

同时，在研究过程中，有意见提出本案有可能为单位犯罪。经研究，被告人刘某先、王某兰虽然以长春某高校的名义对外籍人员进行“招生”，但在案证据证实二人所在的国际合作与交流处并无招收外籍学生的权限及职能，“招生”行为已经超出了职务行为的界限，鉴定报告亦证实《外国留学生来华签证登记申请表》上的分管副校长签字系伪造。刘某先、王某兰伪造签字，为不在该高校就读的外籍学生填写内容虚假的申请材料，并向出入境管理机构申办留学类居留证件；私下收取外籍学生“学费”，加收“加急费”“押金”，冒收“体检费”等费用，并曾对收取的“费用”予以私分；在出入境管理机关进行查处时，二人出具虚假材料应对检查；在检查期间，二人为规避风险，迫于压力，才向学校上缴大部分钱款。被告人哈某德并非中介机构人员，仅是打着“中介”旗号招揽外籍人员付费申领留学类居留证件，从中牟利。故三被告人的行为完全系个人行为，本案不属于单位犯罪。

综上，法院以出售出入境证件罪对三被告人定罪处罚是正确的。

（撰稿：吉林省长春汽车经济技术开发区人民法院　曲鹏程

吉林省长春市中级人民法院　杨　帆

审编：最高人民法院刑二庭　逄锦温）

[第1520号]

王某贩卖、制造毒品案

——使用尚未列入《易制毒化学品名录》的化学原料生产含毒品成分的饮料并销售的，应认定为贩卖、制造毒品罪

一、基本案情

被告人王某，男，1979年×月×日出生，成都陆柒捌贸易有限公司法定代表人。2017年10月18日被逮捕。

四川省成都市青羊区人民检察院指控被告人王某犯贩卖、制造毒品罪，向成都市青羊区人民法院提起公诉。

成都市青羊区人民法院经审理查明：2013年7月，被告人王某注册成立成都陆柒捌贸易有限公司（以下简称陆柒捌公司）并担任法定代表人。自2016年开始，王某多次以陆柒捌公司的名义购买γ-丁内酯，在家独自将γ-丁内酯与香精混合，制成混合液体并命名为“香精CD123”。2016年5月，王某在隐瞒“香精CD123”含γ-丁内酯成分的情况下，委托广东康加德食品实业有限公司（以下简称康加德公司）为“香精CD123”粘贴“果味香精CD123”的商品标签，并安排康加德公司将已贴牌的“果味香精CD123”通过物流发往其指定的位于广东省中山市的裕豪食品饮料有限公司（以下简称裕豪公司）。裕豪公司收到“果味香精CD123”后，按照王某提供的配方和技术标准，加入水和其他辅料进行来料加工，制成“咔哇氿”液体饮料。王某将“咔哇氿”液体饮料卖给总经销商四川玩道酒业有限公司（以下简称玩道酒业公司），由玩道酒业公

司通过各级经销商将“咔哇氿”液体饮料销往深圳、贵阳、广州等地娱乐场所，各级经销商亦自行销售。

2017 年 2 月至 8 月间，被告人王某累计购买 γ-丁内酯 3575 千克。同年 5 月至 8 月，裕豪公司共收到“果味香精 CD123”1853 千克。王某通过玩道酒业公司销售“咔哇氿”液体饮料 52355 件（24 瓶/件，275ml/瓶，下同），销售金额 1158.704 万元。

2017 年 9 月 9 日 17 时许，四川省成都市公安局青羊区分局接四川省成都市公安局通报：夜店市售的“咔哇氿”液体饮料经公安部检测含有 γ-羟丁酸，应立即对陆柒捌公司进行调查。同日，青羊区分局对本案立案侦查。同年 10 月 13 日，成都市公安局指定本案由青羊区分局管辖。

2017 年 9 月 9 日，青羊区分局民警在被告人王某家中将其抓获，并在其家中及陆柒捌公司租用的仓库内查获“咔哇氿”液体饮料共计 723 件零 25 瓶，各地亦陆续召回“咔哇氿”液体饮料 18505 件。前述涉案物品及查获的“咔哇氿”液体饮料均被扣押。

公安机关对裕豪公司提供的“果味香精 CD123”和在被告人王某家中、仓库查获以及从市场召回的“咔哇氿”液体饮料随机抽样，并送鉴定机构进行精神管制药物 γ-羟丁酸的成分和含量鉴定。经鉴定：送检的 3 份“果味香精 CD123”样本中 γ-羟丁酸含量分别为 44000ug/ml、2000ug/ml 和 2000ug/ml；送检的“咔哇氿”液体饮料中检出 80.3ug/ml 至 7358ug/ml 含量不等的 γ-羟丁酸。

成都市青羊区人民法院认为，被告人王某贩卖、制造毒品数量大，其行为已构成贩卖、制造毒品罪。依照刑法第三百四十七条第二款、第五十九条、第六十四条和《最高人民法院关于审理毒品犯罪案件适用法律若干问题的解释》第一条之规定，判决如下：

一、被告人王某犯贩卖、制造毒品罪，判处有期徒刑十五年，并处没收个人财产人民币四百二十七万元；

二、扣押在案的毒品和犯罪工具依法予以没收；

三、扣押在案的违法所得以及孳息人民币 6435028.77 元依法予以没收。

宣判后，被告人王某提起上诉。主要理由是：其没有贩卖、制造毒品的主观故意和客观行为，其超限量滥用食品添加剂的行为，应以生产、销售不符合安全标准的食品罪定罪处罚。其辩护人提出相同的辩护理由。

成都市中级人民法院经审理认为，上诉人王某违反国家对毒品的管制制度，贩卖、制造毒品数量大，其行为已构成贩卖、制造毒品罪。一审判决认定事实清楚，适用法律正确，量刑适当，审判程序合法。依照刑事诉讼法第二百三十六条第一款第一项之规定，裁定驳回上诉，维持原判。

二、主要问题

（一）被告人王某的行为性质应如何界定？

（二）对于毒品数量大、但含量极低的新类型毒品案件应当如何量刑？

三、裁判理由

（一）被告人王某构成贩卖、制造毒品罪

当前，毒品犯罪案件呈现毒品种类多样，传统毒品、新型合成毒品、新精神活性物质等三代毒品叠加滥用的复杂局面。新精神活性物质是指管制毒品化学结构经修饰得到的毒品类似物，属于新型毒品，在被列入管制目录之后，成为法律意义上的毒品。部分娱乐场所滥用新精神活性物质类毒品，引发毒驾、暴力行凶等次生犯罪，对公共安全形成潜在威胁，依法精准打击此类犯罪，是司法机关的法定职责。但司法实践对于新类型毒品的认识还不充分，特别是新精神活性物质类毒品的合成方式亦不同于传统毒品的制造方式，实践中存在一定的认定难度。

本案被告人王某采用物流、代工、代销等非接触方式生产、销售含新精神活性物质的液态饮料，并通过各级经销商销往多地娱乐场所，犯罪涉及地域广，制造毒品链条长，涉案毒品数量大，犯罪手法具有一定

的隐蔽性和复杂性。虽然王某在生产“咔哇氿”液体饮料期间曾用手机进行过关键字为“丁内脂（酯）毒品”的搜索，并要求裕豪公司在使用“果味香精 CD123”生产“咔哇氿”液体饮料时将杀菌温度从110°降至丁内酯的闪点温度98°，但其始终辩称没有毒品犯罪的故意，且使用的原料γ-丁内酯是列入《食品安全国家标准、食品添加剂使用标准》（GB 2760—2014）的食品用合成香料，当时尚未被列入《易制毒化学品名录》，因此，对于本案罪名的认定，形成了以下两种意见。

第一种意见认为，被告人王某构成生产、销售有毒、有害食品罪。理由是：王某在生产“咔哇氿”液体饮料的过程中，按照食品生产、安全的相关规定进行了商标注册、食品安全备案和菌落、急性毒性检测，其加工生产、销售均是委托有资质的企业进行，仅根据本案基础事实和待证事实的常态联系，运用情理判断和逻辑推理推定其具有贩卖、制造毒品的主观故意，缺乏确凿证据证明，有可能出现例外情况。王某没有化工行业的知识背景和从业经历，仅凭其进行过关键字为“丁内脂（酯）毒品”的搜索和对杀菌温度提出过明确要求即推定其具有主观故意的依据不足。本案系新类型毒品案件，每瓶“咔哇氿”液体饮料中γ-羟丁酸的含量极低，其危害性和成瘾性与传统毒品有所不同，在处理上应当慎重。基于存疑有利于被告人的原则，对王某应以生产、销售有毒有害食品罪定罪处罚。

第二种意见认为，被告人王某构成贩卖、制造毒品罪。理由是：γ-羟丁酸在药理作用上是一种中枢抑制剂，无色、无臭，系列入《精神药品品种目录（2013年版）》的精神管制药物，属于刑法规定的毒品范畴，使用后可导致意识丧失、心率缓慢、呼吸抑制、痉挛、体温下降、恶心、呕吐、昏迷或其他疾病发作，特别是当与苯丙胺类中枢神经兴奋剂合用时危险性增加，与酒精等其他中枢神经抑制剂合用时可出现恶心和呼吸困难，甚至死亡。王某通过网络搜索过“丁内脂（酯）”，“丁内酯”的百度百科词条显示，丁内酯闪点为98°，可水解生成γ-羟丁酸，表明王某已知加热、水解γ-丁内酯会产生γ-羟丁酸成分，仍然使用γ-丁内酯作为原料，采用加热、水解、稀释的方式生产“咔哇氿”液体饮料，且明确要求生产厂家以网络显示的开环温度98°对饮料进行灭菌处理，可以推定其主观上对以此种方式加工γ-丁内酯会产生γ-羟丁酸成分持积极追求的心态。其实际生产了含有γ-羟丁酸成分的“咔哇氿”液体饮料，并通过经销商销售“咔哇氿”液体饮料52355件，除案发后召回的18505件外，“咔哇氿”液体饮料实际流入社会33850件。王某生产、销售含毒品成分饮料的行为已构成贩卖、制造毒品罪。

笔者同意第二种意见，即本案应以贩卖、制造毒品罪定罪处罚。理由如下。

第一，关于主观明知的认定问题。贩卖、制造毒品罪是故意犯罪，要求行为人主观上明知所贩卖、制造的物品系毒品。司法实践中，被告人到案后多次否认明知所贩卖、制造的物品是毒品。在此情况下，判断被告人主观上是否明知就成为定案的关键。最高人民法院2008年印发的《全国部分法院审理毒品犯罪案件工作座谈会纪要》规定：“不能仅凭被告人供述，而应当结合被告人实施毒品犯罪的过程、方式、毒品被查获时的情形等证据，结合被告人的年龄、阅历、智力等情况，进行综合分析判断。”

本案被告人王某自2007年开始从事酒水销售，2013年成立陆柒捌公司从事饮料的生产销售，其在委托裕豪公司生产“咔哇氿”液体饮料前，曾在佛山市使用类似配方生产同类型产品，退出佛山市后，在中山市生产“咔哇氿”液体饮料期间，王某用手机进行关键字为“丁内脂（酯）毒品”的搜索后将内容截图发给了在佛山市沿用其原有配方生产“咔哇潮饮”的段坪忍，而“咔哇潮饮”亦含有γ-羟丁酸成分，段坪忍也因此被广东省佛山市人民检察院以贩卖、制造毒品罪诉至法院，表明在行业一定范围内对于使用γ-丁内酯生产含γ-羟丁酸成分的饮品已是心照不宣的秘密。王某作为陆柒捌公司的实际控制人，在公司成立后只经营了“咔哇氿”液体饮料一种产品，且从2016年开始至本案案发，时间长达一年多，在此期间，“咔哇氿”液体饮料的核心原料“香精CD123”的配制均是由王某在家中单独完成，配方也由王某独自掌握，制作过程具有隐蔽性。同时，王某向康加德公司刻意隐瞒了使用γ-丁内酯这一事实，并要求裕豪公司在使用“果味香精CD123”生产“咔哇氿”液体饮料时将杀菌温度从常规的110°降至98°。通过上述不合常理的行为再结合其阅历和从业经历，可以认定王某对使用γ-丁内酯生产的饮料中含γ-羟丁酸成分具有主观明知。

第二，使用未列入《易制毒化学品名录》的化学原料生产含毒品成分的产品，该行为性质如何认定的问题。化学品及其衍生物门类品种众多，对其性质作用的认识存在阶段性局限，对于化学原料在个案中的作用和被告人的行为性质，应综合全案予以评判。

本案中，γ-丁内酯既是列入《食品安全国家标准、食品添加剂使用标准》（GB 2760—2014）食品用合成香料名单的食品添加剂（该标准于2014年12月24日发布，2015年5月24日实施），又是于2021年5月28日被列入《易制毒化学品名录》（第三类）的易制毒化学品。被告人王某使用γ-丁内酯生产“咔哇氿”液体饮料时，γ-丁内酯尚未被明确为易制毒化学品，王某及其辩护人亦坚称其使用食品添加剂生产饮料，即便含有毒品成分，也应构成生产、销售不符合安全标准的食品罪而非贩卖、制造毒品罪，这也是法院审理时的难点。笔者认为，刑法第三百四十七条以列举方式明确了鸦片、海洛因和甲基苯丙胺以及“其他毒品”为走私、贩卖、运输、制造毒品罪中的毒品，而根据2016年《最高人民法院关于审理毒品犯罪案件适用法律若干问题的解释》第一条第一款第九项之规定，走私、贩卖、运输、制造γ-羟丁酸2千克以上的，应当认定为刑法第三百四十七条第二款规定的“其他毒品数量大”，且《精神药品品种目录（2013年版）》已将γ-羟丁酸列入精神管制药物名录中，因此，γ-羟丁酸属于法律意义上的毒品。王某虽名为生产、销售“咔哇氿”液体饮料，实质是在生产液体饮料的过程中，将γ-丁内酯制成γ-羟丁酸并予以贩卖，该行为违反了国家对毒品的管制制度，构成贩卖、制造毒品罪。

综上，被告人王某明知使用γ-丁内酯作为生产原料会产生γ-羟丁酸，购买并使用γ-丁内酯调制成混合原料“香精CD123”，委托他人采用其指定工艺和配比，利用混合原料加工制成含有γ-羟丁酸的“咔哇沆”液体饮料并对外销售，其行为已符合贩卖、制造毒品罪的构成要件，应以贩卖、制造毒品罪对其定罪处罚。

（二）新型毒品犯罪案件应在含量鉴定的基础上，综合考虑该毒品的成瘾性、戒断性及社会危害性等予以量刑

刑法明确规定毒品数量不以纯度折算，无论被告人贩卖的毒品纯度多低，只要经鉴定确认是毒品，就应当以查获的或者有证据证实的毒品数量来认定其毒品犯罪的数量，而不能以纯度折算后的毒品来认定其毒品犯罪的数量。但在司法实践中，新型毒品的种类、成分、形式非常复杂，如果不作含量鉴定，很难确定其社会危害性的程度。

本案中，被告人王某贩卖、制造的毒品均以液体形式存在，这种液态毒品依托于大量的水和其他杂质，有其自身的特殊性，因此应做含量鉴定。毒品含量过低的，量刑时应予以考虑。本案贩卖、制造的毒品总计 472448. 9L，但每瓶“咔哇沆”（275ml/瓶）中的γ-羟丁酸含量仅在 80. 3ug/ml 到 7358ug/ml 之间（μg：微克，百万分之一克），且γ-羟丁酸作为《精神药品品种目录（2013 年版）》中的第二类精神药品，其与麻醉药品中的海洛因、第一类精神药品中的苯丙胺类、吗啡等毒品相比，成瘾性和危害性均相对较低。因此，为体现对毒品犯罪的严厉打击，同时贯彻宽严相济刑事政策要求，法院根据本案毒品含量低的具体情况，综合考虑新精神活性物质类毒品的成瘾性、戒断性及社会危害性均较传统毒品低等情形，判处被告人十五年有期徒刑，符合刑法规定和罪责刑相适应原则。

（撰稿：四川省成都市青羊区人民法院　蔡　茂
审编：最高人民法院刑二庭　欧阳南平）

[第1521号]

徐某贩卖毒品案

——代购毒品、“代购蹭吸”行为的认定、处理和未查获毒品实物案件如何认定毒品犯罪事实

一、基本案情

被告人徐某，男，1997年×月×日出生。2021年9月19日被逮捕。

北京市朝阳区人民检察院2022年1月10日指控：（1）2021年7月8日，被告人徐某通过微信转账收发钱款、闪送传递毒品的方式，以560元价格向黄某凡贩卖含有合成大麻素成分的电子烟一份。（2）2021年8月9日，徐某伙同他人于在北京市丰台区西四环南路8号肯德基（丰台路口店）停车场门口，通过微信转账的方式以567元的价格向黄某凡贩卖含有合成大麻素成分的电子烟一份。公诉机关认为被告人徐某构成贩卖毒品罪，向朝阳区人民法院提起公诉。

朝阳区人民法院经审理，根据在案证据查证，被告人徐某曾向孙某婷购买含有合成大麻素的电子烟吸食。徐某朋友黄某凡知道后，询问徐某如何购买，徐某说可向孙某婷购买。2021年7月，黄某凡让徐某帮忙买电子烟。7月8日，黄某凡支付徐某500元购买费和60元闪送费，徐某全部支付孙某婷，孙某婷将电子烟闪送给徐某，徐某将电子烟交给黄某凡。8月9日，黄某凡问徐某是否可以购买电子烟，徐某询问孙某婷，孙某婷把收款码发给徐某，徐某转发给黄某凡，黄某凡识别收款码支付

500 元购买费及 67 元闪送费，孙某婷把电子烟闪送给徐某，徐某交给黄某凡。

朝阳区人民法院认为，被告人徐某的行为属于代购毒品，依法不构成贩卖毒品罪，且不构成其他毒品犯罪。但公诉机关未指控的另一起事实（变更指控后的事实）中，被告人的行为构成贩卖毒品罪，依法建议公诉机关变更指控。

朝阳区人民检察院于 2022 年 3 月 7 日变更指控：2021 年 7 月 31 日，被告人徐某通过微信与黄某凡达成毒品交易合意，约定以 2579 元的价格向黄某凡贩卖含有合成大麻素成分的电子烟油并收取毒资。后徐某将 2479 元通过微信转给上家孙某婷购毒，因徐某意志以外的原因其上家没有发货，未能完成毒品交易，徐某遂将毒资退还黄某凡。

被告人徐某对变更起诉指控事实及罪名无异议。辩护人提出，徐某系初犯，社会危害性小，认罪认罚，建议从轻处罚。

朝阳区人民法院经审理查明：2021 年 7 月 31 日，被告人徐某通过微信与黄某凡达成毒品交易合意，约定以 2579 元的价格向黄某凡贩卖含有合成大麻素成分的电子烟油并收取毒资。后徐某将 2479 元通过微信转给上家孙某婷购毒，因孙某婷未发货，毒品交易未成功，徐某将毒资退回黄某凡。

朝阳区人民法院认为，被告人徐某贩卖毒品，其行为已构成贩卖毒品罪。公诉机关变更起诉指控徐某犯贩卖毒品罪的事实清楚，证据确实、充分，罪名成立。徐某犯罪未遂，如实供述所犯罪行，认罪认罚，对其从轻处罚。依照刑法第三百四十七条第一款、第四款，第二十三条，第六十七条第三款，第六十一条，第四十五条，第四十七条，第五十二条，第五十三条，第六十四条及刑事诉讼法第十五条之规定，判决如下：

一、被告人徐某犯贩卖毒品罪，判处有期徒刑八个月，并处罚金人民币一万元；

二、在案手机一部，予以没收。

一审宣判后，公诉机关未抗诉，被告人未上诉。一审判决已发生法律效力。

二、主要问题

（一）代购毒品、“代购蹭吸”行为如何认定与处理?

（二）居间介绍毒品交易与居中倒卖毒品如何认定与处理?

（三）未起获毒品实物案件如何认定毒品犯罪事实?

三、裁判理由

毒品犯罪是长期以来困扰社会治理的重大难题，毒品犯罪案件一直居高不下。毒品犯罪案件法律适用复杂，为统一适用标准，最高人民法院先后于2000年印发了《全国法院审理毒品犯罪案件工作座谈会纪要》（以下简称《南宁会议纪要》），2008年印发了《全国部分法院审理毒品犯罪案件工作座谈会纪要》（以下简称《大连会议纪要》），2015年印发了《全国法院毒品犯罪审判工作座谈会纪要》（以下简称《武汉会议纪要》），对一系列事实认定、法律适用问题加以规定、补充、完善。但司法实践中，对部分问题仍然存在争议，如本案，公诉机关变更起诉前指控的二起事实，审理法院认为不构成犯罪；变更起诉后的事实，公诉机关原未指控，审理法院认为构成犯罪，这里主要涉及对代购毒品、“代购蹭吸”行为的认定等问题的不同认识，具体分述如下。

（一）代购毒品行为的认定和处理

1. 代购毒品行为的认定

代购毒品并非刑法术语，而是司法实践中对一类行为的类型化称谓。何谓代购毒品，以上三个会议纪要并未给出明确规定。《浙江省高级人民法院、浙江省人民检察院、浙江省公安厅关于办理毒品案件中代购毒品有关问题的会议纪要》规定，代购毒品一般是指吸毒者与毒品卖家联系后委托代购者前去购买仅用于吸食的毒品，或者虽未联系但委托代购者到其指定的毒品卖家处购买仅用于吸食的毒品，且代购者未从中牟利的行为。结合相关规定，笔者认为代购毒品有狭义和广义之分，狭义的代购毒品是指代购者受吸毒者委托，无偿为其代为购买用于吸食毒品的行为；广义的代购毒品是指代购者受吸毒者委托，为其代为购买毒品的行为，即一般意义上的代购。

成立狭义的代购毒品，必须具备三个条件：（1）存在委托关系。代购者购买毒品系基于托购者的委托，购买毒品的犯意源于托购者。代购与代取有明显区别，代取是指购毒者与毒品卖家商定毒品交易后，委托他人代为取回毒品的行为。代购毒品的委托事项是委托代为购买毒品，托购者既可以委托代购者向指定的卖家购买，也可以不指定卖家，由代购者联系卖家。（2）托购者购买毒品为吸食。从法理上说，代购毒品行为依附于托购者托购毒品行为，吸毒不构成犯罪，这是讨论代购毒品行为定性的基础。认定代购毒品行为的前提是托购者以吸食为目的托购，而不能是贩卖等其他目的。《大连会议纪要》规定，明知他人实施毒品犯罪而为其代购的，无论是否牟利，都应以相关毒品犯罪的共犯论处。（3）代购者无偿代购毒品。无偿，即未获取利益，包括主观上没有牟利的目的，客观上未实际得到好处。代购者为牟取好处为他人购买毒品的，属于贩卖毒品行为，而非代购毒品行为。何谓无偿，《武汉会议纪要》规定，行为人为他人代购仅用于吸食的毒品，在交通、食宿等必要开销之外收取“介绍费”“劳务费”或者以贩卖为目的收取部分毒品作为酬劳的，应视为从中牟利，属于变相加价贩卖毒品，以贩卖毒品罪定罪处罚。这一规定包括三层含义：一是收取交通费等必要开销的，不属于牟利；二是牟利不仅包括收取钱款，也包括收取毒品；三是收取毒品认定牟利要求代购者以贩卖为目的收取毒品，而不能是以吸食为目的。

广义的代购毒品只需要存在委托关系，代购者既可能是无偿代购也可能是为牟利，托购者既可能是为吸食也可能是为实施贩卖等毒品犯罪。

2. 代购毒品行为的处理

代购毒品行为的处理应当区分具体情况。

（1）明知他人实施毒品犯罪而为其代购毒品，代购毒品行为依附于托购毒品行为，无论代购者是否牟取利益，代购者与托购者构成相关毒品犯罪的共犯，对代购者以相关毒品犯罪论处。代购者从代购毒品行为中牟取利益的，对代购者直接以贩卖毒品罪定罪处罚。依据《武汉会议纪要》的规定，牟取利益既包括直接加价销售也包括变相加价销售。

（2）狭义的代购毒品行为的处理。代购者无偿为托购者代购用于吸食毒品的，《大连会议纪要》规定，为他人代购仅用于吸食的毒品，毒品数量超过刑法第三百四十八条规定的最低数量标准的，对托购者、代购者应以非法持有毒品罪定罪。《武汉会议纪要》规定，代购者为吸毒者代购毒品，在运输过程中被查获，没有证据证明托购者、代购者是为了实施贩卖毒品等其他犯罪，毒品数量达到较大以上的，对托购者、代购者以运输毒品罪的共犯论处。

本案中，公诉机关变更起诉前指控的二起事实中，黄某凡欲购买毒品吸食，委托被告人代购毒品，被告人接受委托，无偿为他人代为购买毒品，其行为属于狭义的代购毒品，不构成贩卖毒品罪，可与托购者成立非法持有毒品罪或运输毒品罪的共同犯罪。但因本案未起获毒品，根据各方言词证据，代购毒品数量较小，未达到数量较大以上标准，不构成非法持有毒品罪；被告人收到毒品后将毒品送给托购人，因运输距离较短，不构成运输毒品罪。

（二）“代购蹭吸”行为的认定与处理

在认定代购毒品行为中，一个绕不开的问题是“代购蹭吸”是否属于从中牟利。对此实践中存在较大争议，多数意见认为不宜认定为牟利行为，少数意见认为应当认定从中牟利，鉴于存在较大分歧，还需进一步研究论证，故《武汉会议纪要》没有作出明确规定，实践中应当结合具体案情慎重把握。①

---

① 参见高贵军、马岩、方文军、李静然：《〈全国法院毒品犯罪审判工作座谈会纪要〉的理解与适用》，载《人民司法·应用》2015 年第 13 期。

1.“代购蹭吸”行为的认定

目前毒品犯罪相关法律法规中并未出现“蹭吸”一词，三个会议纪要中也未见之，最为接近的是《武汉会议纪要》规定的以贩卖为目的收取部分毒品作为酬劳。结合“蹭吸”字面含义及司法实践经验，“代购蹭吸”是指毒品代购者以吸食为目的，在为他人代购毒品时，收取托购者少量毒品作为报酬的情况。包括三层含义：

（1）存在于毒品代购行为中。“代购蹭吸”是具有特定含义和适用范围的类行为，是为了解决代购毒品行为中，代购者收取毒品作为报酬是否认定从中牟利的特定用词，不适用扩大解释。

（2）代购者以吸食为目的收取毒品。“代购蹭吸”的字面本意已明确代购者收取毒品是为了吸食，而非贩卖等其他目的。代购者以贩卖为目的收取毒品作为报酬的，不属于“代购蹭吸”。《武汉会议纪要》规定，行为人为他人代购仅用于吸食的毒品，以贩卖为目的收取部分毒品作为酬劳的，应视为从中牟利，属于变相加价贩卖毒品。

（3）代购者收取少量毒品。毒品数量较少是代购者以吸食为目的收取毒品的应有之义，如果代购者收取的毒品数量大，明显超过自用吸食范畴的，属于变相加价销售毒品的贩卖毒品行为。

2.“代购蹭吸”行为的处理

“代购蹭吸”行为的处理，实质是解决“代购蹭吸”行为能否认定代购者从中牟利，进而认定是否构成变相加价贩卖毒品的贩卖毒品罪。对这一问题，如前所述，争议较大，司法实践中裁判标准不统一，甚至存在罪与非罪的区别，有必要加以统一。

笔者认为，“代购蹭吸”行为是否构成贩卖毒品罪，需要回归到代购者与托购者的依附关系。吸毒不成立犯罪，托购者托购少量毒品尚且不构成犯罪，那么代购者收取少量毒品用于吸食，也不宜认定为犯罪，否则将导致处罚不均衡，变相认定吸毒行为构成犯罪。《武汉会议纪要》强调以贩卖为目的收取部分毒品作为酬劳，以贩卖毒品罪定罪处罚，实际上包含了对“蹭吸”行为原则上不作为犯罪处理的思路，因为“蹭吸”

是代购者出于自身吸食而非贩卖目的收取部分毒品作为酬劳；原则上不宜对“蹭吸”行为追究刑事责任，这应当也是《武汉会议纪要》作出上述规定的“潜台词”。[①] 有意见认为如此处理会变相放纵犯罪，笔者认为该处理原则并不违背从严惩处毒品犯罪刑事政策：首先，“代购蹭吸”有严格的认定标准和收取毒品数量限制；其次，代购者收取毒品后用于吸食，并未流通交易，不会增加社会流通中的毒品数量。

在本案公诉机关变更起诉前指控的第二起事实中，被告人供认在将毒品交付黄某凡前，吸食了两口。被告人的行为是否属变相加价，进而认定为贩卖毒品罪？笔者认为，该事实仅有被告人供述，没有其他证据印证，不足以认定；即使认定该事实，也应认定被告人的行为属于“代购蹭吸”，不应作为犯罪处理。

（三）居间介绍毒品交易与居中倒卖毒品的认定与处理

《武汉会议纪要》结合司法实践需求，规定了居间介绍毒品交易和居中倒卖毒品行为的认定和处理。

1. 居间介绍毒品交易与居中倒卖毒品行为的区别

《武汉会议纪要》对二者在毒品交易中所处的地位、发挥的作用、是否成立共同犯罪、有无获利及获利方式等方面作了区分。[②] 本文不再赘述。结合该纪要规定，居间介绍毒品交易是指受毒品上家委托介绍毒品买家或受毒品下家委托介绍毒品卖家或同时受上下家委托促成双方交易，居间介绍人不属于毒品交易主体和毒品交易一方，或依附于上家或依附于下家或同时依附于上下家。而居中倒卖毒品是指与上家交易购买毒品，同时与下家交易销售毒品，居中倒卖者同时属于上游交易的主体和下游交易的主体，具有独立主体身份。

---

① 参见方文军：《吸毒者实施毒品犯罪的司法认定》，载最高人民法院刑事审判第一、二、三、四、五庭主办：《刑事审判参考》总第105集，法律出版社2016年。

② 参见高贵军、马岩、方文军、李静然：《〈全国法院毒品犯罪审判工作座谈会纪要〉的理解与适用》，载《人民司法·应用》2015年第13期。

2. 居间介绍毒品交易与居中倒卖毒品行为的处理

居间介绍人与上下家存在依附关系，因此，原则上与委托主体构成共同犯罪。根据《武汉会议纪要》，受贩毒者委托介绍购毒者，与贩毒者成立贩卖毒品罪共同犯罪；受以贩卖为目的购毒者委托介绍贩毒者，与购毒者成立贩卖毒品罪共同犯罪；同时与贩毒者、购毒者共谋，促成交易的，通常认定与贩毒者构成贩卖毒品罪的共同犯罪，但对与以贩卖为目的的购毒者关系更为紧密，对促成毒品交易起更大作用的，可以认定与购毒者成立贩卖毒品罪共同犯罪；受以吸食为目的的购毒者委托介绍贩卖者，毒品数量达到刑法第三百八十四条规定的最低数量标准的，一般与购毒者构成非法持有毒品罪的共同犯罪。居中倒卖者不依附任何一方，属于毒品交易独立主体，通过倒卖行为牟取利益，单独构成贩卖毒品罪。

本案公诉机关变更起诉前指控的二起事实中，被告人受购毒者黄某凡委托联络上家，并将上家收款码转发给购毒者，收取上家邮寄的毒品后送交购毒者，其行为也可认定为居间介绍毒品交易，与购毒者构成非法持有毒品罪共同犯罪，但购毒者系以吸食为目的，且毒品数量未达到法定标准，因此被告人行为不构成非法持有毒品罪。而在公诉机关变更起诉后指控的事实中，被告人虽然也是受购毒者委托，但其从中赚取 100 元的差价，购毒者对此并不知情，100 元并非系委托购毒的报酬，该行为不属于代购毒品行为；其分别向上家购买毒品、向下家加价销售毒品，从中挣取差价，可以认定居中倒卖毒品行为，虽然未遂，但依法应当单独认定贩卖毒品罪。

（四）未起获毒品实物案件如何认定毒品犯罪事实

部分毒品案件中，因行为人已经吸食、售出或刻意销毁等情况导致未能起获毒品实物。对该类案件处理应当注意以下两个方面。

1. 未起获毒品实物案件仍可认定毒品犯罪事实

实践中，受各种因素影响，未能起获毒品实物的案件不在少数，如机械要求认定毒品必须起获毒品实物，既无法理依据，也不符合对毒品犯罪严惩的刑事政策和司法实践的现实要求。《大连会议纪要》规定："有些毒品犯罪案件，往往由于毒品、毒资等证据已不存在，导致审查证据和认定事实困难。在处理这类案件时，只有被告人的口供与同案其他被告人供述吻合，并且完全排除诱供、逼供、串供等情形，被告人的口供与同案被告人的供述才可以作为定案的证据。仅有被告人口供与同案被告人供述作为定案证据的，对被告人判处死刑立即执行要特别慎重。"据此，对没有起获毒品实物的案件，也可以根据被告人供述等证据认定毒品事实。《最高人民法院、最高人民检察院、公安部关于办理毒品犯罪案件收集与审查证据若干问题的意见》亦明确，对全案未查获毒品，但其他证据确实、充分的，可以认定犯罪事实。

2. 未起获毒品实物案件如何认定毒品事实

《大连会议纪要》对未查获毒品实物案件，依据被告人口供认定毒品事实的审查与认定作出了规定。《最高人民法院、最高人民检察院、公安部关于办理毒品犯罪案件收集与审查证据若干问题的意见》作出进一步完善规定。结合纪要和意见规定，下述情形可以认定毒品事实：(1) 在排除非法证据情况下，毒品交易双方均供认交易标的系毒品，且有相关书证、证人证言、电子数据等其他证据印证，证据确实、充分的；(2) 没有被告人供述或被告人供述不能排除非法取证，但有同案被告人供述、证人证言、转账记录、制贩毒工具等证实，证据确实、充分的；(3) 只有被告人供述，没有其他言词证据，但有转账记录、制贩毒工具等印证，证据确实、充分的；(4) 两名以上被告人中部分被告人供认，能排除非法取证，有罪供述与其他证据相互印证，且其他人否认犯罪的辩解不能成立，证明相关事实的证据确实、充分的；(5) 证据足以锁定吸毒人员购买毒品后吸食，且排除其吸食其他毒品，从其体内检出毒品成分的；(6) 其他可以排除合理怀疑，证据确实、充分，能够认定毒品犯罪事实的情况。

本案中，未起获毒品实物，是否能认定毒品犯罪事实存在较大争议。笔者认为，被告人关于毒品的供述稳定，且有上家贩毒者的供述，下家购毒者的供认，相关言词证据均能排除非法取证，从被告人及购毒者毛发中提取到大麻成分；且按照审理法院建议，公诉机关补充侦查后，证据能够锁定被告人和购毒者将购买的毒品吸食，而同期未吸食其他大麻毒品；故本案虽未起获毒品实物，但认定毒品犯罪事实的证据确实、充分。

综上，按照《最高人民法院关于适用〈中华人民共和国刑事诉讼法〉的解释》第二百九十七条第一款的规定，“审判期间，人民法院发现新的事实，可能影响定罪量刑的，或者需要补查补证的，应当通知人民检察院，由其决定是否补充、变更、追加起诉或者补充侦查”，审理法院依法建议公诉机关变更起诉并就变更起诉后的事实作出判决，认定被告人行为构成贩卖毒品罪是正确的。本起事实中，被告人已收取下家支付的毒资，且已交予上家，但因上家未发货，被告人居中倒卖毒品行为未能完成，系未遂。

（撰稿：最高人民法院刑三庭　付想兵
北京市朝阳区人民法院　刘　杰
审编：最高人民法院刑三庭　鹿素勋）

[第 1522 号]

黎某昌等贩卖、运输毒品案

——重大毒品犯罪案件中技术侦查证据的移送与查证

一、基本案情

被告人黎某昌，男，汉族，1974 年×月×日出生。2015 年 7 月 17 日被逮捕。

张某刚等其他八名被告人基本情况略。其中，被告人欧阳某民在审理期间因病死亡。

安徽省池州市人民检察院指控被告人黎某昌、张某刚、欧阳某民、许某、陈某、邱某、周某梅犯贩卖、运输毒品罪，被告人刘某江、周某胜犯贩卖毒品罪，被告人陈某犯运输毒品罪，向池州市中级人民法院提起公诉。

被告人黎某昌"零口供"，否认起诉书对其指控的犯罪。其他被告人辩解情况略。

池州市中级人民法院经审理认为：被告人黎某昌贩卖、运输甲基苯丙胺（冰毒）共计 8410 克、甲基苯丙胺片剂（俗称"麻古"）58.93 克，其行为构成贩卖、运输毒品罪，且数量巨大。黎某昌跨省长途贩卖、运输毒品，在毒品共同犯罪中系主犯，罪行极其严重。依照相关法律规定，以贩卖、运输毒品罪判处黎某昌死刑，剥夺政治权利终身，并处没收个人全部财产。张某刚等其他被告人刑罚情况略。

宣判后，被告人黎某昌上诉及其辩护人提出：原判认定黎某昌贩卖、运输毒品的事实不清、证据不足，应对其宣告无罪。张某刚等其他被告人上诉情况略。

安徽省高级人民法院经审理认为，原判认定被告人黎某昌为本案罪行最为严重的被告人并判处死刑的事实不清、证据不足。依照刑事诉讼法第二百二十五条第一款第三项①之规定，裁定撤销原判，发回重审。

池州市中级人民法院在重新审理期间，通知池州市人民检察院补充移送公安机关采取技术侦查措施收集的证据材料，经公开进行法庭调查、质证，并当庭确认。综合全案证据审理查明以下事实。

2015 年 4 月 1 日，被告人黎某昌以每克 40 元的价格将 2 千克甲基苯丙胺卖给被告人张某刚，并安排欧阳某民将毒品送到安徽省青阳县交给张某刚。当晚，欧阳某民与被告人陈某一起，由陈某驾驶车牌号为赣 FC8×××红色丰田轿车从江西省崇仁县到安徽省青阳县，将装有 2 千克甲基苯丙胺的纸盒交给张某刚安排接货的被告人许某，许某支付 2600 元运费给陈某。张某刚分多次将购毒款存入黎某昌指定的银行卡。

2015 年 5 月 30 日凌晨，被告人黎某昌与欧阳某民从福建省龙岩县购买甲基苯丙胺回到江西省崇仁县后，将 3 千克甲基苯丙胺装在纸盒中。黎某昌安排欧阳某民将 3 千克甲基苯丙胺卖给被告人张某刚。后欧阳某民让被告人陈某将装有毒品的纸盒送至安徽省青阳县。陈某驾驶车牌号为赣 FC8×××红色丰田轿车到青阳县高速路口附近，将装有 2920 克甲基苯丙胺的纸盒交给张某刚安排接货的被告人许某，许某支付 2600 元运费给陈某。

2015 年 6 月 9 日，被告人黎某昌电话联系被告人周某梅，让其将剩余的甲基苯丙胺转移。当天，周某梅将藏匿于江西省崇仁县巴山镇林业大厦四楼出租房内的毒品转移到欧阳某民位于崇仁县巴山镇纪念碑小产权房 201 室内。同年 6 月 11 日，黎某昌、欧阳某民、周某梅在崇仁县被

---

① 此处引用的是 2018 年修正前的刑事诉讼法，对应 2018 年修正后的刑事诉讼法第二百三十六条第一款第三项。

抓获。公安人员从黎某昌处查获甲基苯丙胺0.76克、甲基苯丙胺片剂2.47克，从欧阳某民驾驶的汽车内查获甲基苯丙胺85.86克、甲基苯丙胺片剂24.69克，从欧阳某民、周某梅位于崇仁县巴山镇林业大厦四楼的出租房内查获甲基苯丙胺450.16克、甲基苯丙胺片剂56.46克，从欧阳某民位于崇仁县巴山镇纪念碑小产权房201室内查获甲基苯丙胺3039.08克。

2015年3月以来，被告人张某刚、许某从被告人黎某昌处购买甲基苯丙胺4920克后，以每克150元的价格将甲基苯丙胺2050克分多次卖给被告人刘某江，刘某江在青阳县贩卖。张某刚、许某归案后，公安人员从张某刚租住房内查获甲基苯丙胺2696.1克，从许某租住房内查获甲基苯丙胺0.25克。刘某江归案后，公安人员从其身上查获甲基苯丙胺0.49克。

2015年3月以来，被告人周某胜分多次以每克170元的价格向被告人刘某江购买甲基苯丙胺280克，将毒品贩卖给吴永刚等人。

2014年6月以来，被告人张某刚、许某、邱某共谋在青阳县贩卖毒品，由张某刚购买、保管毒品，许某、邱某负责销售。2014年10月，邱某在青阳县东门加油站向被告人刘某江贩卖甲基苯丙胺1克。同年12月底，邱某在青阳县宝灵观小区向刘某江贩卖甲基苯丙胺1克。同年12月，邱某在青阳县城建材市场附近两次向被告人周某胜贩卖甲基苯丙胺共计4克。2014年下半年，邱某在青阳县城宝灵观小区两次向李某贩卖甲基苯丙胺共计2克。

池州市中级人民法院经审理认为：被告人黎某昌贩卖、运输甲基苯丙胺共计8410克、甲基苯丙胺片剂58.93克，其行为已构成贩卖、运输毒品罪，且数量巨大，罪行极其严重。被告人张某刚、许某、刘某江、周某梅、周某胜、邱某的行为均已构成贩卖毒品罪。被告人陈某的行为已构成运输毒品罪。黎某昌在与陈某、周某梅共同犯罪中系主犯，陈某、周某梅均系从犯，依法均可从轻处罚。张某刚在与许某共同犯罪中系主犯，许某系从犯。许某系累犯，依法应当从重处罚。许某、周某梅、刘某江、周某胜认罪态度较好，可从轻处罚。依照刑法第三百四十七条第一款、第二款第一项、第四款、第七款，第二十五条第一款，第二十六条第一款、第四款，第二十七条，第五十七条第一款，第六十四条，第六十五条第一款，第六十七条第三款之规定，判决被告人黎某昌犯贩卖、运输毒品罪，判处死刑，剥夺政治权利终身，并处没收个人全部财产。张某刚等其他七名被告人判处刑罚情况略。

宣判后，黎某昌、张某刚等被告人提出上诉。其中，黎某昌上诉及其辩护人提出，黎某昌受欧阳某民指使参与毒品犯罪，原判量刑过重，要求从宽处罚。

安徽省高级人民法院经审理认为：上诉人黎某昌贩卖、运输毒品的犯罪事实，有经庭审质证、确认的公安机关采取技术侦查措施收集的材料证明，所证与张某刚侦查、起诉期间关于其向黎某昌购买甲基苯丙胺的多次供述、张某刚向黎某昌提供的户名为周某梅的建设银行卡支付购毒款的银行交易明细、周某梅关于帮助黎某昌贩卖毒品的供述、手机通话记录等证据能相互印证，原判认定黎某昌贩卖、运输毒品犯罪事实清楚，证据确实、充分，应予认定。张某刚在第一、二审开庭审理时虽翻供称其始终未与黎某昌联系购买毒品，所购毒品均是联系欧阳某民提供，但其翻供与在案其他证据矛盾，对其翻供不予采信。黎某昌跨省长途贩卖、运输毒品，数量大，且部分毒品已被售出，社会危害大，罪行极其严重……依照刑事诉讼法第二百三十六条第一款第一项的规定，裁定驳回上诉，维持原判。依照刑事诉讼法第二百四十六条的规定，维持原判以贩卖、运输毒品罪判处黎某昌死刑，剥夺政治权利终身，并处没收个人全部财产的刑事裁定，依法报请最高人民法院核准。

2019 年 7 月 17 日，最高人民法院核准安徽省高级人民法院以贩卖、运输毒品罪判处被告人黎某昌死刑，剥夺政治权利终身，并处没收个人全部财产的刑事裁定。

二、主要问题

如何把握重大毒品犯罪案件中技术侦查证据的移送与查证？

三、裁判理由

办理重大、疑难毒品犯罪案件，经常涉及技术侦查所获证据材料的移送和审查运用，该问题往往直接影响到案件的事实认定和对被告人的死刑适用。2012年修改刑事诉讼法时增加了“技术侦查措施”一节内容，明确规定采取技术侦查措施收集的材料在刑事诉讼中可以作为证据使用。但由于其规定得较为原则，实践中对于技术侦查证据移送范围和审查运用上的认识存在不一致，导致有的案件应该移送的不移送，应该全面审查的不能全面审查，对技术侦查证据不敢、不会运用的情形一定程度存在，一些案件因为缺乏技术侦查证据之外的其他有力证据，出现“定放两难”的僵局，影响了对毒品犯罪的打击力度和效果。因此，有必要加强对技术侦查证据的移送、审查、法庭调查和使用规则以及庭外核实程序的研究。

（一）移送技术侦查证据作为定案根据的案件范围

技术侦查措施作为法律术语，较早见于1993年制定的国家安全法和1995年制定的人民警察法，该两部法律授权侦查机关根据侦查犯罪的需要可以采取技术侦察措施。对于采取技术侦查措施收集相关证据材料的具体运用措施，1987年制定、1998年修正的《公安机关办理刑事案件程序规定》第二百六十三条第二款规定：“向人民检察院移送案件时，只移送诉讼卷，侦查卷由公安机关存档备查；技术侦查获取的材料，需要作为证据公开使用时，按照规定采取相应的处理。”技术侦查措施当时主要是在一些重大、复杂犯罪中用以发现犯罪线索、确定侦查方向，而非服务于诉讼证明。即便是在极少数案件中将技术侦查证据用以证明案件事实，也是转化为“情况说明”或者以其他证据种类的形式出现。例如，通过讯问转化为被告人供述，通过询问转化为证人证言，等等。

刑事诉讼法第一百五十四条规定，采取侦查措施收集的材料在刑事诉讼中可以作为证据使用。[①]《公安机关办理刑事案件程序规定》于2012年、2020年也对相关内容进行了修改，如具体规定了证据的内容，包括“采取技术侦查措施收集的材料作为证据使用的，采取技术侦查措施决定书应当附卷”等，但基于保密的考虑，对技术侦查证据的移送、使用问题依然持审慎态度，如要求技术侦查证据应当严格按照规定存放于侦查办案单位（技术侦查部门），而非像其他常规侦查措施收集的证据，归人诉讼卷随案移送。

对技术侦查措施进行保密具有合理性，尤其是使用相关证据可能危及有关人员的人身安全或者可能产生其他严重后果时，但部分案情重大、隐蔽性强、常规侦查措施难以奏效的刑事案件，相关技术侦查证据往往又是认定案件事实的关键证据，有的甚至是唯一关键证据。如果对技术侦查措施过于严格保密，则可能使重要证据无法通过刑事诉讼程序固定，甚至可能放纵犯罪。如何在严格保密和有效证明之间实现平衡和协调，需要坚持证据裁判与实事求是并重，根据案件实际情况作出审慎处理，把适用案件的范围限定在对案件处理有重要影响的情形，以平衡和协调不同的价值冲突。

实践中，采取技术侦查措施收集的证据并非在所有案件中均具有不可或缺的作用，一律要求所有采取技术侦查措施的案件都要把获取的技侦材料作为证据使用，既无必要，也不利于技术侦查措施的保密。就毒品犯罪而言，笔者认为，以下三类案件，应当在刑事诉讼中随案移送技术侦查措施收集的证据：一是对认定犯罪嫌疑人、被告人有罪或者无罪有重要影响的；二是对认定犯罪嫌疑人、被告人的罪行性质有重要影响的；三是对认定犯罪嫌疑人、被告人的罪行轻重，尤其是对死刑适用有重要影响的。

需要注意的是，采取技术侦查措施收集的证据材料毕竟不同于采取常规刑事侦查手段收集的证据，其内容与技术手段、技术方法、技术设

① 该条款在2012年修正的刑事诉讼法中予以规定，2018年修正的刑事诉讼法继续沿用。

备等有关，有的还涉及国家秘密、商业秘密和个人隐私。对于随案移送的证据材料涉及国家秘密、商业秘密或者个人隐私的，所涉人员都应当履行保密义务。

本案中，被告人黎某昌贩卖、运输毒品甲基苯丙胺8400余克，从毒品犯罪数量的角度来看，黎某昌可能会被判处死刑。黎某昌归案后"零口供"，辩称毒品为同案犯欧阳某民所有和以欧阳某民为主贩卖；欧阳某民则供称系受黎某昌指使贩卖毒品，所供与同案犯毒品下家张某刚关于向黎某昌购买毒品的相关供述能相印证，且有被告人之间通话记录等证据佐证。然而，欧阳某民在本案审理期间因患严重疾病死亡，张某刚得知欧阳某民在审理期间死亡后，遂翻供称毒品上家是欧阳某民。现有其他证据虽能证明黎某昌向张某刚贩卖毒品的事实，但是认定黎某昌为本案罪行最为严重的被告人并适用死刑，尚未达到死刑案件证据确实、充分的证明标准，根据本案证据的具体情况，确有必要通知人民检察院补充移送技术侦查证据作为证据使用。

关于本案是通过第二审程序还是第一审程序对技术侦查证据进行审查，二审认为，对被告人的重大不利事实和关键定案证据的审查认定，应当贯彻"二审终审"的裁判原则，否则将不利于被告人的诉权保障。基于以上考虑，二审以本案部分事实不清、证据不足为由，裁定撤销原判，发回重审。第一审人民法院在重新审理期间，通知人民检察院协调移送了相关技术侦查证据材料。

（二）技术侦查证据"三性"的审查要点

随着技术侦查措施在侦办毒品犯罪案件中的大量使用，技术侦查证据的"三性"审查问题，常常成为法庭审理过程中控辩双方争议的焦点。与采取常规侦查措施收集的证据相比，技术侦查证据的特殊之处在于侦查犯罪的具体方法、措施具有保密性、科技性，但是采取技术侦查措施所收集的材料作为证据使用时，其本质上仍然分属刑事诉讼法规定的物证、书证等法定种类的证据，应当依照刑事诉讼法的相关规定，经法定调查程序查证属实，才可以作为定案根据。根据《最高人民法院关于适用〈中华人民共和国刑事诉讼法〉的解释》（以下简称《刑诉法解释》）第一百一十九条的规定，对技术侦查证据，除应当依照刑事诉讼法对不同种类证据进行分类审查外，还应当着重审查以下内容。

一是合法性审查，采取技术侦查措施是否按照法律、有关规定履行批准手续，批准采取技术侦查措施的法律文书是否随案移送；采取技术侦查措施的种类、适用对象和期限是否按照批准决定载明的内容执行。

二是真实性审查，对采取技术侦查措施收集的物证、书证、视听资料、电子数据等证据材料的内容是否作出说明，复制件的内容与原件是否一致，与案件事实有关的证据是否全面移送。

三是关联性审查，采取技术侦查措施收集的证据与待证事实的关联程度，与其他证据之间是否具有共同指向的内在联系，以及与其他证据存在的矛盾能否得到合理解释等。

需要注意的是，对技术侦查证据的审查认定，既要考虑毒品犯罪隐蔽性强、侦查取证难度大的现实情况，也要严格坚持法定证据审查标准，不能因技术侦查证据具有重要的证明价值而无视程序规定、把严重违反程序规定的技术侦查证据作为定案的根据，也不能抽象地以保障人权为由，对收集程序存在瑕疵的技术侦查证据一概视为非法证据予以排除。

本案中，人民法院对人民检察院补充移送的技术侦查证据进行了全面审查。关于证据的合法性，公安机关采取技术侦查措施的相关法律文书载明，办案单位对被告人黎某昌、张某刚等人贩卖毒品案件立案侦查后，发现该案是跨省长途贩运重大毒品犯罪案件，遂根据侦查犯罪的需要，制作《呈请采取技术侦查措施报告书》，报经办案地的市级公安机关负责人批准，对黎某昌等人采取技术侦查措施。此后所采取的技术侦查措施亦严格按照呈请报告书批准的措施种类、适用对象和期限执行，技术侦查措施的采取符合证据合法性要件。关于证据的真实性，法庭会同检察机关办案人员专门赴公安机关技术侦查部门，对补充移送的材料内容进行核实。关于证据的关联性，补充移送的材料能够证明张某刚向黎某昌约购毒品的犯意联络、交易地点的协商、毒品交付的方式以及毒资支付的银行卡账号等内容，与待查事实存在紧密关联。上述材料还与在案其他证据，如欧阳某民的供述、手机通话记录、银行卡交易明细等相互印证，对查明黎某昌联系货源、为主贩卖并积极促成与下家毒品交易的犯罪事实起到关键证明作用，可以作为认定黎某昌等人贩卖、运输毒品犯罪事实及其在犯罪中地位、作用的定案证据使用。

（三）技术侦查证据的查证模式

关于技术侦查证据的查证，刑事诉讼法第一百五十四条规定了具有递进关系的三种方式，可以根据证据的具体情况依次顺位选择：一是采取常规的法庭调查方式对技术侦查证据进行举证、质证；二是在常规法庭调查的基础上，如果使用技术侦查证据可能危及有关人员的人身安全，或者可能产生其他严重后果，应当采取不暴露有关人员身份、技术方法等保护措施，但审查依然在法庭上进行；三是采取保护措施仍然可能危及有关人员的人身安全，或者可能产生其他严重后果的，可以由审判人员在庭外对证据进行核实。第一种和第二种查证方式与刑事诉讼法关于证据的常规查证方式的规定相符，实践中没有争议。不同意见主要在于第三种查证方式，即作为定案根据的技术侦查证据能否全部在庭外进行核实：第一种意见认为，对于侦查机关没有主动随案移送的技术侦查材料，人民法院可以由审判人员单方到公安技术侦查部门核实后认定，不需要辩护律师参加质证；第二种意见认为，依照相关法律规定和以审判为中心的刑事诉讼制度构造要求，法庭是审查、采信证据的唯一场所，技术侦查证据应当移送法庭接受审查，庭外核实是在证据已经移送法庭基础上对存疑证据的核实，而非审判人员单方赴收集证据部门对未移送的证据进行核实、认定。

笔者认为，如果案件已经达到“事实清楚、证据确实充分”，审判人员为了增强内心确信，或者出于对死刑等重大案件等审慎态度，可以采用单方核实的方式；但如果案件的定罪、量刑依赖于技术侦查证据材料，则应采纳第二种意见。具体理由如下。

第一，关于刑事诉讼法第一百五十四条规定的庭外核实内涵的正确理解，应当结合刑事诉讼法关于证据的相关规定全面进行。刑事诉讼法第五十条第三款规定，证据必须经过查证属实，才能作为定案的根据。刑事诉讼法第一百九十八条第一款对查证模式进一步明确规定："法庭审理过程中，对与定罪、量刑有关的事实、证据都应当进行调查、辩论。"这一规定明确排除了在法庭之外查证证据的可行性，以防止秘密审判。

第二，关于庭外核实证据，刑事诉讼法有两个条文的内容涉及这方面的内容，除了前述第一百五十四条技术侦查证据查证的条文之外，另一个条文是第一百九十六条第一款的规定，即法庭审理过程中，合议庭对证据有疑问的，可以宣布休庭，对证据进行调查核实。同样是对审判人员庭外核实证据的授权和规范，在对庭外核实内涵的理解上应当保持一致，在适用上遵循同样的规范，后者核实的内容应当通知控辩双方并听取意见。对技术侦查材料也不能仅由审判人员单方在庭外核实后将其作为定案的根据。

本案中，检察机关当庭出示公安机关采取技术侦查措施所收集的关于被告人黎某昌、张某刚等人之间的贩毒联络材料以及相关批准技术侦查措施的法律文书和说明材料，对证据的合法性、真实性和关联性进行了说明。法庭调查过程中，辩护律师、公诉人和法庭依次对被采取技术侦查措施的被告人张某刚、黎某昌分别进行了交叉询问和讯问，法庭经充分质证并认真听取被告人意见，认为能够与技术侦查证据的相关内容相互印证。据此，法庭当庭确认技术侦查证据的证据能力和证明力。

综合全案证据审查，法院准确认定被告人黎某昌贩卖、运输毒品犯罪事实和毒品数量，以及其在共同犯罪中系作用最大的主犯，并积极促成与下家的毒品交易，依法以贩卖、运输毒品罪判处黎某昌死刑，是正确的。

（撰稿：安徽省高级人民法院　白春子

审编：最高人民法院刑五庭　欧阳南平）

[第 1523 号]

林某国等组织卖淫案

——“组织境外人员在境内卖淫”能否理解为“在境外组织人员入境卖淫”，以及是否要求被组织的境外人员达到三人以上

一、基本案情

被告人林某国，男，1971 年×月×日出生。2019 年 4 月 11 日被逮捕。

被告人洪某琪、秦某、任某平的基本情况略。

浙江省杭州市拱墅区人民检察院指控被告人林某国、洪某琪、秦某犯组织卖淫罪，被告人任某平犯介绍卖淫罪，向拱墅区人民法院提起公诉。拱墅区人民检察院认为，林某国、洪某琪、秦某组织卖淫人员中有两人系外籍人员，属于“组织境外人员在境内卖淫”，应认定为“情节严重”。

被告人林某国对指控的犯罪事实和罪名均无异议。林某国的辩护人提出，“组织境外人员在境内卖淫”应解释为“从境外组织境外人员在境内卖淫”，即需要以跨越中国国境作为前置条件，本案两名外籍女子在涉案之前已经在我国非法滞留数年，不符合该条规定，不应认定为“情节严重”。

拱墅区人民法院经审理查明：被告人林某国于 2018 年 5 月出资承租杭州市拱墅区学院路 384 号的两层商铺，后在此经营驿梦足浴店，并于同年 9 月招聘被告人洪某琪负责足浴店日常管理。2018 年年底至 2019 年 3 月间，林某国在经营该足浴店过程中，伙同被告人洪某琪、秦某，通过

确定卖淫项目、收费以及提成比例，规定上下班制度等方式对卖淫人员和活动进行管理控制，组织印度尼西亚籍卖淫女 Daetin Nuraeni、Tuti 以及唐某娇、寇某丽等人在足浴店卖淫。林某国为足浴店实际经营人，负责招募管理人员、介绍嫖客、招揽卖淫女、确定性服务项目及价格、控制分配卖淫所得等。洪某琪负责足浴店日常管理，接待、安排卖淫女与嫖客进行卖淫嫖娼活动，记账并收取嫖资，支付卖淫女提成款及其他开支等。秦某于 2019 年 2 月底加入，负责卖淫女的招募及管理，招揽联络嫖客，安排卖淫嫖娼活动等。该足浴店卖淫女数量通常维持在四人。2019 年 3 月 4 日下午至次日凌晨 3 时许，该足浴店组织卖淫嫖娼活动 24 人次，非法获利 1 万余元。

其他事实略。

拱墅区人民法院经审理认为，被告人林某国利用其经营的足浴店，伙同被告人洪某琪、秦某，以雇佣、招聘等手段，管理、控制多名妇女卖淫，三被告人的行为均已构成组织卖淫罪。虽涉案卖淫人员有 2 名系印尼籍，但该二人在涉案犯罪时间段之前已在中国非法滞留数年，不符合司法解释规定的“组织境外人员在境内卖淫”情形，不属于情节严重。依照刑法第三百五十八条第一款、第三百五十九条第一款、第二十五条第一款、第二十七条、第六十七条第三款、第五十二条、第六十四条的规定，拱墅区人民法院判决如下：

被告人林某国犯组织卖淫罪，判处有期徒刑七年，并处罚金人民币十五万元。

其他被告人判罚情况略。

宣判后，杭州市拱墅区人民检察院提出抗诉，认为林某国等人组织四人在中国境内卖淫，其中两名卖淫女的国籍系印尼籍，属于“组织境外人员在境内卖淫”，应认定组织卖淫“情节严重”并在十年有期徒刑以上量刑，原判未认定“情节严重”并在十年有期徒刑以下量刑，属于适用法律错误，量刑明显不当。

杭州市中级人民法院经审理查明的犯罪事实与原审相同。杭州市中级人民法院认为，“组织境外人员在境内卖淫”可以包括在境内组织境外人员卖淫的情形，但由于组织卖淫罪要求被组织的卖淫人员达到三人以上，“组织境外人员在境内卖淫”同样也要求境外人员达到三人以上。本案被组织卖淫的境外人员只有两人，不能认定为“组织境外人员在境内卖淫”，不属于情节严重。抗诉机关及出庭检察员提出的上述抗诉理由、出庭意见，与法律规定不符，不能成立。原判定罪及适用法律正确，量刑适当。原审审判程序合法。据此，依照刑事诉讼法第二百三十六条第一款第一项之规定，裁定驳回抗诉，维持原判。

二、主要问题

（一）“组织境外人员在境内卖淫”能否理解为“在境外组织人员入境卖淫”？

（二）认定“组织境外人员在境内卖淫”是否要求被组织卖淫的境外人员达到三人以上？

三、裁判理由

（一）认定“组织境外人员在境内卖淫”，不要求行为人对卖淫人员的入境行为实施相关组织、帮助行为

自2017年7月25日起实施的《最高人民法院、最高人民检察院关于办理组织、强迫、引诱、容留、介绍卖淫刑事案件适用法律若干问题的解释》（以下简称《解释》）第二条列举了组织、强迫卖淫罪“情节严重”的五种具体情形，其中第三项为“组织境外人员在境内卖淫或者组织境内人员出境卖淫的”。针对该项内容如何理解，尤其是能否将“组织境外人员在境内卖淫”理解为“在境外组织人员入境卖淫”，即是否要求行为人对卖淫人员的入境行为实施组织、帮助行为，司法实践中存在争议，本案审理过程就存在以下两种观点。

第一种观点认为，“组织境外人员在境内卖淫”既包括在境外组织人

员“入境”卖淫，也包括组织已经在境内的境外人员卖淫。

第二种观点认为，“组织境外人员在境内卖淫或者组织境内人员出境卖淫”，应当理解为组织人员跨境进行卖淫，即组织境外人员入境卖淫或者组织境内人员出境卖淫。本案涉案卖淫人员虽有两名系印尼籍，但该二人在涉案之前已在中国非法滞留数年，不符合“组织境外人员在境内卖淫”情形。

笔者同意第一种观点，具体理由如下。

其一，从立法本意来看，《解释》之所以将“组织境外人员在境内卖淫”规定为“情节严重”，主要是基于国际影响的考虑。无论是在境外组织境外人员“入境”卖淫，还是组织已经在境内的境外人员卖淫，都不可避免地会影响到我国的国际声誉和对外形象，均有必要作为加重处罚的情节来认定。为此，“组织境外人员在境内卖淫”，既包括组织境外人员“入境”卖淫，也包括组织已经在境内的境外人员卖淫。

其二，“境外人员”是一个身份概念，而非空间概念。从“组织境外人员在境内卖淫”的用语结构来看，由“境外人员”与“在境内”组成，是一个身份与空间相结合的概念。“境外人员”表达的是一种身份概念，“在境内”表达的是一个空间概念。在认定“境外人员”时，关注的重点应当是这些人员的国籍身份，至于其在被组织当时身处境内还是境外则在所不问。反之，即使这些卖淫人员在被组织的时候身处境外，如果其身份是中国公民，也不能认定为“组织境外人员卖淫”。实践中，组织在境外的中国人入境回国卖淫，这种情形非常罕见，且这种行为与在我国境内组织中国人卖淫并无区别，侵害的是我国的社会管理秩序和道德风尚。“组织境外人员在境内卖淫”在表述完“境外人员”的身份概念之后，紧接着又通过“在境内”来表达空间概念，“在境内”卖淫仅表明卖淫地点必须是我国境内。因此，“组织境外人员在境内卖淫”既包括在境外组织境外人员“入境”卖淫，也不排除组织已经“在境内”的境外人员卖淫。

其三，应当将“组织境外人员在境内卖淫”理解为既包括组织境外人员“入境”卖淫，也包括组织已经“在境内”的境外人员卖淫。一审过程中有观点认为，“组织境外人员在境内卖淫”不同于“组织境外人员入境卖淫”，《解释》第二条第三项既然将“组织境内人员出境卖淫”规定为严重情节，那么在逻辑上与之相对称的是“组织境外人员入境卖淫”，而《解释》却规定为“组织境外人员在境内卖淫”，可能是立法疏忽。笔者认为，上述观点并不恰当。组织境外人员“入境”卖淫完全可以是合法入境，并不必然妨害国境管理秩序，与组织境外人员“在境内”卖淫相比，社会危害性上并无明显区别，故均应当认定为“情节严重”，不能将“在境内”卖淫限缩解释为“入境”卖淫。《解释》制定者不可能不知晓“入境”与“在境内”的区别，其在规定组织境内人员“出境”卖淫的同时，原本可以规定组织境外人员“入境”卖淫，这样不仅在含义上更加清晰，在逻辑上也更加对称。《解释》制定者之所以要放弃使用“入境”而选择“在境内”一词，并非立法疏忽，而是有意为之。随着我国改革开放力度的不断加大，越来越多的境外人员来我国境内学习、工作，组织境外人员的行为在境内即可完成。从司法实践来看，一些不法分子为了获得更多的非法利益，将境外人员卖淫作为招揽嫖客时的宣传重点，有损国家声誉，容易造成不良国际影响。为了对这种情形从严打击，《解释》在“情节严重”中特意选择使用“在境内”而并非“入境”。当然，除了“组织境外人员在境内卖淫或者组织境内人员出境卖淫的”之外，还存在组织外国人在境外卖淫、组织在境内的外国人出境卖淫、组织境外的中国人在境外卖淫以及组织境外的中国人入境卖淫等情形，这些情形也会损害到我国的国家声誉，但是这些行为属于罕见行为，而刑法关注的是具有普遍性的行为，故无须纳入“情节严重”中。

（二）认定是否属于“组织境外人员在境内卖淫”，应当看行为的主要特征

本案审理过程中，二审法院认为“组织境外人员在境内卖淫”既包括在境外组织人员“入境”卖淫，也包括组织已经在境内的外籍人员卖

淫，但由于“组织他人卖淫”要求被组织的卖淫人员在三人以上，故认定“组织境外人员在境内卖淫”也要求被组织卖淫的境外人员达到三人以上，本案尽管被组织卖淫的人员达到四人，但其中仅有两人为外籍人员，不构成“组织境外人员在境内卖淫”，不能认定为“情节严重”。笔者认为，本案不认定为“组织境外人员在境内卖淫”是正确的，是否构成“组织境外人员在境内卖淫”，应当看行为的主要特征。

《解释》第二条列举的五种组织卖淫“情节严重”情形，分别从卖淫人员的人数、特殊群体身份，组织者获利情况，造成的严重后果等角度作出规定，每一种“情节严重”情形的认定首先必须满足《解释》第一条关于组织卖淫概念中卖淫人员必须在三人以上的条件，即同时组织三人以上实施卖淫活动。认定“组织境外人员在境内卖淫”，首先也要满足这一前提条件，即同时被组织卖淫的境外人员达到三人以上。如果被组织的卖淫人员均为境外人员，那么同时被组织的卖淫人员达到三人以上，即构成“组织境外人员在境内卖淫”；如果被组织的卖淫人员既有境内人员又有境外人员，那么同时被组织卖淫的境外人员也要达到三人以上，才构成“组织境外人员在境内卖淫”。此外，在被组织卖淫的人员中境外人员达到三人以上的情况下，判断行为主要特征，不能简单以人数对比为依据，而应适用情节吸收原则，即如果同时被组织卖淫的境外人员已经达到三人以上，即使绝对人数少于被组织卖淫的境内人员，也应直接适用情节严重的量刑档次，被组织的卖淫人员总数可作为酌情考虑的情节。

（撰稿：浙江省高级人民法院　聂昭伟

审编：最高人民法院刑四庭　陆建红）

[第 1524 号]

于某岩受贿案

——国家工作人员收受未还清银行抵押贷款房产的既未遂认定

一、基本案情

被告人于某岩，男，汉族，1964 年×月×日出生，系山东省退役军人事务厅原党组成员、副厅长。2021 年 2 月 21 日被逮捕。

山东省泰安市人民检察院指控于某岩犯受贿罪，向泰安市中级人民法院提起公诉。

被告人于某岩及其辩护人对公诉机关指控的犯罪事实和罪名均无异议。其辩护人以于某岩有坦白情节、退缴全部赃款赃物为由，请求法庭对于某岩予以从轻处罚。

泰安市中级人民法院经公开审理查明：2002 年至 2020 年，被告人于某岩利用职务便利以及职权、地位形成的便利条件，直接或通过其他国家工作人员职务上的行为，为他人在工程承揽、企业经营、工作调动、职务调整等方面提供帮助，先后索取或非法收受王某某等个人或单位给予的财物，共计折合人民币 5000 万余元。

其中，被告人于某岩利用职务便利以及职权、地位形成的便利条件，直接或通过其他国家工作人员职务上的行为，为山东某公司在工程承揽、人员工作调动等方面提供帮助，先后两次索取或收受该公司董事长王某某给予的人民币 90 万元、价值 1532 万余元的别墅 1 套，共计折合人民币

1622 万余元。该别墅一直登记在行贿人王某某名下。购买别墅时，王某某支付首付款 649.9 万元，用该别墅向银行抵押贷款 883 万余元，与于某岩约定贷款由王某某自行偿还，至案发时尚有 831 万余元贷款本金未还清。

其他受贿犯罪事实略。

泰安市中级人民法院认为，被告人于某岩身为国家工作人员，利用职务上的便利，为他人谋取利益；利用本人职权或者地位形成的便利条件，通过其他国家工作人员职务上的行为，为他人谋取不正当利益，索取、非法收受他人财物，共计折合人民币 5000 余万元，其行为已构成受贿罪。于某岩收受王某某价值 1532 万余元的别墅 1 套，至案发时尚有 831 万余元按揭贷款未还清，该 831 万余元属于犯罪未遂。依照刑法第三百八十五条第一款，第三百八十八条，第三百八十六条，第三百八十三条第一款第三项、第二款、第三款，第六十七条第三款，第六十四条及《最高人民法院、最高人民检察院关于办理贪污贿赂刑事案件适用法律若干问题的解释》第三条第一款，第十八条，第十九条第一款之规定，以受贿罪判处被告人于某岩有期徒刑十四年零六个月，并处罚金人民币四百万元。扣押在案的涉案赃款赃物依法追缴，由扣押机关依法处置后，上缴国库。

一审宣判后，被告人于某岩未上诉，检察机关未抗诉。判决已发生法律效力。

二、主要问题

国家工作人员收受未还清银行贷款的房产，应当如何认定既未遂？

三、裁判理由

近年来，利用房产行贿的案件数量居高不下。一般情况下，收受房产型受贿犯罪中，在受贿人控制、使用房产后，即使未办理过户手续，仍应当认定为受贿犯罪既遂。但实践中，因房产价值较高，一些案件中出现了“贷款行贿”的现象，即行贿人使用按揭方式贷款购房并将房产送给国家工作人员使用。此时，如果案发时按揭贷款已经还清，当然应以涉案房屋全部价值认定为受贿既遂；但若截至案发时，涉案房屋的按揭贷款尚未还清，对于未还清的贷款部分，如何认定既未遂，长期以来存在着一定争议。

一种意见认为，受贿人控制该房产后就应当认定为受贿既遂，涉案房产上设有抵押贷款不影响受贿犯罪形态的认定。理由是，受贿人所收受的财物系房产，而房产作为一种有具体形态的物品，可以在客观上被占有、使用、收益、处分，当受贿人实际控制涉案房产后，受贿犯罪行为就已经完成，应当以房产总体价值全部认定为受贿既遂。房产上设有贷款影响的是行贿人与房产公司、银行之间的民事法律关系，不应当影响此时国家工作人员受贿犯罪既未遂的认定。在本案中，被告人于某岩收受并使用了行贿人给予的一套价值1532万余元的别墅，就应当认定为受贿既遂，受贿金额为1532万余元。

另一种意见认为，行贿人使用按揭方式贷款买房，国家工作人员收受房产后，行贿人按期偿还贷款，案发时该贷款尚未还清的，应当以该房产价值作为被告人的受贿数额，但对于尚未还清的贷款本金应认定未遂，首付与已归还的贷款本金应认定为既遂，已偿还利息为行贿犯罪成本，不计入受贿数额。即应认定被告人于某岩受贿数额为1532万余元，其中案发之时尚未还清的贷款本金831万余元为未遂，其他由行贿人已实际支出的首付及已归还的贷款本金部分为既遂。

笔者同意第二种意见，理由如下。

（一）应以房产总体价值为基础确定受贿数额

在认定受贿犯罪时，应当按照行受贿双方达成的合意，结合涉案房产的价值确定具体受贿数额。无论是行贿人未将贷款买房的情形告诉受贿人、只是自行实际按期还款的情形，还是行贿人告知受贿人涉案房产系贷款购买且其上设立了抵押，并与受贿人约定贷款由行贿人清偿的情形，只要行受贿双方达成的是收受具有完整所有权、无他人权利主张的房产的合意，同时受贿人也实际收受了该房产，即应以房产总体价值为受贿数额，再结合受贿人实际获取的经济利益，按照主客观相一致的原则，认定受贿人受贿犯罪的既未遂形态。

具体到本案，涉案别墅虽系行贿人王某某使用按揭贷款方式购买，但被告人于某岩与王某某已就于某岩不对贷款承担任何责任、该部分贷款由王某某自行偿还达成约定，双方系就总体价值为1532万余元的涉案别墅达成行受贿的合意。因此，对该起犯罪事实，应当认定于某岩的受贿金额为1532万余元，并在此基础之上讨论其中的受贿既未遂形态问题。

（二）不动产登记管理制度对受贿成立和既未遂形态的影响

根据民法典第二百零九条、第二百一十四条之规定，民事法律关系中，不动产物权的设立、变更、转让和消灭，除法律另有规定外，均须依法在有权机构登记后方可生效，相关法律行为以“记载于不动产登记簿”的时间为生效时间。即在民事法律关系中，进行房屋产权登记是与房屋相关民事法律行为生效的形式要件。因此，在民法的视域中，只有在将涉案房产过户到受贿人名下时，其才能取得行贿人所送房产的所有权。但在认定受贿犯罪时，依照《最高人民法院、最高人民检察院关于办理受贿刑事案件适用法律若干问题的意见》第八条的规定，“国家工作人员利用职务上的便利为请托人谋取利益，收受请托人房屋、汽车等物品，未变更权属登记或者借用他人名义办理权属变更登记的，不影响受贿的认定”，实践中通常采用受贿人是否实际取得涉案财物作为认定受贿罪既未遂的重要标准，即使没有办理权属登记，只要有证据证实受贿人实际上对涉案房产实现了控制，如受贿人拿到了房屋钥匙、实际居住、装修等，就足以认定受贿人实际取得了财物，即应认定为受贿既遂。

刑事与民事产生差异的原因在于，民法在全社会商品流通的视角下，将不动产的物权转移规定为一种要式法律行为，其目的是维护和促进交易，通过将登记明确为法定公示方式，帮助交易各方实现不动产交易中的信息平等，平衡权利人与第三人尤其是善意第三人的利益。而在刑法中认定受贿行为时，只要行受贿时房产上不存在他人既有的权利主张，就应把注意力集中在行受贿双方之间，考量行贿人与受贿人之间的利益让渡，而非关注该房产日后的交易安全。在认定受贿犯罪的既未遂形态时，应当正视这一差异。因此，在民事法律关系中，无论行受贿双方如何约定，只要未依法办理权属登记，就无法产生民法意义上物权转移的效果，无法使受贿人获取具有对世性的房产所有权；而当行受贿双方达成收受房产的合意且受贿人实际控制了涉案房产时，即使行受贿双方出于逃避调查等原因而未办理不动产登记手续，仍应当认定行贿人已将经济利益转让给受贿人，收受财物的行为已经完成。

基于前述分析，被告人于某岩收受王某某的房产后，虽然房产未过户登记到于某岩名下，但因于某岩已经实际控制该房产，应当认为其收受房产的行为已经完成。这也是认为于某岩该起受贿事实应以全部房产总价值1532万余元认定为既遂之观点的逻辑依据，如果涉案房产之上不存在第三方权利，也确实应当如此。但是，因为在行受贿行为完成之时，于某岩收受的房产之上已经存在归属于银行的抵押权，该抵押权就在实际上影响了于某岩所控制房产的价值，进而影响于某岩的受贿既未遂数额。

（三）不动产登记管理制度对受贿既未遂数额的影响

房产存在两种属性，一种是作为物品的物理属性，这是在判断受贿人是否控制了未办理权属登记的房产时需要重点考量的；另一种是作为商品的规范属性，这是在判断受贿人是否享有、享有多少涉案房产对应的经济价值时需要重点考量的。房产作为商品的规范属性，受到其权利状态和登记情况的影响。根据民法典物权编第八章和自然资源部《不动产登记暂行条例实施细则》之规定，动产或不动产可以由两个以上组织、个人共有，并依法按照共有性质进行登记，按份共有人可以转让其享有的共有份额，由此可见，民法上承认一份财物所对应的经济价值是可以被分割、共享的。房产作为物品被受贿人控制后，如果房产之上存在第三人依法定程序设立的权利，完全可能出现房产的经济价值部分归受贿人享有、部分归第三人享有的情形。此时如果只将注意力集中在行受贿双方之间考虑受贿人是否实现控制，而忽视第三人的已有权利，就不能作出全面、正确的判断。刑事司法应当尊重民事法律关系对经济利益的分配结果，承认此时受贿犯罪呈现出的部分既遂、部分未遂状态。当房产上有依法设立的抵押权时，抵押权人对房产的权利会影响受贿人所控制房产经济价值的份额和数额。根据民法典第四百零六条之规定，“抵押人可以转让抵押财产，抵押财产转让的，抵押权不受影响”，涉案房产上设立的抵押权与该房产是不可分的，受贿人在获得该房产的同时必须接受该房产上存在的抵押权，在认定受贿人收受房产的价值时，应当将该房产本身与房产之上设立的抵押权作为一个整体进行评价。而根据民法典第四百一十条之规定，“当债务人不履行到期债务时，抵押权人可以与抵押人协议以抵押财产折价或者拍卖变卖抵押财产并优先受偿”，当行贿人向银行办理购房贷款并以涉案房产作抵押时，银行对尚未清偿贷款本金对应部分的房产价值一直享有优先主张的权利，一旦行贿人停止还贷，银行有权基于抵押权而要求对涉案房产折价、拍卖、变卖，且该权利优先于受贿人对房产的控制，受贿人只有帮助债务人偿还剩余贷款才能继续保留房产，此时如果认定受贿人已经完全取得了该房产对应的全部经济利益，则与前述事实完全矛盾。换言之，受贿人取得有抵押的房产时，因其能够控制的经济利益不可避免地受到该抵押权的影响，取得的是一个具有权利负担、经济利益存在“缺口”的房产，对该房产有一部分经济利益尚未取得，这在认定受贿数额时应当予以考虑。行贿人已经完成并将要持续下去的还贷行为支撑了受贿人继续对该房产保持控制，当受贿人的控制依赖于行贿人将来的还贷行为时，当然不能认为其取得了未偿还贷款对应的经济价值，因而应当将该部分数额认定为受贿未遂。在此意义上讲，认定未还贷款本金部分未遂，与认定收受房产既遂实质上并不矛盾，只是对房产价值作出的精细化认定。

本案中，被告人于某岩收受的财物系涉案别墅，该别墅上存在为第三方（银行）设立的抵押权，在认定受贿数额时，应当尊重在对应贷款未全部偿还之前，银行债权和抵押权会影响受贿人取得的经济价值这一客观事实。

（四）受贿人收受未还清银行贷款的房产，抵押对应的未偿还贷款本金部分应认定为受贿未遂

在按揭贷款的情况下，受贿人在收受房产时，实际获得的是有抵押房产的经济价值，无论受贿人是否明知房产的抵押贷款情形，其在客观上对于抵押贷款对应的价值部分均尚未获取，对此部分价值应当评价为受贿未遂。而随着行贿人按期还款，未偿还的贷款本金逐渐减少，受贿人能够控制的房产价值也在发生变化，直到贷款还清、抵押解除后，受贿人取得了完全产权、无他人权利主张的房产的全部价值。因此在案发前，行贿人的持续还款行为会使部分未遂金额持续转化为既遂，直至案发后受贿人丧失对房产的控制。至于行贿人已经向银行支付的贷款利息，因其只涉及行贿人的融资成本，对房产上的抵押权、仍须偿还的本金都没有影响，因此对受贿数额的认定没有影响，应当评价为行贿人的行贿成本。

本案中，被告人于某岩收受总价值1532万余元的房产系行贿人支付首付款649.9万元、按揭贷款831万余元购买，设立的抵押使该房产只有在还清房贷并解除抵押后才能在市场上实际卖出1532万余元的价格，因此，在收受时应认为受贿人已经取得了首付款649.9万元对应的经济利益，系既遂；而尚未取得按揭贷款部分对应的经济利益，系未遂。随着行贿人按期偿还贷款，部分未遂数额变成既遂，至案发时，该抵押权对应的贷款本金，即于某岩尚未取得的经济价值最终确定为831万余元，对该831万余元应认定为未遂。

另外，需要注意的是，并非所有的贷款购买房产后行贿都涉及上述

抵押贷款对房产价值的影响和变化。如果行贿人未在该房产上设立抵押，而使用其他担保方式取得银行贷款，则受贿人在一开始就取得了房产整体的经济价值，行贿人的贷款是另一个完全独立的法律关系，与涉案房产及行受贿均无关系，当然应当以房产价值全额认定为既遂。

（五）将尚未还清贷款本金部分认定为未遂，有利于追赃工作的顺利进行

对未还清贷款部分既未遂的认定还可能对追赃带来影响。如果按照房产的整体价值全额认定为受贿既遂，则按照刑法第六十四条之规定，在追赃时需要向受贿人追缴房产的全部价值及对应升值收益，但当受贿房产上设有抵押时，将涉案房产依法拍卖后，须以拍卖所得先偿还银行贷款，剩余部分方可予以追缴，从而出现受贿人未全部退赃、需要向受贿人继续追缴的情形。实际上，受贿人没有能够取得剩余贷款部分对应的经济利益，向受贿人继续追缴其没有获得的利益并不公平，而将未还贷款部分认定为未遂可以很好地解决这一矛盾。

具体到本案，虽然认定被告人于某岩在本起事实中受贿 1532 万余元，但因其没有取得未还贷款本金对应的 831 万余元经济利益，该部分被认定为未遂，在追赃时应当予以考虑，即涉案房产依法拍卖后，先以拍卖所得清偿银行贷款 831 万余元，剩余部分上缴国库，清偿银行的该 831 万余元可以不再向于某岩追缴。

综上，一审法院按照房产价值 1532 万余元认定受贿数额，并将案发时尚未还清的贷款数额 831 万余元认定为未遂，既尊重了客观事实，又有利于追赃工作的开展，是正确的。

（撰稿：山东省高级人民法院　孙　浩
审编：最高人民法院刑二庭　刘琳琳）

【立法、司法规范】

最高人民法院　最高人民检察院

关于办理危害生产安全刑事案件适用法律若干问题的解释（二）

法释〔2022〕19号

（2022年9月19日最高人民法院审判委员会第1875次会议、2022年10月25日最高人民检察院第十三届检察委员会第一百零六次会议通过　2022年12月15日最高人民法院、最高人民检察院公告公布　自2022年12月19日起施行）

为依法惩治危害生产安全犯罪，维护公共安全，保护人民群众生命安全和公私财产安全，根据《中华人民共和国刑法》《中华人民共和国刑事诉讼法》和《中华人民共和国安全生产法》等规定，现就办理危害生产安全刑事案件适用法律的若干问题解释如下：

第一条　明知存在事故隐患，继续作业存在危险，仍然违反有关安全管理的规定，有下列情形之一的，属于刑法第一百三十四条第二款规定的“强令他人违章冒险作业”：

（一）以威逼、胁迫、恐吓等手段，强制他人违章作业的；

（二）利用组织、指挥、管理职权，强制他人违章作业的；

（三）其他强令他人违章冒险作业的情形。

明知存在重大事故隐患，仍然违反有关安全管理的规定，不排除或者故意掩盖重大事故隐患，组织他人作业的，属于刑法第一百三十四条第二款规定的“冒险组织作业”。

第二条 刑法第一百三十四条之一规定的犯罪主体，包括对生产、作业负有组织、指挥或者管理职责的负责人、管理人员、实际控制人、投资人等人员，以及直接从事生产、作业的人员。

第三条 因存在重大事故隐患被依法责令停产停业、停止施工、停止使用有关设备、设施、场所或者立即采取排除危险的整改措施，有下列情形之一的，属于刑法第一百三十四条之一第二项规定的“拒不执行”：

（一）无正当理由故意不执行各级人民政府或者负有安全生产监督管理职责的部门依法作出的上述行政决定、命令的；

（二）虚构重大事故隐患已经排除的事实，规避、干扰执行各级人民政府或者负有安全生产监督管理职责的部门依法作出的上述行政决定、命令的；

（三）以行贿等不正当手段，规避、干扰执行各级人民政府或者负有安全生产监督管理职责的部门依法作出的上述行政决定、命令的。

有前款第三项行为，同时构成刑法第三百八十九条行贿罪、第三百九十三条单位行贿罪等犯罪的，依照数罪并罚的规定处罚。

认定是否属于“拒不执行”，应当综合考虑行政决定、命令是否具有法律、行政法规等依据，行政决定、命令的内容和期限要求是否明确、合理，行为人是否具有按照要求执行的能力等因素进行判断。

第四条 刑法第一百三十四条第二款和第一百三十四条之一第二项规定的“重大事故隐患”，依照法律、行政法规、部门规章、强制性标准以及有关行政规范性文件进行认定。

刑法第一百三十四条之一第三项规定的“危险物品”，依照安全生产法第一百一十七条的规定确定。

对于是否属于“重大事故隐患”或者“危险物品”难以确定的，可以依据司法鉴定机构出具的鉴定意见、地市级以上负有安全生产监督管理职责的部门或者其指定的机构出具的意见，结合其他证据综合审查，依法作出认定。

第五条 在生产、作业中违反有关安全管理的规定，有刑法第一百三十四条之一规定情形之一，因而发生重大伤亡事故或者造成其他严重后果，构成刑法第一百三十四条、第一百三十五条至第一百三十九条等规定的重大责任事故罪、重大劳动安全事故罪、危险物品肇事罪、工程重大安全事故罪等犯罪的，依照该规定定罪处罚。

第六条 承担安全评价职责的中介组织的人员提供的证明文件有下列情形之一的，属于刑法第二百二十九条第一款规定的“虚假证明文件”：

（一）故意伪造的；

（二）在周边环境、主要建（构）筑物、工艺、装置、设备设施等重要内容上弄虚作假，导致与评价期间实际情况不符，影响评价结论的；

（三）隐瞒生产经营单位重大事故隐患及整改落实情况、主要灾害等级等情况，影响评价结论的；

（四）伪造、篡改生产经营单位相关信息、数据、技术报告或者结论等内容，影响评价结论的；

（五）故意采用存疑的第三方证明材料、监测检验报告，影响评价结论的；

（六）有其他弄虚作假行为，影响评价结论的情形。

生产经营单位提供虚假材料、影响评价结论，承担安全评价职责的中介组织的人员对评价结论与实际情况不符无主观故意的，不属于刑法第二百二十九条第一款规定的“故意提供虚假证明文件”。

有本条第二款情形，承担安全评价职责的中介组织的人员严重不负责任，导致出具的证明文件有重大失实，造成严重后果的，依照刑法第二百二十九条第三款的规定追究刑事责任。

第七条 承担安全评价职责的中介组织的人员故意提供虚假证明文

件，有下列情形之一的，属于刑法第二百二十九条第一款规定的“情节严重”：

（一）造成死亡一人以上或者重伤三人以上安全事故的；

（二）造成直接经济损失五十万元以上安全事故的；

（三）违法所得数额十万元以上的；

（四）两年内因故意提供虚假证明文件受过两次以上行政处罚，又故意提供虚假证明文件的；

（五）其他情节严重的情形。

在涉及公共安全的重大工程、项目中提供虚假的安全评价文件，有下列情形之一的，属于刑法第二百二十九条第一款第三项规定的“致使公共财产、国家和人民利益遭受特别重大损失”：

（一）造成死亡三人以上或者重伤十人以上安全事故的；

（二）造成直接经济损失五百万元以上安全事故的；

（三）其他致使公共财产、国家和人民利益遭受特别重大损失的情形。

承担安全评价职责的中介组织的人员有刑法第二百二十九条第一款行为，在裁量刑罚时，应当考虑其行为手段、主观过错程度、对安全事故的发生所起作用大小及其获利情况、一贯表现等因素，综合评估社会危害性，依法裁量刑罚，确保罪责刑相适应。

第八条　承担安全评价职责的中介组织的人员，严重不负责任，出具的证明文件有重大失实，有下列情形之一的，属于刑法第二百二十九条第三款规定的“造成严重后果”：

（一）造成死亡一人以上或者重伤三人以上安全事故的；

（二）造成直接经济损失一百万元以上安全事故的；

（三）其他造成严重后果的情形。

第九条　承担安全评价职责的中介组织犯刑法第二百二十九条规定之罪的，对该中介组织判处罚金，并对其直接负责的主管人员和其他直接责任人员，依照本解释第七条、第八条的规定处罚。

第十条 有刑法第一百三十四条之一行为，积极配合公安机关或者负有安全生产监督管理职责的部门采取措施排除事故隐患，确有悔改表现，认罪认罚的，可以依法从宽处罚；犯罪情节轻微不需要判处刑罚的，可以不起诉或者免予刑事处罚；情节显著轻微危害不大的，不作为犯罪处理。

第十一条 有本解释规定的行为，被不起诉或者免予刑事处罚，需要给予行政处罚、政务处分或者其他处分的，依法移送有关主管机关处理。

第十二条 本解释自2022年12月19日起施行。最高人民法院、最高人民检察院此前发布的司法解释与本解释不一致的，以本解释为准。

《关于办理危害生产安全刑事案件适用法律若干问题的解释（二）》的理解与适用

滕　伟　叶邵生　李加玺*

2022 年 12 月 15 日，最高人民法院、最高人民检察院联合发布《关于办理危害生产安全刑事案件适用法律若干问题的解释（二）》（法释〔2022〕19 号，以下简称《解释》），自 2022 年 12 月 19 日起施行。《解释》的出台，对于更加有效惩治危害生产安全犯罪，切实维护生产安全和公共安全，保障人民生命财产安全，进一步充分运用法治思维和法治手段推动安全生产工作，具有重要意义。为便于司法实践中正确理解和适用，现就《解释》的制定背景、研究起草中的总体原则和规定的主要内容简要介绍如下。

一、《解释》的制定背景

安全生产关系人民群众的生命财产安全，是经济社会协调健康发展的标志，是建设更高水平的平安中国、满足人民群众日益增长的安全需要的必然要求，意义十分重大。党的十八大以来，以习近平同志为核心的党中央高度重视安全生产工作，习近平总书记多次作出重要指示，反复强调要坚持发展决不能以牺牲安全为代价这条红线。党的二十大报告提出，要坚持以人民安全为宗旨，建设更高水平的平安中国，提高公共

* 作者单位：最高人民法院。

安全治理水平，推进安全生产风险专项整治。

人民法院始终坚持以习近平新时代中国特色社会主义思想为指导，深入贯彻习近平法治思想，贯彻落实习近平总书记重要指示精神和党中央决策部署，充分发挥审判职能作用，依法从严惩治危害生产安全犯罪和相关联犯罪，取得显著成效。党的十八大以来，天津、江苏、福建等地人民法院相继审结天津港“8·12”瑞海公司危险品仓库特大火灾爆炸事故系列案、江苏响水天嘉宜公司“3·21”特大爆炸事故系列案、福建泉州欣佳酒店“3·7”坍塌事故系列案等一大批重大案件，一批重特大生产安全事故责任人和相关中介组织人员、失职渎职国家公职人员被判处刑罚，及时回应了社会关切，满足了人民群众对公共安全和公平正义的心理期待。

为明确危害生产安全犯罪的法律适用标准，最高人民法院及时总结审判工作经验，研究出台司法解释和规范性文件。2015 年 12 月，最高人民法院会同最高人民检察院联合公布《关于办理危害生产安全刑事案件适用法律若干问题的解释》（以下简称《2015 年解释》），明确了重大责任事故罪等危害生产安全犯罪相关罪名的定罪量刑标准、刑事政策把握以及缓刑期间禁止令、刑罚执行完毕后的从业禁止措施的具体适用等问题。为解决安全生产行政执法与刑事司法的衔接问题，最高人民法院于 2019 年 4 月会同最高人民检察院、公安部、应急管理部联合印发《安全生产行政执法与刑事司法衔接工作办法》（以下简称《衔接工作办法》），对安全生产违法犯罪案件移送、证据收集使用以及部门间协作工作机制等作出了规定。

上述司法解释和规范性文件为各级司法机关依法办理危害生产安全犯罪案件提供了较为完备的裁判标准，收到了良好的惩罚和预防犯罪的效果。但是，当前我国仍然处在工业化、城镇化持续推进过程中，全社会生产经营规模不断扩大，传统和新型生产经营方式并存，各类事故隐患和安全风险交织叠加，安全生产基础薄弱、监管体制机制和法律制度不完善、企业主体责任落实不力等问题依然突出，部分地区和行业领域重特大安全事故有所反弹，造成重大人员伤亡和高额财产损失，人民群众反映强烈。为解决安全生产工作中存在的突出问题，党中央作出重大决策部署，立法机关对相关法律法规作出重要修改。2014 年 8 月和 2021 年 6 月，全国人大常委会两次修改安全生产法，进一步加强对安全生产各方面的监管力度和责任落实。中共中央、国务院 2016 年 12 月印发《关于推进安全生产领域改革发展的意见》，对进一步做好安全生产工作、提高安全生产工作水平提出明确要求。2020 年 12 月通过的刑法修正案（十一）对刑法规定的危害生产安全犯罪作出重大修改，将强令违章冒险作业罪修改为强令、组织他人违章冒险作业罪，增设危险作业罪，并进一步明确了刑法规定的提供虚假证明文件罪的犯罪主体范围和适用第二档法定刑的条件。

为贯彻落实党中央决策部署，明确刑法修正案（十一）作出修改和增设的刑法相关条文的具体适用标准等问题，最高人民法院会同最高人民检察院共同开展调研，广泛征求了各方面意见，经反复研究论证，起草了《解释》。2022 年 9 月 19 日和 10 月 25 日，最高人民法院审判委员会第 1875 次会议、最高人民检察院第十三届检察委员会第一百零六次会议分别审议通过了《解释》。

二、《解释》研究起草中的总体原则

为确保《解释》规定内容能够有效指导司法实践，研究起草过程中着重把握了以下几个总体原则。

第一，坚持以习近平法治思想为指导。《解释》深刻领会习近平总书记关于推进全面依法治国的根本目的是依法保障人民权益的重要论述，始终坚持以人民为中心的根本立场，坚持人民至上、生命至上，着力解决人民群众反映强烈的影响生产安全和公共安全的突出问题，坚持对危害生产安全犯罪和相关联的安全评价中介组织等犯罪依法从严惩处，有效回应人民群众的新要求、新期待，不断增强人民群众的获得感幸福感安全感。

第二，坚持罪刑法定原则。罪刑法定原则是刑法的基本原则，要求司法解释和规范性文件的规定内容不得与刑法相抵触。《解释》严格依照立法法确定的司法解释权限，以刑法的具体规定为依据，坚持正确理解和把握刑事立法精神，在刑法条文的文义范围内作进一步具体阐释。

第三，坚持法秩序统一性要求。《解释》注意保持法律体系内部的协调统一，避免出现相互冲突和不协调。对于刑法条文涉及的有关专门概念、术语内涵和外延的界定，原则上与安全生产法等有关法律、行政法规的规定保持一致；条文表述尽量采用有关法律、行政法规、规范性文件中的已有概念和术语，方便实践把握。

第四，坚持问题导向。危害生产安全违法犯罪可能涉及几乎所有生产经营行业领域，牵涉面广，司法实践中遇到的问题较多。《解释》不求面面俱到，着力于解决实践中存在争议的突出问题，重点明确刑法修正案（十一）作出修改或者增设的有关罪名的司法适用标准和刑事政策把握尺度，对于各方面经研究已经取得共识的问题，尽量作出明确规定，为司法实践提供统一的裁判标准。对于起草过程中有关方面尚存在明显分歧的问题，《解释》暂不作规定或仅作原则性、导向性规定，后续在进一步总结审判工作经验的基础上，通过出台新的司法文件或者发布指导性案例等方式统筹解决。

三、《解释》规定的主要内容

《解释》共 12 条，针对现阶段安全生产工作的形势特点、刑事立法的新近发展和司法实践反映的新情况新问题，依照刑法、刑事诉讼法、安全生产法等有关法律规定，对有关危害生产安全犯罪和相关联的安全评价中介组织人员犯罪的认定标准、刑事政策把握、安全生产刑事司法与行政执法衔接等问题作出了规定。

（一）关于强令、组织他人违章冒险作业罪的行为方式

实践中，某些生产经营单位管理人员出于追求高额利润等目的，明知生产作业环境存在安全风险隐患，仍然强制命令或者组织一线生产作

业人员冒险开展生产作业活动。此类强令、组织违章冒险作业行为极易引发重特大事故，社会危害严重，应当依法严惩。为有效惩治此类行为，2006 年 6 月通过的刑法修正案（六）对刑法第一百三十四条作出修改，将强令他人违章冒险作业行为与一般的违章生产、作业行为分开，作为该条第二款单独规定，并将刑罚从最高七年有期徒刑提高到十五年有期徒刑，从而使强令违章冒险作业罪成为危害生产安全犯罪中最重的一个罪名。《2015 年解释》第五条列举了强令违章冒险作业罪的三种具体行为方式，即“（一）利用组织、指挥、管理职权，强制他人违章作业的；（二）采取威逼、胁迫、恐吓等手段，强制他人违章作业的；（三）故意掩盖事故隐患，组织他人违章作业的”。为进一步增强刑罚打击效果，刑法修正案（十一）对刑法第一百三十四条作出第二次修改，在该条第二款中增加规定“明知存在重大事故隐患而不排除，仍冒险组织作业”的犯罪情形，从而进一步扩充了犯罪行为方式，该款规定的罪名由强令违章冒险作业罪相应修改为强令、组织他人违章冒险作业罪。

在《解释》起草过程中，有意见提出，《2015 年解释》第五条列举的第三种行为方式，主要是为了满足当时司法实践的需要，对刑法第一百三十四条第二款规定作出的适度扩张性解释，在刑法修正案（十一）施行后，需要认真考虑如何合理确定刑法第一百三十四条第二款规定的两种行为方式的区分界限，正确认定罪名。研究认为，从理论上讲，刑法第一百三十四条第二款规定的强令他人违章冒险作业与组织他人违章冒险作业在行为方式上的主要区别在于，生产经营单位的管理者是否有强制命令行为、一线生产作业人员对于冒险开展作业在主观上是否情愿。具体来讲，在强令他人违章冒险作业的情况下，管理者利用自己的职权或者采用其他手段强迫一线生产作业人员在违章情况下冒险作业，对一线生产作业人员产生了精神强制，导致一线生产作业人员不敢违抗命令、不得不违章冒险作业；在组织他人违章冒险作业的情况下，并不要求管理者对一线生产作业人员的精神产生强制，即使一线生产作业人员未受到精神强制、对开展生产作业活动无明显排斥心态，管理者的行为也可能构成犯罪。根据上述标准，在生产经营单位的管理者故意掩盖重大事故隐患的情况下，一线生产作业人员对生产作业环境存在重大事故隐患、属于违章冒险作业并不明知，其主观上对开展生产作业活动并不存在排斥心态，单位管理者亦未实施强制命令行为，将此种情形认定为组织他人违章冒险作业更为妥当，且不会放纵犯罪人。故在刑法修正案（十一）施行后，对《2015 年解释》第五条列举的第三种行为方式不宜再认定为强令违章冒险作业行为，在存在重大事故隐患的情况下，应以组织他人违章冒险作业罪定罪处罚。《解释》第一条明确，实施《2015 年解释》第五条前两项规定行为的，属于强令他人违章冒险作业；明知存在重大事故隐患，仍然违反有关安全管理的规定，不排除或者故意掩盖重大事故隐患，组织他人作业的，属于冒险组织作业。

（二）关于危险作业罪的相关构成要件

《解释》第二条和第三条对刑法修正案（十一）增设的危险作业罪的相关构成要件作出了规定。

第一，关于危险作业罪的犯罪主体。刑法第一百三十四条之一关于危险作业罪的罪状表述为“在生产、作业中违反有关管理的规定”，与第一百三十四条第一款关于重大责任事故罪的罪状表述总体一致，仅在是否造成实际危害后果方面存在区别，故危险作业罪的犯罪主体范围原则上应与重大责任事故罪相同。另外，第一百三十四条之一规定的三种行为方式中，第二种和第三种行为方式一般情况下仅能由对生产作业活动负有组织、指挥、管理职责的人员实施，但第一种行为方式“关闭、破坏直接关系生产安全的监控、报警、防护、救生设备、设施，或者篡改、隐瞒、销毁其相关数据、信息的”行为，负有组织、指挥、管理职责的人员和一线生产作业人员均可实施。《解释》第二条明确：“危险作业罪的犯罪主体，包括对生产、作业负有组织、指挥或者管理职责的负责人、管理人员、实际控制人、投资人等人员，以及直接从事生产、作业的人员。”

第二，关于危险作业罪具体行为方式的认定。司法实践中，对于刑法第一百三十四条之一第二项规定的“拒不执行”的内涵和外延存在一定争议，部分案件处理中对“拒不执行”的理解和界定过于狭窄，导致对危险作业行为的刑事处罚不力。研究认为，对于“拒不执行”的界定，应当服务于刑法规定的目的，遵循刑法解释的基本规则，立足于充分运用刑事手段依法惩治拒不执行安全生产监管部门行政决定、命令的危险作业行为。法律解释中的当然解释方法要求，运用逻辑的推演、考虑法律的规定目的，在法律条文文义的可能范围之内进行解释。[①] 在生产作业场所存在重大事故隐患的情况下，行为人无正当理由故意不执行责令停产停业、停止施工、停止使用有关设备、设施、场所或者立即采取排除危险的整改措施的，属于刑法第一百三十四条之一第二款规定的“拒不执行”。根据当然解释的要求，行为人在收到安全生产监管部门作出的上述行政决定、命令后，故意弄虚作假虚构重大事故隐患已经排除的事实，或者采取行贿等不正当手段，使安全生产监管部门解除上述处罚决定或者整改措施，规避、干扰有关行政决定、命令的执行的，与无正当理由故意不执行行为并无实质上的区别，而且社会危害性更加严重，认定为“拒不执行”符合刑法规定的目的。《解释》第三条第一款明确列举了上述三种可认定为“拒不执行”的行为方式。第二款依照刑法和已有司法解释确定的处断原则，明确以行贿等不正当手段规避、干扰执行依法作出的行政决定、命令，同时构成行贿罪、单位行贿罪等犯罪的，应当依法数罪并罚。

危险作业罪属于刑法理论上的行政犯，认定构成犯罪需要满足双重违法性要求，以行为违反行政法律法规的规定为前提。同时，司法机关对于某类行政违法行为是否构成犯罪，必须严格依照刑法规定进行判断，不能将所有的违反行政法律法规的行为都认定为犯罪。安全生产行政执法的具体情况比较复杂，且现阶段安全生产行政执法工作在某些方面还在不断发展完善之中，认定某些类型的安全生产行政违法行为是否构成

① 参见王利明：《法学方法论》，中国人民大学出版社2012年版，第398~400页。

犯罪，更需要进行认真审查。《解释》第三条第三款对认定是否属于刑法第一百三十四条之一第二项规定的“拒不执行”作了进一步原则性规定，明确应当综合考虑相关行政决定、命令是否具有法律、行政法规等依据，行政决定、命令的内容和期限要求是否明确、合理，行为人是否具有按照要求执行的能力等因素进行判断。设置上述规定，有利于合理确定危险作业罪的适用范围，也可以进一步督促安全生产监管部门规范履行安全生产监管职责。

（三）关于危险作业罪与相关结果犯罪名的关系

对于危险作业罪与重大责任事故罪等危害生产安全犯罪结果犯罪名的关系，研究起草《解释》的过程中存在一定争议。有意见认为，行为人实施刑法第一百三十四条之一规定的危险作业行为，符合危险作业罪的构成要件，该行为又进而导致发生重大伤亡事故或者其他严重后果的，还符合重大责任事故罪等罪名的构成要件，属于刑法理论上的想象竞合犯，应当按照从一重原则或者从一重从重原则进行处断。

研究认为，上述意见值得商榷。刑法理论上的想象竞合是指一行为同时触犯数个罪名的情形，即行为人实施了一个行为，但同时符合多个罪名的构成要件而形成的竞合关系。对于危险作业罪与重大责任事故罪等罪名而言，危险作业罪的定罪条件是“具有发生重大伤亡事故或者其他严重后果的现实危险”，属于具体危险犯；重大责任事故罪等罪名的构成要件是“发生重大伤亡事故或者造成其他严重后果”，属于结果犯。根据刑法理论，作为犯罪构成要件的危险与结果是两个不同的概念，危险进一步发展才会造成结果，故作为危险作业罪定罪条件的“现实危险”不应包括发生重大伤亡事故或者造成其他严重后果的情形。行为人实施了危险作业行为、导致发生重大伤亡事故或者造成其他严重后果的，符合重大责任事故罪等结果犯罪名的构成要件，但并不符合危险作业罪的构成要件，故不属于刑法理论上的想象竞合。危险作业罪与重大责任事故罪等结果犯罪名之间总体上属于基本犯与结果加重犯的关系，不构成想象竞合犯。《解释》第五条明确，在生产、作业中违反有关安全管理的规定，有刑法第一百三十四条之一规定情形之一，因而发生重大伤亡事故或者造成其他严重后果，构成重大责任事故罪等结果犯罪名的，应当依照基本犯与结果加重犯的关系原理，以结果加重犯即重大责任事故罪等罪名定罪量刑。

实践中适用本条规定，需要注意处理好与《2015 年解释》有关条文的关系。《2015 年解释》第十二条第一款规定了构成危害生产安全犯罪情况下的多种从重处罚的情形，该条第一款规定的部分情形，如未经许可违法违规从事生产经营活动、关闭、破坏必要的安全监控和报警设备等行为，属于刑法第一百三十四条之一规定的危险作业行为。根据《解释》第五条和《2015 年解释》第十二条第一款的规定，行为人实施属于刑法第一百三十四条之一和《2015 年解释》第十二条第一款规定范围内的危险作业行为，导致发生重大伤亡事故或者其他严重后果，构成重大责任事故罪等结果犯罪名的，应当以重大责任事故罪等结果犯罪名定罪处罚，同时还应体现《2015 年解释》第十二条第一款的规定精神，在量刑时酌情从重处罚。从理论上讲，如果行为人实施的非法违法生产经营行为属于刑法第一百三十四条之一规定的危险作业罪行为，说明该行为本身即具有严重的社会危害性，在该行为导致发生重大伤亡事故或者其他严重后果、又构成重大责任事故罪等结果犯罪名的情况下，以重大责任事故罪等结果犯罪名定罪并酌情从重处罚，才能对该行为以及行为造成的危害后果进行充分评价。另外，刑法对危险作业罪的规定方式具有一定特殊性，仅选取了社会危害性较大的一部分非法违法生产经营行为作为犯罪处理，而未将所有的非法违法生产经营行为均规定为犯罪，这一点与刑法第一百一十四条、第一百一十五条等对放火罪等罪名基本犯和结果加重犯的规定方式存在明显不同。在危险作业行为导致发生重大伤亡事故或者其他严重后果、符合重大责任事故罪等结果犯罪名构成要件的情况下，如果在具体量刑时不对犯罪人酌情从重处罚，不利于做到与非法违法生产经营行为本身不符合危险作业罪行为构成要件的其他结果犯的量刑平衡。这种情况下，以重大责任事故罪等结果犯罪名定罪，并在量刑时酌情从重处罚，有利于做到罪责刑相适应。

（四）关于对安全评价中介组织人员犯罪的行为认定和定罪量刑标准

随着市场经济的发展，中介组织发挥着越来越重要的作用。安全评价中介组织依法接受委托开展安全评价活动、出具安全评价报告，对生产经营单位能否获得行政批准和许可、能否开展生产经营活动起到关键性作用。当前，安全评价中介组织人员故意提供虚假证明文件或者出具证明文件重大失实等问题时有发生，是导致生产安全事故发生的原因之一，必须引起重视，对相关犯罪行为予以依法惩处。《解释》立足于实践需要，对安全评价中介组织人员犯提供虚假证明文件罪和出具证明重大失实罪的行为认定和定罪量刑标准作出了规定。

第一，关于行为认定。《解释》第六条第一款根据安全生产领域相关法律、行政法规、部门规章等的规定，结合刑法理论，对刑法第二百二十九条第一款规定的提供虚假证明文件罪中与安全评价有关的“虚假证明文件”这一概念的外延作出了规定。其中，第一项规定的“故意伪造的”安全评价文件主要是指无资质组织或者个人冒用具有合法资质的安全评价中介组织名义出具的安全评价文件，属于形式伪造；第二项至第五项规定内容主要参考了安全生产监管部门有关规范性文件的规定，总体属于具有合法资质的安全评价中介组织故意出具内容虚假的安全评价文件，属于对安全评价文件的实质伪造；第六项是兜底条款。

对安全评价中介组织负有监管职责的有关行政主管部门提出，现阶段在部分刑事案件中，一定程度上存在对安全评价中介组织人员的刑事责任认定范围过广、处罚范围过大等问题，实践中，造成安全评价中介组织出具的证明文件与实际情况不符的原因很多、情况较为复杂，建议在司法解释中作出限制性规定，防止刑事打击面过广。研究认为，上述意见需要引起重视，对安全评价中介组织人员犯罪既要依法严惩，又要坚持实事求是，正确认定刑事责任，确保罚当其罪，不能将生产经营单位单方面蓄意弄虚作假导致证明文件失实失真的责任简单归咎于安全评价中介组织人员。《解释》第六条第二款明确，因为作为安全评价对象的生产经营单位单方面擅自提供虚假材料、影响安全评价结论，承担安全评价职责的中介组织人员对安全评价结论与实际情况不符无主观故意的，不属于故意提供虚假证明文件，不构成提供虚假证明文件罪。此外，在生产经营单位单方面擅自提供虚假材料的情况下，如果安全评价中介组织人员存在严重不负责任的过失心态，未按规定通过现场核查等方式对生产经营单位提供的虚假材料进行认真审核辨别，导致评价结论重大失实、造成严重后果的，仍有可能构成出具证明文件重大失实罪这一过失犯罪罪名。《解释》第六条第三款对此作出了规定，有利于正确区分罪责，严密刑事法网，充分发挥司法解释的规范引导作用。

第二，关于定罪量刑标准。最高人民检察院、公安部于 2022 年 4 月印发修订的《关于公安机关管辖的刑事案件立案追诉标准的规定（二）》（以下简称《立案追诉标准（二）》）对提供虚假证明文件罪和出具证明文件重大失实罪的定罪标准作了规定，主要以行为造成的直接经济损失数额为认定标准。各级司法机关参照《立案追诉标准（二）》的规定处理了一批安全评价中介组织人员犯罪案件。为保持裁判标准的延续性，《解释》确定的定罪直接经济损失数额标准总体上与《立案追诉标准（二）》保持一致。同时，根据司法实践中的已有判例，对安全评价中介组织人员以提供虚假证明文件罪和出具证明文件重大失实罪定罪处罚的情况一般发生在生产安全事故中，生产安全事故导致的人身伤亡结果是判断安全评价中介组织人员行为是否构成犯罪的重要标准，已有司法判例采用的定罪人身伤亡标准总体上与生产安全事故涉及的重大责任事故罪等罪名的定罪标准一致，效果良好。《解释》第七条第一款和第八条在总结审判经验的基础上，参照《立案追诉标准（二）》的有关规定，结合《2015 年解释》规定的重大责任事故罪等危害生产安全犯罪罪名的定罪标准，同时考虑到与发生在其他行业领域的提供虚假证明文件和出具证明文件重大失实犯罪行为的定罪标准的协调统一，对安全评价中介组织人员犯提供虚假证明文件罪和出具证明文件重大失实罪的定罪标准作了规定。

《解释》第七条第二款在总结已有案例裁判标准的基础上，对提供虚假证明文件罪中“致使公共财产、国家和人民利益遭受特别重大损失”这一适用第二档法定刑结果要件的认定标准作出了规定，总体上与重大责任事故罪等危害生产安全犯罪罪名适用第二档法定刑的标准保持一致。根据刑法第二百三十一条关于单位犯罪的规定，《解释》第九条明确，在安全评价中介组织构成提供虚假证明文件罪和出具证明文件重大失实罪单位犯罪的情况下，对单位直接负责的主管人员和其他直接责任人员，采用与自然人犯罪相同的标准。

出于为各级司法机关提供尽量明确的裁判标准的考虑，《解释》对安全评价中介组织人员犯罪规定了具体的人身伤亡和直接经济损失数量标准。但是，从司法实践情况看，单纯以数量为标准确定刑事责任，在某些案件中无法准确反映行为人的主观恶性和行为对引发犯罪后果所起作用大小，可能导致罪责刑不相适应以及与其他关联犯罪的量刑不平衡。特别是在安全评价中介组织人员犯罪的情况下，上述问题尤其需要引起重视。实践中，对安全评价中介组织人员认定为提供虚假证明文件罪或者出具证明文件重大失实罪，一般发生在导致生产安全事故发生的场合，与重大责任事故罪等危害生产安全犯罪同案或者分案但同时处理。生产安全事故的发生一般属于多因一果，引发事故的直接原因和主要原因一般是生产经营单位的非法违法行为，而非安全评价中介组织人员提供虚假证明文件或者出具证明文件重大失实行为。如果对安全评价中介组织人员提供虚假证明文件或者出具证明文件重大失实行为一概以事故引发的人身伤亡结果和直接经济损失数额为标准确定刑罚，可能导致对安全评价中介组织人员的处刑重于非法违法生产经营行为人，造成量刑不平衡，不符合人民群众的公平正义观念。

为确保司法解释的规定内容更加符合具有宪法位阶的罪刑法定原则、

责任主义的要求，避免单纯依照数量标准定罪量刑造成的弊端，新近出台的多个司法解释立足合宪性解释原理，对相关犯罪的定罪量刑标准作出了更加合理的规定，有学者称其为司法解释的“合宪性调适”[①]。为确保对安全评价中介组织人员犯罪罚当其罪，《解释》设置了专门规定。《2015年解释》对重大责任事故罪等罪名适用第二档法定刑的标准确立了“事故后果+责任大小”的总体原则，即要求造成一定的事故后果、同时负事故主要责任的，才适用第二档法定刑；负次要责任的，一般不适用第二档法定刑，从而有效解决了危害生产安全犯罪案件中的量刑平衡问题。但是，安全评价中介组织人员一般仅负事故次要责任，在此情况下，难以对其引发事故所负责任大小作进一步区分，以事故主要责任和次要责任为标准对安全评价中介组织人员的刑罚进行调适难度较大。为解决上述问题，《解释》在第七条第三款对安全评价中介组织人员犯罪的量刑标准作了进一步的原则性、导向性规定。考虑到刑法修正案（十一）对提供虚假证明文件罪所作修改体现出的依法严惩中介组织出具虚假证明文件犯罪的总体刑事政策导向，《解释》第七条第三款规定内容仅涉及提供虚假证明文件罪适用第二档法定刑的标准，不涉及定罪标准。《解释》第七条第三款规定，在安全评价中介组织人员的行为构成提供虚假证明文件罪的前提下，应当综合考虑其行为手段、主观过错程度、对安全事故的发生所起作用大小及其获利情况、一贯表现等各方面因素，综合评估社会危害性，依法裁量刑罚，确保罪责刑相适应。在具体案件处理过程中，如果根据《解释》第七条第二款规定的标准适用五年以上十年以下有期徒刑量刑幅度明显过重的，可以根据案件事实、情节和社会危害程度，依法作出妥当处理。对于犯提供虚假证明文件罪、未达到《解释》第七条第二款规定的适用第二档法定刑标准，以及犯出具证明文件重大失实罪的安全评价中介组织人员，在量刑时也应注意与关联的危害生产安全犯罪人之间的量刑平衡。

---

① 参见周光权：《刑事司法领域的宪法判断与刑法制度文明》，载《中国社会科学》2022年第8期。

（五）关于宽严相济刑事政策

宽严相济刑事政策是我国的基本刑事政策，要求在具体案件处理过程中，根据犯罪的性质和具体情况实行区别对待，做到当宽则宽、当严则严、宽严相济、罚当其罪。危险作业罪属于轻罪，且入罪不要求造成重大事故后果，具体适用过程中尤其需要注意贯彻落实宽严相济要求，防止刑罚打击面过广。《解释》第十条规定了适用危险作业罪中的宽严相济刑事政策要求，在坚持依法定罪量刑的前提下，重点对如何贯彻宽的一面作出了规定。《解释》进一步明确了对危险作业行为人予以从宽处罚和不起诉、免予刑事处罚、不作为犯罪处理的条件，有利于充分发挥司法解释的行为指引作用，鼓励危险作业行为人及时采取措施排除事故隐患、真诚认罪悔罪，也有利于合理控制刑事处罚范围，促使市场经济主体及时恢复正常生产经营活动，确保经济社会协调健康发展。

（六）关于刑事司法与行政执法程序衔接

做好安全生产工作，需要行政、司法等机关协调配合、共同发力，综合采用包括行政和刑事等手段在内的各种手段措施，严格落实责任，实现综合治理。2019 年 4 月印发的《衔接工作办法》对安全生产行政执法与刑事司法衔接工作程序作出了较为系统的规定，实践中收到了显著成效。《解释》第十一条根据刑法和刑事诉讼法的有关规定，进一步明确了危害生产安全犯罪案件以及相关联的提供虚假证明文件、出具证明文件重大失实犯罪案件的程序衔接问题，确保对违法犯罪人的刑事、行政等方面责任及时落到实处。

（七）关于解释的效力

根据《解释》第十二条的规定，最高人民法院、最高人民检察院此前发布的司法解释和规范性文件与本解释不一致的，以本解释为准。需要注意的是，《解释》主要是对《2015 年解释》未涉及、刑法修正案

（十一）作出修改或者增设的危害生产安全犯罪及关联犯罪的法律适用标准作出规定，除对《2015年解释》第五条关于强令违章冒险作业罪行为方式的规定作出了部分调整外，并未对《2015年解释》的其他规定内容作出修改。《解释》施行后，《2015年解释》除第五条之外的其他规定内容仍然有效。前后两个司法解释共同明确了危害生产安全犯罪和相关联的安全评价中介组织人员犯罪、安全监管失职渎职犯罪的具体法律适用标准，构成了比较完备的刑事规范体系。

（八）关于危险作业罪中“现实危险”的认定标准

《中共中央、国务院关于推进安全生产领域改革发展的意见》指出，研究修改刑法有关条款，将生产经营过程中极易导致重大生产安全事故的违法行为列入刑法调整的范围。为贯彻落实党中央要求，满足实践需要，刑法修正案（十一）增设了危险作业罪。根据刑法第一百三十四条之一的规定，危险作业罪的定罪条件是“具有发生重大伤亡事故或者其他严重后果的现实危险”，不要求发生现实的重大危害后果，刑法理论上把此类犯罪称为“过失危险犯”，这在刑事立法中是非常少见的。“现实危险”这个概念在刑法条文中是第一次出现，其内涵和外延应当如何界定，存在较大争议。例如，有意见提出，刑法第一百三十四条之一规定的三种危险作业行为本身就具有发生重大伤亡事故或者其他严重后果的现实危险，行为人只要实施了该条规定的三种危险作业行为中的一种，就可以直接认定具有现实危险，进而以危险作业罪定罪处罚，否则不利于有效打击非法违法生产经营行为，可能会放纵犯罪。

如何确定刑法第一百三十四条之一规定的“现实危险”的认定标准，《解释》研究起草过程中进行了反复研究，对主要问题达成了共识。鉴于有关方面对如何确定具体认定标准还存在不同认识，《解释》对此未作明确规定，但此问题直接关系危险作业罪的成立范围，还需要尽量统一思想认识，防止对司法实践造成困扰。

研究认为，上述认为只要实施了刑法第一百三十四条之一规定的三种危险作业行为之一就可以直接认定具有现实危险、进而以危险作业罪定罪处罚的意见，与立法本意不符，难以成立。如果认为行为人实施了危险作业行为就当然具有发生重大伤亡事故或者其他严重后果的现实危险，等于架空了刑法第一百三十四条之一设置的定罪条件，十分不利于正确区分行政违法和刑事犯罪，可能导致刑罚打击范围不当扩大，甚至可能干扰市场经济主体正常开展生产经营活动。刑罚是最严厉的法律制裁措施，危险作业罪虽然是轻罪，但从事生产经营活动的有关人员一旦被认定构成本罪，将对其造成严重影响，并进一步影响其所在市场主体的生产经营活动，认定构成犯罪需要慎重。对于危险作业罪的成立范围，需要进行严格把握，特别是在现阶段社会公众对危险作业罪还缺乏全面、深刻认识的情况下，对本罪的成立范围更应当进行严格限制。

经反复慎重研究认为，综合立法原意和司法实践情况，刑法第一百三十四条之一规定的“现实危险”不仅是指具体危险，而且必须是十分紧迫的危险，原则上只有在行为已经导致出现重大险情，或者已经造成了小的事故，只是因为偶然性的客观因素或者及时开展救援等原因，未造成重大事故后果的，对于这种“千钧一发”的危险才能认定为现实危险，进而以危险作业罪定罪处罚。基于上述考虑，刑法第一百三十四条之一规定的“现实危险”主要包括两种情形：一是行为人实施了该条规定的三种行为之一，并且已经因为实施该行为引发了小的事故，只是因为及时开展抢救、救援或者其他偶然性的客观因素，小事故没有发展成重大事故、没有达到重大伤亡事故或者其他严重后果的认定标准；二是行为人实施了该条规定的三种行为之一，导致出现了矿山井下冒顶、透水或者危险物品泄漏等重大事故险情，但因为及时开展抢救、救援或者其他偶然性的客观因素，险情没有发展成事故。具有上述情况之一的，才可以认定为具有现实危险，进而对行为人以危险作业罪定罪处罚。对于不符合上述两种情形的行为，不宜认定构成危险作业罪，否则可能导致刑事手段不当介入应由行政手段调整的领域范围，干扰市场主体的正常生产经营活动。

依法惩治危害生产安全犯罪 切实保障人民生命财产安全

——最高人民法院、最高人民检察院相关部门负责人就《关于办理危害生产安全刑事案件适用法律若干问题的解释（二）》答记者问

2022年12月15日，最高人民法院、最高人民检察院联合发布《关于办理危害生产安全刑事案件适用法律若干问题的解释（二）》（法释〔2022〕19号，以下简称《解释》），自2022年12月19日起施行，同时发布了人民法院、检察机关依法惩治危害生产安全犯罪工作情况和依法惩治危害生产安全犯罪典型案例。为便于司法实践中正确理解与适用，最高人民法院刑事审判第四庭、最高人民检察院第二检察厅和法律政策研究室负责人接受了采访。

问：最近一段时期，部分地区和行业先后发生多起生产安全事故，严重影响社会公共安全和人民群众安全感。针对现阶段安全生产面临的形势，《解释》作出了哪些有针对性的规定？

答：最近一段时间以来，部分地区和行业的生产安全事故有所反弹，必须引起高度重视。最高人民法院、最高人民检察院坚决贯彻落实习近平总书记重要指示和党中央决策部署，认真学习贯彻党的二十大精神，针对安全生产工作和司法实践中存在的突出问题，及时总结审判工作经验，联合研究出台了《解释》。《解释》一以贯之地坚持依法从严惩处总体原

则，坚持依法从严打击危害生产安全犯罪不动摇，充分运用刑事手段依法惩治非法违法生产经营行为，切实维护生产安全，保护人民生命财产安全。

一是规定了强令、组织他人违章冒险作业罪的行为方式，明确以威逼、胁迫、恐吓等手段，或者利用组织、指挥、管理职权强制他人违章作业的，均属于刑法规定的强令他人违章冒险作业行为；明知存在重大事故隐患，仍然违反有关安全管理的规定，不排除或者故意掩盖重大事故隐患，组织他人作业的，均可以认定为刑法规定的冒险组织作业行为，确保司法机关正确适用强令、组织他人违章冒险作业罪这一重罪罪名，有效惩治危害生产安全犯罪。

二是规定了刑法修正案（十一）增设的危险作业罪的犯罪主体范围和具体行为认定，明确对生产、作业负有组织、指挥或者管理职责的负责人、管理人员、实际控制人、投资人等人员，以及直接从事生产、作业的人员均可以构成危险作业罪；无正当理由故意不执行、采用虚构事实或者行贿等不正当手段规避、干扰执行各级人民政府或者负有安全生产监督管理职责的部门依法作出的停产停业、停止施工等行政决定、命令的，属于刑法第一百三十四条之一规定的危险作业行为，确保运用刑事手段有效惩治尚未造成重大事故后果的非法违法生产经营行为，达到及时消除安全风险隐患、从源头上防范生产安全事故的积极效果。

三是针对实践中问题突出的安全评价中介组织人员提供虚假证明文件和出具证明文件重大失实问题，《解释》规定了较低的定罪标准，明确达到造成死亡一人或者重伤三人以上安全事故，造成直接经济损失50万元或者100万元以上安全事故等标准的，以提供虚假证明文件罪或者出具证明文件重大失实罪定罪处罚，确保此类行为得到有效惩处。《解释》同时明确，安全评价中介组织人员故意提供刑法第二百二十九条第一款第三项规定的虚假证明文件，造成死亡三人以上或者重伤十人以上安全事故，或者造成直接经济损失500万元以上安全事故的，可以判处五年以上十年以下有期徒刑，并处罚金。另外，考虑到实践中安全评价中介组织人员提供虚假证明文件行为一般属于引发生产安全事故的间接原因，量刑与事故直接责任人应当有所区别，《解释》落实宽严相济刑事政策要求，明确对于安全评价中介组织人员提供虚假证明文件的行为，在裁量刑罚时应当考虑其行为手段、主观过错程度、对安全事故的发生所起作用大小及其获利情况、一贯表现等因素，综合评估社会危害性，依法裁量刑罚，确保罪责刑相适应。

下一步，最高人民法院、最高人民检察院将进一步深入学习贯彻党的二十大精神，进一步开展深入调研，通过继续研究出台司法解释和规范性文件、发布指导性案例等方式，进一步明确包括危险作业罪在内的危害生产安全犯罪有关罪名的司法适用标准，依法从严打击危害生产安全犯罪和关联犯罪，合理确定行政违法与刑事犯罪的界限，确保对危害生产安全犯罪的惩治取得实效。

问：最高人民检察院 2022 年 2 月向应急管理部制发关于安全生产综合治理的“八号检察建议”。能否介绍一下“八号检察建议”的制发背景、落实情况、取得成效，以及下一步推进落实的举措？

答：生产安全事故的发生往往多因一果，原因复杂，最高人民检察院通过分析大量数据、案例梳理总结导致生产安全事故发生的各方面原因，发现其中最为突出的原因是抓早抓小不够，对相关责任人员在事故前处罚不够。为全面贯彻习近平法治思想，深入贯彻落实习近平总书记有关安全生产工作的重要指示批示精神，促进相关职能部门通过加强执法监管，从源头上防范化解安全生产风险，最高人民检察院 2022 年 2 月向应急管理部制发了有关安全生产溯源治理的“八号检察建议”，同时抄送 11 个相关部门。制发建议的重要目的就是让“防患于未然”“抓早抓小抓苗头”的理念深入人心，督促执法监管关口前移，“销恶于未萌，弥祸于未形”。

“八号检察建议”制发后，最高人民检察院分别向习近平总书记和其他中央领导同志专题报告制发“八号检察建议”的有关情况。主送和抄送单位对“八号检察建议”高度重视，应急管理部、生态环境部、交通运输部等相关部门专门回复落实“八号检察建议”的有关情况，各相关部门对落实“八号检察建议”、进一步强化安全生产工作均高度重视，推进举措务实有效。最高人民检察院向各省级检察院专门下发通知，对贯彻落实“八号检察建议”提出明确要求，于6月安全生产月发布了检察机关落实“八号检察建议”的十大典型案事例，充分发挥典型案事例的示范、引领作用。9月15日，最高人民检察院在安徽合肥召开落实“八号检察建议”现场推进会，最高人民检察院和应急管理部有关负责同志出席会议并讲话，14个省级检察院有关负责同志，应急管理部、公安部、生态环境部、住房和城乡建设部、交通运输部等部委部门负责同志，部分全国人大代表、政协委员等参加。与会同志交流工作经验，凝聚深化共识，对深入推进“八号检察建议”落地落实起到了积极的作用。

按照最高人民检察院部署要求，各地检察机关高度重视“八号检察建议”落实工作，积极争取党委支持，主动走访政府相关职能部门、深入企业一线，送达、宣讲“八号检察建议”，与应急管理等部门联合出台落实“八号检察建议”的规范性文件，着力防范化解安全风险隐患，以线上线下多种方式深入宣传“八号检察建议”，四大检察协同发力，因地制宜推进建议落实。目前来看，落实“八号检察建议”取得了较为明显的成效。从事故发生数量和行政机关处罚情况看，以河南省上半年数据为例，生产安全事故发生数、死亡人数分别较上年同期下降18.2%、39.8%，全省应急管理部门累计使用执法文书52000余份，非事故行政处罚2200余次，责任追究89人，其中建议给予党政务处分50人，建议给予党纪处分23人，移送追究刑事责任16人。从安全风险隐患排查整治效果看，安徽省人民检察院利用应急管理信息化平台执法系统账户，查询重大危险源、隐患排查、执法对象、执法行为等情况，从平台中排查出涉及省内10个地市的未整改重大隐患34条，未整改一般隐患2217条，交有关部门整改。江苏省检察机关与有关职能部门共同开展安全生产联合检查170余次，排查出安全隐患350余个，已整改完成300余个。福建省福州市长乐区人民检察院联合区应急管理局、市场监督管理局等成员单位以及属地乡镇开展纺织印染企业大排查大整治行动，摸排纺织印染企业 732 家，排查出 114 项安全隐患问题，发出限期整改指令书 22 份，对 18 家未完成整改要求的企业停产整顿。从安全生产领域法律监督效果看，浙江省检察机关今年 1 月至 10 月通过数字化监督模型，共发现行政执法机关“该移未移”线索 53 条、“该罚未罚”线索 113 条；发现侦查机关“该立未立”线索 42 条、“该撤未撤”线索 14 条；制发安全生产治理类检察建议 65 件；向行政执法机关移送行政处罚线索 9 条；检察机关内部互移监督线索 122 条。

党的二十大报告要求“推进国家安全体系和安全能力现代化”“坚持以人民安全为宗旨”“以经济安全为基础”“坚持安全第一、预防为主”，下一步，检察机关将以推进落实“八号检察建议”为契机，深入贯彻落实二十大精神，着力促进安全生产治理能力提升，助力实现国家治理体系和治理能力现代化，重点开展以下几项工作：一是深入总结“八号检察建议”制发以来落实中有关情况、取得的成效和存在的问题，年底前向中央报告“八号检察建议”实施近一年的落实情况。二是联合相关职能部门、指导各地检察机关在前一阶段落实的基础上，锚定靶向、聚焦重点、优化措施，重点在“抓早抓小、抓制度规范不折不扣落实，追责落在未然上”上下功夫，推动将检察建议的回复、落实情况纳入党政考核体系，促进建议进一步落地落实落细。三是进一步健全完善行刑衔接工作机制。指导各地检察机关更有效参与事故调查，更好发挥职能作用。积极探索与应急管理等部门建立信息共享平台，健全信息资源共享机制，实现不同地区、不同层级资源共享。适时与有关部门共同开展调研、培训、庭审观摩等活动，邀请相关行政管理部门专业人才担任“特邀检察官助理”，加强交流，相互学习、借鉴，共同解决行政执法与刑事司法实务中存在的问题。四是强化危害生产安全案件立案监督和审判监督职能，注重多层次治理手段的综合运用，对有关人员的处理及时提出意见建议，力促从根本上防治犯罪。

问：刑法修正案（十一）增设了危险作业罪，明确构成该罪要“具有发生重大伤亡事故或者其他严重后果的现实危险”。司法机关在办案中对“现实危险”应当如何具体判断把握？

答：近年来，全国安全生产形势总体稳定明显向好，但一些重特大生产安全事故仍时有发生，给国家和人民群众生命财产带来难以挽回的特别重大损失，教训极其深刻，对安全生产综合治理提出了更高要求。特别是天津港“8·12”瑞海公司危险品仓库特大火灾爆炸事故、江苏响水天嘉宜公司“3·21”特大爆炸事故等，涉案企业对重大事故隐患不落实责任、有效整改，最终“小拖大、大拖炸”，酿成惨剧。这也使我们深刻认识到，等到事故发生后再治理为时已晚，对一些尚未发生严重后果，但具有导致重大事故发生现实危险的重大隐患行为，刑法必须提前介入，预防惩治这类犯罪。为此，刑法修正案（十一）增设了刑法第一百三十四条之一危险作业罪，对生产作业中违反安全管理规定，尚未造成严重后果，但具有发生重大伤亡事故或者其他严重后果发生的现实危险的行为，予以刑事规制。

刑法修正案（十一）施行以来，司法机关依法办理了一批危险作业犯罪案件，积累了一些经验做法。《解释》对危险作业罪的犯罪主体和客观行为作了明确，同时考虑到“具有发生重大伤亡事故或者其他严重后果的现实危险”的认定问题比较复杂，还需要进一步总结司法实践经验，目前先通过制发典型案例等形式加强指导，待时机成熟时再上升为司法解释规定。我们建议，可以从以下几个方面对“现实危险”加以把握和判断：

一要注意遵循立法原意。从危险作业罪的立法背景和意图看，本罪属于具体危险犯，而不是行为犯。实践中，要严格把握入罪条件，即需要具有“现实危险”，将那种特别危险、极易导致结果发生的重大隐患行为列入犯罪，而不能将一般的、数量众多的其他违反安全生产管理规定的行为纳入刑事制裁，避免行政违法和刑事犯罪界限不清，防止架空安全生产法律法规的适用。同时，认定“现实危险”还要考虑到企业生产经营的实际情况，在强化企业安全生产主体责任、保障安全生产的同时，避免对企业的生产经营造成过度负担和对正常生产经营的不当干扰。

二要注意把握综合判断原则。从司法办案实际和发布典型案例的情况看，“现实危险”主要是指已经出现了重大险情，或者出现了“冒顶”“渗漏”等“小事故”，虽然最终没有发生重大严重后果，但之所以没有发生，有的是因为被及时制止了，有的是因为开展了有效救援，有的完全是因为偶然性的客观原因，对这种“千钧一发”的危险才能认定为具有“现实危险”。对于“现实危险”，应当结合行业属性、行为对象、现场环境、违规行为严重程度、纠正整改措施的及时性和有效性等各方面因素，根据案件具体情况综合分析判断，必要时可以征求应急管理等负有安全生产监督管理职责的部门的意见，结合其他证据综合审查，依法作出认定。

三要注意把握实质判断原则。增设危险作业罪体现了党的二十大报告中“坚持安全第一、预防为主”的要求，因此这种“现实危险”应当具有实质上的社会危害性和应受刑罚性。换言之，这种“现实危险”是客观存在的、紧迫的、具体的、明确的危险，有的甚至已经发生了带有征兆性、预警性的安全事故，如果不能及时消除、持续存在，将可能随时导致发生重大伤亡事故或者其他严重后果。比如，实践中的以下几类情形可以考虑认定为具有“现实危险”：一是关闭、破坏直接关系生产安全的监控、报警、防护、救生设备、设施，或者篡改、隐瞒、销毁其相关数据、信息，致使重大事故隐患被掩盖、造成重大险情，或者直接影响事故现场人员逃生自救、事故应急救援的；二是因存在重大事故隐患被依法责令停产停业、停止施工、停止使用有关设备、设施、场所或者立即采取排除危险的整改措施，而拒不执行，造成重大险情的；三是涉及安全生产的事项未经依法批准或者许可，擅自从事矿山开采、金属冶炼、建筑施工，以及危险物品生产、经营、储存等高度危险的生产作业活动，生产作业场所或者安全设施、设备、工艺存在重大事故隐患，造成重大险情的。

最高人民法院 最高人民检察院 教育部
印发《关于落实从业禁止制度的意见》的通知

2022 年 11 月 10 日　　法发〔2022〕32 号

各省、自治区、直辖市高级人民法院、人民检察院、教育厅（教委），解放军军事法院、军事检察院，新疆维吾尔自治区高级人民法院生产建设兵团分院、新疆生产建设兵团人民检察院、教育局：

为严格执行犯罪人员从业禁止制度，净化校园环境，保护未成年人，根据刑法、未成年人保护法、教师法等法律规定，结合执法司法实践反映的情况，最高人民法院会同最高人民检察院、教育部制定了《关于落实从业禁止制度的意见》。现予以印发，请结合实际认真贯彻执行。在执行中遇到问题，请及时分别报告最高人民法院、最高人民检察院、教育部。

最高人民法院 最高人民检察院 教育部
关于落实从业禁止制度的意见

为贯彻落实学校、幼儿园等教育机构、校外培训机构教职员工违法犯罪记录查询制度，严格执行犯罪人员从业禁止制度，净化校园环境，切实保护未成年人，根据《中华人民共和国刑法》（以下简称《刑法》）、《中华人民共和国未成年人保护法》（以下简称《未成年人保护法》）、《中华人民共和国教师法》（以下简称《教师法》）等法律规定，提出如下意见：

一、依照《刑法》第三十七条之一的规定，教职员工利用职业便利实施犯罪，或者实施违背职业要求的特定义务的犯罪被判处刑罚的，人民法院可以根据犯罪情况和预防再犯罪的需要，禁止其在一定期限内从事相关职业。其他法律、行政法规对其从事相关职业另有禁止或者限制性规定的，从其规定。

《未成年人保护法》、《教师法》属于前款规定的法律，《教师资格条例》属于前款规定的行政法规。

二、依照《未成年人保护法》第六十二条的规定，实施性侵害、虐待、拐卖、暴力伤害等违法犯罪的人员，禁止从事密切接触未成年人的工作。

依照《教师法》第十四条、《教师资格条例》第十八条规定，受到剥夺政治权利或者故意犯罪受到有期徒刑以上刑罚的，不能取得教师资格；已经取得教师资格的，丧失教师资格，且不能重新取得教师资格。

三、教职员工实施性侵害、虐待、拐卖、暴力伤害等犯罪的，人民法院应当依照《未成年人保护法》第六十二条的规定，判决禁止其从事密切接触未成年人的工作。

教职员工实施前款规定以外的其他犯罪，人民法院可以根据犯罪情况和预防再犯罪的需要，依照《刑法》第三十七条之一第一款的规定，判决禁止其自刑罚执行完毕之日或者假释之日起从事相关职业，期限为三年至五年；或者依照《刑法》第三十八条第二款、第七十二条第二款的规定，对其适用禁止令。

四、对有必要禁止教职员工从事相关职业或者适用禁止令的，人民检察院在提起公诉时，应当提出相应建议。

五、教职员工犯罪的刑事案件，判决生效后，人民法院应当在三十日内将裁判文书送达被告人单位所在地的教育行政部门；必要时，教育行政部门应当将裁判文书转送有关主管部门。

因涉及未成年人隐私等原因，不宜送达裁判文书的，可以送达载明被告人的自然情况、罪名及刑期的相关证明材料。

六、教职员工犯罪，人民法院作出的判决生效后，所在单位、教育行政部门或者有关主管部门可以依照《未成年人保护法》、《教师法》、《教师资格条例》等法律法规给予相应处理、处分和处罚。

符合丧失教师资格或者撤销教师资格情形的，教育行政部门应当及时收缴其教师资格证书。

七、人民检察院应当对从业禁止和禁止令执行落实情况进行监督。

八、人民法院、人民检察院发现有关单位未履行犯罪记录查询制度、从业禁止制度的，应当向该单位提出建议。

九、本意见所称教职员工，是指在学校、幼儿园等教育机构工作的教师、教育教学辅助人员、行政人员、勤杂人员、安保人员，以及校外培训机构的相关工作人员。

学校、幼儿园等教育机构、校外培训机构的举办者、实际控制人犯罪，参照本意见执行。

十、本意见自2022年11月15日起施行。

《关于落实从业禁止制度的意见》的理解与适用

段农根　周加海　江继海　张济坤*

2022年11月10日，最高人民法院会同最高人民检察院、教育部发布《关于落实从业禁止制度的意见》（法发〔2022〕32号，以下简称《意见》），自2022年11月15日起施行。《意见》的公布施行，对于准确适用刑法、未成年人保护法的从业禁止规定，依法惩治教职员工实施侵害未成年人权益犯罪，推动未成年人司法保护、学校保护和社会保护协同发力，为未成年人健康成长提供平安清朗校园环境，具有重要意义，必将发挥重要作用。为便于司法实践中正确理解和适用，现就《意见》的制定背景、起草中的主要考虑和主要内容介绍如下。

一、《意见》的制定背景与经过

习近平总书记强调，评价教师队伍素质的第一标准应该是师德师风；要将害群之马清除出教师队伍，并依法进行惩处，对侵害学生的行为必须“零容忍”。党的二十大报告也指出，要加强师德师风建设，保障儿童合法权益。

为了防止犯罪人“重操旧业”、再次犯罪，2015年，刑法修正案（九）增加第三十七条之一，规定了从业禁止制度，即对于利用职业便利实施犯罪，或者实施违背职业要求的特定义务的犯罪被判处刑罚的，人

* 作者单位：最高人民法院。

民法院可以根据犯罪情况和预防再犯罪的需要，判决禁止其从事相关职业，期限为三年至五年。法律、行政法规另有禁止或限制性规定的，从其规定。为了强化对未成年人保护，2020 年修订的未成年人保护法新增了第六十二条，针对密切接触未成年人的工作规定了终身禁业制度，明确："密切接触未成年人的单位招聘工作人员时，应当向公安机关、人民检察院查询应聘者是否具有性侵害、虐待、拐卖、暴力伤害等违法犯罪记录；发现其具有前述行为记录的，不得录用。密切接触未成年人的单位应当每年定期对工作人员是否具有上述违法犯罪记录进行查询。通过查询或者其他方式发现其工作人员具有上述行为的，应当及时解聘。"

未成年人保护法修订后，对于如何协调刑法第三十七条之一与未成年人保护法第六十二条的关系，对符合未成年人保护法第六十二条规定情形的人民法院在判决中是否要作出、如何作出从业禁止的决定，存在不同认识，实践中判法也不一致，有的甚至对本应终身禁业的情形只判处了一定期限禁业，引发社会议论。同时，由于教育行政部门不能及时掌握教职员工犯罪的判决结果，导致有的教师犯罪后隐瞒犯罪情况仍从事教师职业。

为深入贯彻落实习近平总书记重要指示批示和党的二十大精神，保障法律准确实施，有效落实从业禁止制度，净化校园环境，切实保护未成年人，最高人民法院会同最高人民检察院、教育部，在有关部门的大力支持下，深入调查研究，广泛征求意见，反复论证完善，起草了《意见》。

二、《意见》起草中的主要考虑

《意见》坚持以习近平新时代中国特色社会主义思想为指导，深入贯彻落实习近平法治思想和习近平总书记关于少年儿童工作重要指示批示精神，按照从小切口入手解决目前亟须解决的问题的思路，针对学校、幼儿园等教育机构、校外培训机构的教职员工犯罪问题，依法落实犯罪人员从业禁止制度，切实为保护未成年人提供强有力司法服务保障。具体而言，在起草过程中，着重注意把握了以下几点。

一是突出对未成年人的特殊、优先保护。按照最有利于未成年人的原则，《意见》明确规定，教职员工实施性侵害、虐待、拐卖、暴力伤害等犯罪的，人民法院应当依照未成年人保护法第六十二条的规定，判决禁止其从事密切接触未成年人的工作，即终身不得从事密切接触未成年人的工作。如此判决，既能够让被告人明确知晓自己被禁业的范围，也能够让用人单位更好落实入职查询义务，还能够向全社会宣示，起到监督和警示作用，充分体现了对未成年人的特殊、优先保护。同时，为严密未成年人保护法网，《意见》还明确，学校、幼儿园等教育机构、校外培训机构的举办者、实际控制人犯罪，参照《意见》执行。

二是突出强化从业禁止制度的有效落实。《意见》明确人民法院判决生效后，犯罪教职员工所在单位、主管部门可以依照未成年人保护法、教师法等法律法规给予相应处理、处分和处罚。符合丧失教师资格或者撤销教师资格情形的，教育行政部门应当及时收缴其教师资格证书，这就从行政管理的角度进一步保障了从业禁止制度的有效落实。同时《意见》还规定，对于有必要适用从业禁止措施的，人民检察院在提起公诉时应当提出相应建议；对于判处从业禁止的，人民检察院应当就落实情况进行监督；对于有关单位未履行犯罪记录查询制度、从业禁止制度的，人民法院、人民检察院应当向该单位提出建议。

三是突出工作的协同配合和密切衔接。《意见》规定，所有教职员工犯罪案件，判决生效后，人民法院应当在三十日内将裁判文书送达被告人单位所在地的教育行政部门。同时，考虑教育机构、校外培训机构主管行政部门复杂多样的现实，《意见》特别规定，不属于自己管理的教育机构、校外培训机构，教育行政部门应当将裁判文书转送有关主管部门。这样，就更加有利于及时送达裁判文书，有利于从业禁止制度的及时落实。

三、《意见》的主要内容

《解释》共 10 个条文，主要可以归纳为以下五个方面的问题。

（一）教职员工犯罪从业禁止的法律依据及其相互关系

在刑事司法领域，从业禁止制度的基本法律依据是刑法第三十七条之一。根据该条第一款规定，因利用职业便利实施犯罪，或者实施违背职业要求的特定义务的犯罪被判处刑罚的，人民法院可以根据犯罪情况和预防再犯罪的需要，禁止其在一定期限内从事相关职业。同时，该条第三款规定，其他法律、行政法规对其从事相关职业另有禁止或者限制性规定的，从其规定。具体到未成年人保护领域和教育行业，未成年人保护法第六十二条规定，实施性侵害、虐待、拐卖、暴力伤害等违法犯罪的人员，禁止从事密切接触未成年人的工作。教师法第十四条、《教师资格条例》第十八条规定，受到剥夺政治权利或者故意犯罪受到有期徒刑以上刑罚的，不能取得教师资格；已经取得教师资格的，丧失教师资格，且不能重新取得教师资格。这些规定属于从业禁止制度的特别规定。据此，《意见》第一条明确规定，未成年人保护法、教师法属于刑法第三十七条之一第三款规定的法律，《教师资格条例》属于该款规定的行政法规。

（二）教职员工犯罪从业禁止的刑事裁判规则

《意见》第二条明确了对犯罪的教职员工判决从业禁止的具体规则。

首先，教职员工犯性侵害、虐待、拐卖、暴力伤害等犯罪的，人民法院应当依照未成年人保护法第六十二条的规定，判决禁止其从事密切接触未成年人的工作。在理解和适用时，有以下四个方面需要注意。

第一，本条中的性侵害、虐待、暴力伤害犯罪是指实施的犯罪行为，其范围应当包括刑法第二百三十六条规定的强奸罪，第二百三十六条之一规定的负有照护职责人员性侵罪，第二百三十七条规定的强制猥亵、侮辱罪、猥亵儿童罪，第三百五十八条规定的组织卖淫罪、强迫卖淫罪、协助组织卖淫罪，第三百五十九条规定的引诱、容留、介绍卖淫罪、引诱幼女卖淫罪，第二百六十条规定的虐待罪，第二百六十条之一规定的虐待被监护、看护人罪，第二百三十二条规定的故意杀人罪，第二百三十三条规定的故意伤害罪等。对于本条规定中的“等”，笔者认为应当作等外理解，但有关犯罪行为在性质、危害、手段等方面，应当与未成年人保护法第六十二条所明确列举的性侵害、虐待、拐卖、暴力伤害具有类似性。

第二，根据本条规定，对实施性侵害、虐待、拐卖、暴力伤害等犯罪的教职员工判决从业禁止，并不要求其必须利用职业便利实施犯罪或者违背职业要求的特定义务。例如，行为人奸淫幼女构成犯罪，即便奸淫的对象并非自己的学生，也应判决从业禁止。

第三，人民法院依据本条作出从业禁止判决时，援引的法律依据应当是刑法第三十七条之一第三款和未成年人保护法第六十二条。

第四，人民法院依据本条作出从业禁止判决时，其判项的表述应当是“禁止被告人×××从事密切接触未成年人的工作”。在执行过程中，密切接触未成年人的工作应当参照未成年人保护法第一百三十条的规定进行把握。

征求意见过程中，对于教职员工实施未成年人保护法第六十二条规定的四类犯罪的，各方一致认为应当依法禁止其从事密切接触未成年人的工作，但是，对于人民法院是否可以依照刑法第三十七条之一第三款规定作出从业禁止的判项，前期曾有分歧意见。有意见提出，应由有关部门、单位依照未成年人保护法的有关规定执行，人民法院无须就从业禁止作出判决。理由是：其一，刑法关于从业禁止的规定，相对于其他专门法律、行政法规的规定而言，具有一定的补充性。对于法律、行政法规已经有相应规定的，应直接由主管部门依照法律、行政法规作出禁止从业的决定。其二，“从其规定”不仅指从业禁止的期限依照相关法律、行政法规的规定，而且包括给予从业禁止的主体、条件等也应依照有关法律、行政法规的规定，而不是指人民法院可以不受刑法第三十七条之一第一款规定的三至五年的期限限制，直接根据有关法律、行政法规规定的期限，给予从业禁止的裁判。其三，目前有 20 余部法律、行政法规对从业禁止作了规定，情况较为复杂，如何做好刑法与行政法律的衔接和统一适用，需要进一步总结实践经验。

经认真研究，笔者认为，人民法院应当依法作出判决，主要考虑以下几个方面：（1）就从业禁止作出判决更有利于贯彻落实最有利于未成年人的原则。（2）判决从业禁止的效果更好。人民法院判决后既可以让被告人明确知晓自己被禁业的范围，也可以让用人单位更好落实入职查询义务，还可以向全社会宣示，起到监督和警示作用，有利于堵塞可能出现的漏洞，有利于加强社会管理。（3）更有利于从业禁止的执行。如果被告人不遵守法院的从业禁止判决，公安机关可以根据刑法第三十七条之一第二款的规定进行处罚；情节严重的，可以按照拒不执行法院判决、裁定罪定罪处罚。（4）判决并不存在法律上的障碍。未成年人保护法并未规定有关的从业禁止由行政主管部门作出决定，人民法院不能判决。反之，如果不就从业禁止作出判决，则可能产生诸多问题。一是可能会引起当事人误解，认为不存在从业禁止。二是会引发困惑、疑问：相对较轻的犯罪判处从业禁止，严重侵害或者威胁未成年人的犯罪反而不判决从业禁止。三是在从业查询制度尚不健全的情况下，如果不就从业禁止作出判决，将会给用人单位落实从业查询制度带来困难。因此，《意见》作出了应当判决的有关规定，主要是为了有效落实未成年人保护法第六十二条的规定，体现对未成年人的优先、特殊保护。

其次，教职员工实施《意见》第三条第一款规定以外的其他犯罪，人民法院可以根据犯罪情况和预防再犯罪的需要，依照刑法第三十七条之一第一款的规定，判决禁止其自刑罚执行完毕之日或者假释之日起从事相关职业，期限为三年至五年；或者依照刑法第三十八条第二款、第七十二条第二款的规定，对其适用禁止令。《意见》第三条第二款与该条第一款比较周延地明确了教职员工犯罪从业禁止问题的刑事裁判规则。例如，学校的财务工作人员利用职务便利实施侵占犯罪，可以依据本款作出三年至五年从业禁止判决。

（三）教职员工犯罪从业禁止判决的送达

针对教育部门无法及时掌握教职员工犯罪判决结果的问题，《意见》

第五条规定，教职员工犯罪的刑事案件，判决生效后，人民法院应当在三十日内将裁判文书送达被告人单位所在地的教育行政部门；必要时，教育行政部门应当将裁判文书转送有关主管部门。因涉及未成年人隐私等原因，不宜送达裁判文书的，可以送达载明被告人的自然情况、罪名及刑期的相关证明材料。在理解和适用时，有以下几个方面需要注意。

第一，送达的判决包括所有教职员工犯罪的判决，并非仅送达作出从业禁止的判决。判决必须是生效判决。

第二，送达的时间应当在判决生效后的三十日内。三十日的送达期间系综合地方法院和教育行政部门意见设定，既充分考虑了人民法院的工作实际，也保障了教育等行政主管部门能够及时掌握教职员工犯罪的判决结果，及时作出后续处理。

第三，送达的对象是被告人单位所在地的教育行政部门。不属于教育行政部门主管的，《意见》规定由教育行政部门转送。这主要是考虑到，教育行政部门是教育机构、校外培训机构最主要的主管行政部门，由人民法院统一向教育行政部门送达，必要时再由教育行政部门向有关主管部门送达，有利于相关工作严密衔接。

第四，送达裁判文书时，应当注意对未成年人隐私的保护。需要指出的是，生效裁判文书由一审法院送达还是由二审法院送达，《意见》未作统一规定，留给各地法院根据工作实际作出安排。

（四）教职员工犯罪从业禁止判决与行业管理的衔接

目前，教育领域的很多法律、行政法规都对教职员工的职业资格、履职条件等作出了规定，并对违反有关要求的处理、处分等作出了规定，处理包括丧失教师资格、撤销教师资格、解聘、通报批评、责令检查、诫勉谈话、批评教育，以及取消在职务晋升、职称评定等方面的资格等。处分包括警告、记过、降低岗位等级或撤职、开除等。是中共党员的，应当同时给予党纪处分。

为加强教职员工犯罪从业禁止判决与行业管理的衔接，消除法律法规适用疑惑，切实落实从业禁止规定，《意见》第六条规定，教职员工犯罪的，人民法院作出的判决生效后，所在单位、教育行政部门或者有关主管部门可以依照未成年人保护法、教师法、《教师资格条例》等法律法规给予相应处理、处分和处罚。符合丧失教师资格或者撤销教师资格情形的，教育行政部门应当及时收缴其教师资格证书，避免有关人员继续持证上岗。

（五）其他问题

1.《意见》的适用范围

《意见》主要适用于学校、幼儿园等教育机构、校外培训机构教职员工犯罪案件。教职员工，是指在学校、幼儿园等教育机构工作的教师、教育教学辅助人员、行政人员、勤杂人员、安保人员，以及校外培训机构的相关工作人员。同时，针对司法实践反映的问题，根据地方法院建议，《意见》特别规定，学校、幼儿园等教育机构、校外培训机构的举办者、实际控制人犯罪，参照《意见》执行。

2. 从业禁止制度有效落实的制度保障

为保障从业禁止制度得到有效落实，《意见》规定，人民检察院在提起公诉时，可以根据案件具体情况向人民法院提出相应的建议，在判决后对执行落实情况进行监督。同时，人民法院、人民检察院发现有关单位未履行犯罪记录查询制度、从业禁止制度的，可以向有关单位提出司法建议、检察建议。

3.《意见》的时间效力问题

《意见》自2022年11月15日起施行。因《意见》是对已有法律规定的贯彻落实，综合考虑从业禁止制度的性质、最有利于未成年人原则的要求等，笔者认为，《意见》公布施行后，尚未处理或正在处理的案件，均应依照《意见》的规定办理。

最高人民检察院　公安部

关于印发《关于依法妥善办理轻伤害案件的指导意见》的通知

2022 年 12 月 22 日　　　　　　　　高检发办字〔2022〕167 号

各省、自治区、直辖市人民检察院、公安厅（局），新疆生产建设兵团人民检察院、公安局：

为深入学习贯彻党的二十大精神，全面贯彻习近平法治思想，有力提升轻伤害案件办案质效，积极促进矛盾化解和诉源治理，最高人民检察院、公安部制定了《关于依法妥善办理轻伤害案件的指导意见》。现印发你们，请认真贯彻落实。

最高人民检察院　公安部

关于依法妥善办理轻伤害案件的指导意见

为全面贯彻习近平法治思想，践行以人民为中心的发展理念，落实宽严相济刑事政策，提升轻伤害案件办案质效，有效化解社会矛盾，促进社会和谐稳定，实现办案政治效果、法律效果和社会效果的统一，根据《中华人民共和国刑法》《中华人民共和国刑事诉讼法》等有关规定，制定本意见。

一、基本要求

（一）坚持严格依法办案。人民检察院、公安机关要严格遵循证据裁判原则，全面、细致收集、固定、审查、判断证据，在查清事实、厘清原委的基础上依法办理案件，要坚持“犯罪事实清楚，证据确实、充分”的证明标准，正确理解与适用法律，准确把握罪与非罪、此罪与彼罪的界限，慎重把握逮捕、起诉条件。

（二）注重矛盾化解、诉源治理。轻伤害案件常见多发，如果处理不当，容易埋下问题隐患或者激化矛盾。人民检察院、公安机关办理轻伤害案件，要依法用足用好认罪认罚从宽制度、刑事和解制度和司法救助制度，把化解矛盾、修复社会关系作为履职办案的重要任务。要充分借助当事人所在单位、社会组织、基层组织、调解组织等第三方力量，不断创新工作机制和方法，促进矛盾纠纷解决以及当事人和解协议的有效履行。

（三）落实宽严相济刑事政策。人民检察院、公安机关要以宽严相济刑事政策为指导，对因婚恋、家庭、亲友、邻里、同学、同事等民间矛盾纠纷或者偶发事件引发的轻伤害案件，结合个案具体情况把握好法理情的统一，依法少捕慎诉慎押；对主观恶性大、情节恶劣的轻伤害案件，应当依法从严惩处，当捕即捕、当诉则诉。

二、依法全面调查取证、审查案件

（四）坚持全面调查取证。公安机关应当注重加强现场调查走访，及时、全面、规范收集、固定证据。建立以物证、勘验笔录、检查笔录、视听资料等客观性较强的证据为核心的证据体系，避免过于依赖言词证据定案，对适用刑事和解和认罪认罚从宽的案件，也应当全面调查取证，查明事实。

（五）坚持全面审查案件。人民检察院应当注重对案发背景、案发起因、当事人的关系、案发时当事人的行为、伤害手段、部位、后果、当事人事后态度等方面进行全面审查，综合运用鉴定意见、有专门知识的人的意见等，准确认定事实，辨明是非曲直。

（六）对鉴定意见进行实质性审查。人民检察院、公安机关要注重审查检材与其他证据是否相互印证，文书形式、鉴定人资质、检验程序是否规范合法，鉴定依据、方法是否准确，损伤是否因既往伤病所致，是否及时就医，以及论证分析是否科学严谨，鉴定意见是否明确等。需要对鉴定意见等技术性证据材料进行专门审查的，可以按照有关规定送交检察、侦查技术人员或者其他有专门知识的人进行审查并出具审查意见。对同一鉴定事项存在两份以上结论不同的鉴定意见或者当事人对鉴定结论有不同意见时，人民检察院、公安机关要注意对分歧点进行重点审查分析，听取当事人、鉴定人、有专门知识的人的意见，开展相关调查取证，综合全案证据决定是否采信。必要时，可以依法进行补充鉴定或者重新鉴定。

（七）准确区分罪与非罪。对被害人出现伤害后果的，人民检察院、公安机关判断犯罪嫌疑人是否构成故意伤害罪时，应当在全面审查案件事实、证据的基础上，根据双方的主观方面和客观行为准确认定，避免"唯结果论""谁受伤谁有理"。如果犯罪嫌疑人只是与被害人发生轻微推搡、拉扯的，或者为摆脱被害人拉扯或者控制而实施甩手、后退等应急、防御行为的，不宜认定为刑法意义上的故意伤害行为。

（八）准确区分寻衅滋事罪与故意伤害罪。对出现被害人轻伤后果的案件，人民检察院、公安机关要全面分析案件性质，查明案件发生起因、犯罪嫌疑人的动机、是否有涉黑涉恶或者其他严重情节等，依法准确定性，不能简单化办案，一概机械认定为故意伤害罪。犯罪嫌疑人无事生非、借故生非，随意殴打他人的，属于"寻衅滋事"，构成犯罪的，应当以寻衅滋事罪依法从严惩处。

（九）准确区分正当防卫与互殴型故意伤害。人民检察院、公安机关要坚持主客观相统一的原则，综合考察案发起因、对冲突升级是否有过错、是否使用或者准备使用凶器、是否采用明显不相当的暴力、是否纠集他人参与打斗等客观情节，准确判断犯罪嫌疑人的主观意图和行为性质。因琐事发生争执，双方均不能保持克制而引发打斗，对于过错的一方先动手且手段明显过激，或者一方先动手，在对方努力避免冲突的情况下仍继续侵害，还击一方造成对方伤害的，一般应当认定为正当防卫。故意挑拨对方实施不法侵害，借机伤害对方的，一般不认定为正当防卫。

（十）准确认定共同犯罪。二人以上对同一被害人共同故意实施伤害行为，无论是否能够证明伤害结果具体由哪一犯罪嫌疑人的行为造成的，均应当按照共同犯罪认定处理，并根据各犯罪嫌疑人在共同犯罪中的地位、作用、情节等追究刑事责任。犯罪嫌疑人对被害人实施伤害时，对虽然在场但并无伤害故意和伤害行为的人员，不能认定为共同犯罪。对虽然有一定参与但犯罪情节轻微，依照刑法规定不需要判处刑罚或者免除刑罚的，可以依法作出不起诉处理。对情节显著轻微、危害不大，不认为是犯罪的，应当撤销案件，或者作出不起诉处理。

三、积极促进矛盾化解

（十一）充分适用刑事和解制度。对于轻伤害案件，符合刑事和解条件的，人民检察院、公安机关可以建议当事人进行和解，并告知相应的权利义务，必要时可以提供法律咨询，积极促进当事人自愿和解。当事人双方达成和解并已实际履行的，应当依法从宽处理，符合不起诉条件的，应当作出不起诉决定。被害人事后反悔要求追究犯罪嫌疑人刑事责任或者不同意对犯罪嫌疑人从宽处理的，人民检察院、公安机关应当调查了解原因，认为被害人理由正当的，应当依法保障被害人的合法权益；对和解系自愿、合法的，应当维持已作出的从宽处理决定。人民检察院、公安机关开展刑事和解工作的相关证据和材料，应当随案移送。

（十二）充分适用认罪认罚从宽制度。人民检察院、公安机关应当向犯罪嫌疑人、被害人告知认罪认罚从宽制度，通过释明认罪认罚从宽制度的法律规定，鼓励犯罪嫌疑人认罪认罚、赔偿损失、赔礼道歉，促成当事人矛盾化解，并依法予以从宽处理。

（十三）积极开展国家司法救助。人民检察院、公安机关对于符合国家司法救助条件的被害人，应当及时开展国家司法救助。在解决被害人因该案遭受损伤而面临的生活急迫困难的同时，促进矛盾化解。

（十四）充分发挥矛盾纠纷多元化解工作机制作用。对符合刑事和解条件的，人民检察院、公安机关要充分利用检调、公调对接机制，依托调解组织、社会组织、基层组织、当事人所在单位及同事、亲友、律师等单位、个人，促进矛盾化解、纠纷解决。

（十五）注重通过不起诉释法说理修复社会关系。人民检察院宣布不起诉决定，一般应当在人民检察院的宣告室等场所进行。根据案件的具体情况，也可以到当事人所在村、社区、单位等场所宣布，并邀请社区、单位有关人员参加。宣布不起诉决定时，应当就案件事实、法律责任、不起诉依据、理由等释法说理。对于犯罪嫌疑人系未成年人的刑事案件，应当以不公开方式宣布不起诉决定，并结合案件具体情况对未成年犯罪嫌疑人予以训诫和教育。

四、规范落实少捕慎诉慎押刑事司法政策

（十六）依法准确把握逮捕标准。轻伤害案件中，犯罪嫌疑人具有认罪认罚，且没有其他犯罪嫌疑；与被害人已达成和解协议并履行赔偿义务；系未成年人或者在校学生，本人确有悔罪表现等情形，人民检察院、公安机关经审查认为犯罪嫌疑人不具有社会危险性的，公安机关可以不再提请批准逮捕，人民检察院可以作出不批捕的决定。犯罪嫌疑人因其伤害行为致使当事人双方矛盾进一步激化，可能实施新的犯罪或者具有其他严重社会危险性情形的，人民检察院可以依法批准逮捕。

（十七）依法准确适用不起诉。对于犯罪事实清楚，证据确实、充分，犯罪嫌疑人具有本意见第十六条第一款规定情形之一，依照刑法规定不需要判处刑罚或者免除刑罚的，可以依法作出不起诉决定。对犯罪嫌疑人自愿认罪认罚，愿意积极赔偿，并提供了担保，但因被害人赔偿请求明显不合理，未能达成和解谅解的，一般不影响对符合条件的犯罪

嫌疑人依法作出不起诉决定。

（十八）落实不起诉后非刑罚责任。人民检察院决定不起诉的轻伤害案件，可以根据案件的不同情况，对被不起诉人予以训诫或者责令具结悔过、赔礼道歉、赔偿损失，被不起诉人在不起诉前已被刑事拘留、逮捕的，或者当事人双方已经和解并承担了民事赔偿责任的，人民检察院作出不起诉决定后，一般不再提出行政拘留的检察意见。

（十九）依法开展羁押必要性审查。对于已经批准逮捕的犯罪嫌疑人，如果犯罪嫌疑人认罪认罚，当事人达成刑事和解，没有继续羁押必要的，人民检察院应当依法释放、变更强制措施或者建议公安机关、人民法院释放、变更强制措施。

（二十）对情节恶劣的轻伤害案件依法从严处理。对于虽然属于轻伤害案件，但犯罪嫌疑人涉黑涉恶的，雇凶伤害他人的，在被采取强制措施或者刑罚执行期间伤害他人的，犯罪动机、手段恶劣的，伤害多人的，多次伤害他人的，伤害未成年人、老年人、孕妇、残疾人及医护人员等特定职业人员的，以及具有累犯等其他恶劣情节的，应当依法从严惩处。

五、健全完善工作机制

（二十一）注重发挥侦查监督与协作配合机制的作用。办理轻伤害案件，人民检察院、公安机关要发挥侦查监督与协作配合办公室的作用，加强案件会商与协作配合，确保案件定性、法律适用准确；把矛盾化解贯穿侦查、起诉全过程，促进当事人达成刑事和解，协同落实少捕慎诉慎押刑事司法政策；共同开展类案总结分析，剖析案发原因，促进犯罪预防，同时要注意查找案件办理中存在的问题，强化监督制约，提高办案质量和效果。对于不批捕、不起诉的犯罪嫌疑人，人民检察院、公安机关要加强协作配合，并与其所在单位、现居住地村（居）委会等进行沟通，共同做好风险防范工作。

（二十二）以公开听证促进案件公正处理。对于事实认定、法律适用、案件处理等方面存在较大争议，或者有重大社会影响，需要当面听取当事人和邻里、律师等其他相关人员意见的案件，人民检察院拟作出不起诉决定的，可以组织听证，把事理、情理、法理讲清说透，实现案结事了人和。对其他拟作不起诉的，也要坚持“应听尽听”。办理审查逮捕，审查延长侦查羁押期限，羁押必要性审查案件的听证，按照《人民检察院羁押听证办法》相关规定执行。

六、附则

（二十三）本意见所称轻伤害案件，是指根据《中华人民共和国刑法》第二百三十四条第一款的规定，故意伤害他人身体，致人损伤程度达到《人体损伤程度鉴定标准》轻伤标准的案件。

（二十四）本意见自发布之日起施行。

【刑事政策】

人民法院贯彻落实党中央决策部署依法惩治危害生产安全犯罪工作情况

（2022 年 12 月 15 日）

安全生产是关系人民群众生命财产安全的大事，是经济社会协调健康发展的标志，是建设更高水平的平安中国、满足人民群众日益增长的安全需要的必然要求。党的十八大以来，习近平总书记创造性地提出总体国家安全观。党的二十大报告提出，必须坚定不移贯彻总体国家安全观，着力推进国家安全体系和能力现代化，要坚持以人民安全为宗旨，建设更高水平的平安中国，提高公共安全治理水平，推进安全生产风险专项整治。习近平总书记多次对安全生产工作作出重要指示，反复强调要牢固树立发展决不能以牺牲安全为代价的红线意识。习近平总书记近日在对 2022 年 11 月 21 日发生的河南安阳市凯信达商贸有限公司火灾事故作出的重要指示中再次强调，各地区和有关部门要始终坚持人民至上、生命至上，压实安全生产责任，全面排查整治各类风险隐患，坚决防范和遏制重特大事故发生。

维护生产安全，人民法院责无旁贷。党的十八大以来，人民法院始终坚持以习近平新时代中国特色社会主义思想为指导，深入贯彻习近平法治思想，贯彻落实习近平总书记重要指示精神和党中央决策部署，贯彻总体国家安全观，从坚决做到“两个维护”的政治高度出发，充分发挥审判职能作用，准确适用刑法、刑事诉讼法和有关法律规定，从严惩治危害生产安全犯罪和关联犯罪，推动建设更高水平的平安中国，取得显著成效。党的十八大以来（2013 年 1 月至 2022 年 10 月），全国法院审结一审危害生产安全犯罪案件 22740 件，判处罪犯 35564 万人，依法惩治危害生产安全犯罪坚强有力。总体工作包括以下几个方面。

一、坚持依法从严，突出打击重点

人民法院坚决贯彻落实党中央加强安全生产工作、严肃追究事故责任的决策部署，坚持对危害生产安全犯罪依法从严惩处。最高人民法院会同最高人民检察院联合公布的司法解释确定了行为导致发生安全事故，造成死亡一人、重伤三人或者直接经济损失 100 万元即可入罪的定罪标准，对危害生产安全违法犯罪形成强大法律威慑。人民法院始终保持对危害生产安全犯罪的高压态势，2021 年全国法院审结一审危害生产安全犯罪案件数量和判处罪犯数量分别比 2013 年增加 28% 和 47%，充分体现了不断加大对危害生产安全犯罪惩处力度的总体态度和坚定决心。

人民法院始终将依法从严惩处造成群死群伤、人民群众反映强烈的重特大危害生产安全犯罪案件作为重中之重，满足人民群众对公共安全和公平正义的心理期待。党的十八大以来，天津、江苏、福建等地人民法院相继审结天津港“8 · 12”瑞海公司危险品仓库特大火灾爆炸事故系列案、江苏响水天嘉宜公司“3 · 21”特大爆炸事故系列案、福建泉州欣佳酒店“3 · 7”坍塌事故系列案等重大案件，一批重特大生产安全事故责任人和相关中介组织人员、失职渎职国家公职人员被判处重刑。人民法院贯彻落实党中央“党政同责、一岗双责、齐抓共管、失职追责”要求，对事故主要责任人、生产经营单位主要负责人以及安全生产监管部门关键岗位关键责任人依法判处重刑，通过司法裁判推动落实安全生产责任制。在天津港“8 · 12”瑞海公司危险品仓库特大火灾爆炸事故系列案中，审理法院对事故单位三名负主要责任的高级管理人员分别判处死缓或者无期徒刑；在江苏响水天嘉宜公司“3 · 21”特大爆炸事故系列案中，审理法院对事故首要责任人依法判处有期徒刑二十年，有效回应了社会关切。

人民法院认真贯彻落实党中央安全第一、预防为主、坚持源头防范的要求，充分运用刑事手段，依法适用刑法修正案（十一）增设的危险作业罪等罪名惩治矿山开采、金属冶炼、建筑施工和危险化学品生产、经营、储存等重点行业领域的严重非法违法生产经营行为。从 2021 年 3 月刑法修正案（十一）施行到 2022 年 10 月，全国法院共审结一审危险作业犯罪案件 1455 件，判处危险作业罪犯 2235 人，起到了及时消除安全风险隐患、有效遏制重特大事故发生的良好效果。

二、完善惩处规范，统一裁判标准

为有效解决危害生产安全犯罪和关联犯罪的法律适用问题，确保依法从严惩处原则落实到位，最高人民法院持续开展调研，不断总结审判经验，先后制定出台多个司法解释和规范性文件。2015 年 12 月，最高人民法院会同最高人民检察院联合公布《关于办理危害生产安全刑事案件适用法律若干问题的解释》，明确了危害生产安全犯罪有关罪名的定罪量刑标准、刑事政策把握等问题，为各级司法机关提供了明确的裁判标准。

相关司法解释和规范性文件出台后，最高人民法院又先后多次下发专门通知，进一步明确法律适用标准和具体工作要求。特别是针对司法实践中存在的危害生产全犯罪缓刑、免予刑事处罚裁判标准不明确、适用范围过广的问题，最高人民法院通过出台规范性文件、下发通知等方式，要求各级人民法院准确把握、严格控制此类案件缓刑、免予刑事处罚的适用。2021 年，全国法院对危害生产安全犯罪分子适用缓刑、免予刑事处罚的比例比 2013 年下降 17 个百分点。人民法院审理危害生产安全犯罪案件的能力水平进一步增强，人民群众对案件裁判结果的满意度显著提高。

三、延伸司法职能，形成工作合力

安全生产工作是一项系统工程，需要各方协调配合、共同发力。人民法院在做好危害生产安全犯罪审判工作的同时，始终注意加强与相关部门的协调配合，形成工作合力。最高人民法院积极与最高人民检察院、公安部、应急管理部协调沟通，推动建立安全生产执法办案衔接体制机制，2019 年 4 月联合出台《安全生产行政执法与刑事司法衔接工作办法》，对安全生产违法犯罪案件移送以及各部门间协作工作机制等作出规定，确保程序衔接顺畅高效。

人民法院把依法惩治危害生产安全犯罪作为司法为民的具体举措和重要抓手，不断丰富工作形式，加强法治宣传，加大与相关部门的协调配合工作力度。坚持司法公开、阳光司法，依法公开裁判结果，及时将裁判文书送达犯罪分子原所在单位和有关部门，确保党纪政务处分落实到位。湖南等地高级人民法院与纪检监察、应急管理等部门联合印发文件，规范危害生产安全犯罪案件裁判文书送达程序。人民法院还充分发挥司法建议的积极作用，督促有关部门及时消除安全风险隐患，共同做好安全生产工作。

下一步，人民法院将进一步学习贯彻党的二十大精神，坚决落实党中央决策部署，贯彻总体国家安全观，严格执行法律和司法解释规定，充分发挥司法职能作用，依法惩治危害生产安全犯罪，助力推动安全生产工作形势根本好转，以更优履职维护国家安全、社会安定、人民安宁。

【实务探讨】

职务犯罪中认定立功问题*

王晓东　段　凰**

一、关于立功制度的变迁

刑法设立立功制度的初衷就是通过减轻犯罪人的刑事处罚来鼓励犯罪分子检举揭发其他犯罪行为或者提供侦破犯罪的线索，从而在减少司法成本的同时查处更多犯罪，消弭社会隐患，维护社会稳定。因而，立功制度的深层法哲学思想是功利主义。从这个角度出发，自然而然地可以推导出立功的成立可以不关注犯罪的主观动机和目的，不考虑立功信息的来源和手段，只要客观上有立功行为，就可以获得刑罚上的减免。但这种单纯的功利主义对公平、正义理念的冲击也一直受到争议和诟病，如何兼顾公平与效率是立法、制定司法解释长期需要考量、平衡的问题。事实上，随着司法实践的发展，立法者也在不断改进和完善对立功制度的设计，这从我国立法、司法规范对于立功制度的规定就可见一斑。

1979 年刑法对于立功没有单独的条文规定，而是在第四章“刑罚的具体运用”第三节“自首”中第六十三条规定：“犯罪以后自首的，可以从轻处罚。其中，犯罪较轻的，可以减轻或者免除处罚；犯罪较重的，

---

* 本文原载《法律适用》2022 年第 10 期。

** 作者单位：最高人民法院。

如果有立功表现，也可以减轻或者免除处罚。”从条文规范可以看出，当时对于立功的减免处罚是建立在被告人自首的基础之上。换而言之，单纯的立功并不是从宽处罚的法定理由。

1997 年刑法在修订时已经将第四章“刑罚的具体运用”第三节标题改为“自首和立功”，第六十八条规定：“犯罪分子有揭发他人犯罪行为，查证属实的，或者提供重要线索，从而得以侦破其他案件等立功表现的，可以从轻或者减轻处罚；有重大立功表现的，可以减轻或者免除处罚。犯罪后自首又有重大立功表现的，应当减轻或者免除处罚。”这首先明确了立功的内涵与外延，规定了立功的表现形式；其次赋予了立功独立的意义，即使不构成自首，有立功表现的也可以从宽处理；最后是规定了立功的从宽幅度，对于从轻、减轻、免除的情形进行了规定。

2011 年 5 月，刑法修正案（八）公布，其中第九条规定“删去刑法第六十八条第二款”，亦即删去了“犯罪后自首又有重大立功表现的，应当减轻或者免除处罚”的规定。这也是根据司法实践对于部分既有自首又有重大立功，但是罪行极其严重的案件不得不减轻处罚所作出的调整，更加符合司法实践的具体情况，避免出现个别案件罪刑不相适应的情形。

司法解释也一直根据司法实践来不断修正、动态调整立功的认定与适用。1998 年，《最高人民法院关于处理自首和立功具体应用法律若干问题的解释》（法释〔1998〕8 号，以下简称《解释》）规定了立功、重大立功的基本表现形式。

2009 年，最高人民法院、最高人民检察院联合出台了《关于办理职务犯罪案件认定自首、立功等量刑情节若干问题的意见》（法发〔2009〕13 号，以下简称《职务犯罪自首、立功意见》）。该意见的出台背景是职务犯罪案件呈现出缓刑、免予刑事处罚等轻刑适用率偏高的趋势，自首、立功等量刑情节的认定和运用不够规范、严肃，尤其值得注意。该意见认为，对自首、立功等量刑情节应明确其成立条件，严格其认定程序，规范其在量刑中的作用，通过加强职务犯罪案件刑罚适用的统一性和严肃性，从根本上解决部分职务犯罪案件处理上失之于松、失之于宽的问题，确保依法从严惩处严重职务犯罪方针落到实处。基于这一目的，《职务犯罪自首、立功意见》总体呈现从严把握的趋势，要求立功信息来源必须是正当的，即便其他要件具备，规定以下四种情形不能认定为立功：(1) 本人通过非法手段或者非法途径获取的；(2) 本人因原担任的查禁犯罪等职务获取的；(3) 他人违反监管规定向犯罪分子提供的；(4) 负有查禁犯罪活动职责的国家机关工作人员或者其他国家工作人员利用职务便利提供的。

2010 年，《最高人民法院关于处理自首和立功若干具体问题的意见》(法发〔2010〕60 号，以下简称《自首和立功意见》) 进一步明确，犯罪分子通过贿买、暴力、胁迫等非法手段，或者被羁押后与律师、亲友会见过程中违反监管规定，获取他人犯罪线索并"检举揭发"的，不能认定为有立功表现。同时对职务犯罪尤其强调，犯罪分子将本人以往查办犯罪职务活动中掌握的，或者从负有查办犯罪、监管职责的国家工作人员处获取的他人犯罪线索予以检举揭发的，不能认定为有立功表现。

《职务犯罪自首、立功意见》《自首和立功意见》两个司法规范性文件都强调立功的合法性、正当性、亲自性（否定亲友代为立功），在一定程度上修正了立功的纯功利色彩，确定在线索来源问题上，需要兼顾公正与功利两种价值诉求的内在平衡，任何功利的获取，不得以牺牲公正为代价。但两者之间仍然存在一定的区别：第一，从发布主体看，《职务犯罪自首、立功意见》是最高人民法院、最高人民检察院共同发布的，而《自首和立功意见》则是最高人民法院独家发布的；第二，从范围上看，前者是针对职务犯罪，后者是针对所有的刑事犯罪；第三，从立法背景看，前者是为了解决职务犯罪轻刑适用率偏高的问题，后者则是为了更好地贯彻落实宽严相济刑事政策；第四，从内容上看，两者也有一定区别，如信息来源上，前者规定本人因原担任的查禁犯罪等职务获取的信息不能认定为立功，后者规定犯罪分子将本人以往查办犯罪职务活动中掌握的信息不能认定为有立功表现。很明显，前者限制的范围更广，更符合对职务犯罪立功情节从严审查的要求。

职务犯罪的立功有一定的特殊性，这与职务犯罪主体的身份以及职务犯罪的特征是有关联的。一方面，职务犯罪具有极大的隐蔽性，被告人的反侦查意识也相对较强，这给职务犯罪的调查侦查带来一定的障碍，而犯罪分子提供的线索是调查职务犯罪的重要来源之一，对办理“窝案”“串案”更是至关重要；另一方面，职务犯罪的主体因为自身的公职身份甚至是因为自身的犯罪行为比其他类型的犯罪人更有可能掌握犯罪线索，一味从功利角度予以从轻有违罪责刑相适应原则，有违法律面前人人平等原则，甚至演化为职务犯罪分子的“专利”，故应当从严把握。在司法实践中应当根据案件的具体情况、检举的情况、被检举人的处理等综合判断是否构成立功，在此基础上准确评估立功对被告人量刑的影响。

二、职务犯罪中的立功证据审查

证据是认定案件事实、解决控辩争议的基础。立功事实是独立于犯罪事实之外的事实，与案件本身的事实和证据没有必然的联系，但立功是量刑的重要法定情节，认定被告人是否具有立功表现应当建立在对立功证据审查的基础之上。职务犯罪中立功证据通常的来源：一是纪检监察机关出具的书证材料；二是被告人、辩护人提交的揭发检举材料。

（一）对书证材料的审查

在职务犯罪的审查过程中，纪检监察机关出具的书证材料是司法机关认定立功的最有价值的证据，内容较为客观，证明效力也较高，对其审查着重于不同材料之间、不同案件之中的认定不出现瑕疵或者矛盾。

在司法实践中出现过以下情况，例如，在甲案中相关材料证明被告人在被审查期间检举揭发另一被告人，在乙案中却有相关证据材料证明被检举揭发的另一被告人系主动投案，认定被告人立功又认定被检举的人自首明显存在逻辑上的矛盾；又如，被告人甲到案后检举了乙，但在丙案的审理中发现被告人丙也检举了乙，当然，在重大的职务犯罪中此种情形是存在的，乙的犯罪事实可能不止一起。甲、丙分别检举不同的犯罪事实，那么在出具的证明材料中对于到底是谁揭发的那一部分事实应当表述清楚。对于同一起事实而言，只有第一次揭发的人才能认定为立功，之后揭发的人提供的只是调查机关已经掌握的线索，不能认定为立功。实践中还有一种较为特别的“连锁立功”的情形，如甲揭发乙、乙揭发丙、丙又揭发甲，形成了三名被告人均立功的现象，此时应当进行实质审查，至少有一人的立功材料是不真实的。

（二）对被告人一方提交的证据材料的审查

《最高人民法院关于适用〈中华人民共和国刑事诉讼法〉的解释》（法释〔2021〕1号）第一百四十四条第二款明确规定，对被告人及其辩护人提出有自首、坦白、立功的事实和理由，有关机关未予认定，或者有关机关提出被告人有自首、坦白、立功表现，但证据材料不全的，人民法院应当要求有关机关提供证明材料，或者要求有关人员当庭作证，并结合其他证据作出认定。因而，人民法院在审理案件过程中对于被告人提出相关辩解的，应当要求监察、检察机关提供相关材料，并在法庭上对被告人是否构成立功的证据进行质证。

理论上，犯罪分子检举揭发的内容应当及时地查证或者查否，但现实中很难做到，较为常见的问题是法庭将相关线索反馈给调查、侦查机关后得不到及时回应，如果一味等相关调查结果，既不现实也并非必须，对于同案的其他被告人尤其是轻刑被告人而言也不公平。因而实践中为了不影响案件的正常审理进度，往往在一定的期限内没有查实的不再认定立功，但是对于未能查明的应当说明情况。上述材料通常可以在裁判文书上直接表述为“经查证不属实”“截至判决时未查证属实”。在被告人之后的服刑过程中，如果有相关材料能够证明被告人之前揭发的情况属实构成立功的，可以作为减刑的依据。当然，对于被告人可能判处死刑的案件，则需要更加慎重，应当尽可能查清之后再下判，避免造成不可挽回的后果。

需要指出的是，在审理职务犯罪案件过程中，对于纪检监察机关未出具、被告人一方也未提交相关材料的，通常无须主动要求核实被告人是否有相关检举、揭发行为。这是因为，根据监察法的规定，监察机关的职责不仅包括对涉嫌贪污贿赂、滥用职权、玩忽职守、权力寻租、利益输送、徇私舞弊以及浪费国家资财等职务违法和职务犯罪进行调查，也包括对公职人员依法履职、秉公用权、廉洁从政从业以及道德操守情况进行监督检查，对违法违纪的公职人员作出政务处分等。在将犯罪事实移送司法机关之前，监察机关还有更广范围的纪律检查监督，掌握了更多的情况，对于不涉及犯罪的部分，监察机关无须移送司法机关，司法机关也无权要求查看。故对于控辩双方均未提出立功相关意见，尤其直接有切身利益关联的被告人、辩护人未提出时，法官通过阅卷发现被告人供述有揭发检举相关内容就以可能构成立功为由要求查阅、提供不涉及犯罪事实部分的卷宗材料是不妥当的。有意见提出，此种做法是否会损害部分被告人的实质权利，导致被告人因为不了解法律而丧失了可能构成立功并且从宽处罚的机会。笔者认为，这种担心是不必要的。第一，和普通犯罪人有的不懂法甚至是文盲的情况不同，职务犯罪的被告人文化水平相对较高，对法律有基本的了解，有的甚至是法律方面的专家；第二，纪检监察机关在办案时会充分宣讲法律、政策，立功在我国又是一项基本的、有历史传统的制度，基本可以排除上述担心；第三，被告人可以委托辩护人，即使没有委托辩护人，按照法律规定可以接受法律援助的律师担任其辩护人，律师是专业的法律人士，通过阅卷、会见被告人，如果存在相关情形辩护人也会及时提出；第四，法官有权利和责任向被告人释明法律有关立功的规定，然后由被告人决定是否提出。

三、职务犯罪中一般立功的认定

2017 年 10 月 24 日，中国共产党第十九次全国代表大会通过了《中国共产党章程（修正案）》，在《中国共产党章程》（以下简称《党章》）第七章“党的纪律”部分增加了监督执纪“四种形态”的内容，其中第四十条规定：“运用监督执纪‘四种形态’，让‘红红脸、出出汗’成为常态，党纪处分、组织调整成为管党治党的重要手段，严重违纪、严重触犯刑律的党员必须开除党籍。”2018年8月，《中国共产党纪律处分条例》（以下简称《纪律处分条例》）第五条明确规定：“运用监督执纪‘四种形态’，经常开展批评和自我批评、约谈函询，让‘红红脸、出出汗’成为常态；党纪轻处分、组织调整成为违纪处理的大多数；党纪重处分、重大职务调整的成为少数；严重违纪涉嫌违法立案审查的成为极少数。”这为新时代强化党内监督提供了制度保障，是“把纪律挺在前面”的具体体现。

近年来，很多案件中出现被告人在调查、审查起诉或者审判阶段检举揭发他人职务犯罪的线索，被检举揭发的对象涉嫌职务犯罪的情况查清后，纪检监察机关根据《纪律处分条例》第五条监督执纪“四种形态”的规定，最终没有追究被检举人的刑事责任，仅给予其党纪政务处分。这在广义上属于纪法衔接的问题。此种情形能否认定为立功以及在对被告人的量刑中能否予以考虑在司法实践中引起一定争议。

一种意见认为，此种情形不能构成立功。理由是《自首和立功意见》规定“被告人检举揭发或者协助抓获的人的行为构成犯罪，但因法定事由不追究刑事责任、不起诉、终止审理的，不影响对被告人立功表现的认定”。法定事由不追究刑事责任、不起诉或终止审理的情形，是指刑事诉讼法第十六条规定的情形：第一，犯罪行为的情节显著轻微、危害不大的；第二，犯罪超过追诉时效的；第三，犯罪在判决后经特赦令免除刑罚的；第四，刑法规定中告诉才处理的犯罪，而被害人没有告诉或撤回告诉的；第五，犯罪嫌疑人、被告人死亡的；第六，其他法律规定免予追究刑事责任的情形。《党章》及《纪律处分条例》中监督执纪“四种形态”的规定属于党纪而非法律，既不属于刑事诉讼法规定的情形，也不属于兜底性条款中的其他法律规定的免予追究刑事责任的情形。按照监督执纪“四种形态”处理的情况不属于该规定中法定事由包含的情形，因而不能认定为立功。

另一种意见认为，这种情形构成立功。刑法规定中揭发型立功的构成只有揭发他人、他人行为构成犯罪、经查证属实三个要件，此处的“他人行为构成犯罪”是指行为符合刑法规定的构成要件，《自首和立功意见》明确“因法定事由不追究刑事责任、不起诉、终止审理的，不影响对被告人立功表现的认定”，并不等于立功的成立必须要求被检举人应当承担刑事责任的这一前置条件。对于被告人是否构成立功仍然应当严格遵循罪刑法定原则，从法律的规定、立法的本意及检举的具体情况进行分析。因此，后一种意见是正确的。主要理由如下。

第一，刑法规定的“揭发他人犯罪行为”仅指被检举人的行为在构成要件上符合刑法分则的具体规定，即满足“构成要件该当性”的要求，而不必考虑“违法性”“有责性”的要求。具体而言，揭发型立功只要求被检举人的行为主体、危害行为、犯罪对象、危害结果、因果关系符合法条规定，而违法性和有责性的阻却事由，如防卫过当、被害人承诺、行为人的刑事责任能力等都不影响立功的成立。而被检举人以违纪“三种形态”处理的情形，只要被检举的事情客观符合刑法中犯罪的规定，纪检监察机关予以查实，那么即使根据党纪，相关事宜未进入司法程序，对于检举人而言也应当构成立功。

第二，对此种情形认定立功符合立功制度的目的。虽然也有观点认为立功在一定程度上也反映了行为人主观恶性的减小，只有主观上具有悔罪态度才可以指导行为人去完成立功的客观行为，但是立功制度的功利主义基础是很难否定的，实践中有一些被告人拒不认罪，却不断揭发、检举他人犯罪。通过鼓励被告人积极检举揭发他人职务犯罪的行为，协助司法机关侦破相关案件，将国家惩治腐败犯罪、提升司法效率放在首位，实现更高效地打击腐败犯罪的目标，保证国家与社会的长治久安，这完全符合立功制度设定的本意。

第三，此种情形的检举揭发同样不失其重大的现实价值。有意见认为，此种情形中被检举人未进入司法程序，说明被检举的事实对惩治贪腐犯罪价值有限，不足以认定立功。这种观点值得商榷，以案件是否进入司法程序判断该案的社会价值并不全面。把纪律和规矩挺在法律前面，挺在党风廉政建设和反腐败斗争前沿，这是唤醒党章党规意识、推进制度创新的重要举措，是全面从严治党的必由之路和不二法门，也契合政策与法律之间关系的基本法理。通过前“三种形态”尤其是对于情节严重的违纪行为进行党纪重处分、重大职务调整，对于我们党锻造一个坚强有力的领导核心、维护党的健康纯洁有着重要意义。比如，将“蛀虫”式领导干部从重要职位撤下的意义和可能避免的损失很难说不大。评判被检举的事情的意义仍然应当立足于被检举人的具体行为，如贪腐的数额、被检举人的身份职位等情况，而不是其最终被查处的情况。实践中，有许多通过前“三种形态”处理的国家工作人员被“断崖”式处理，在一段时间后被追究刑事责任、判处很重的刑罚。

第四，此种情形认定立功也与监察法的相关规定相统一。《监察法实施条例》第一百八十九条明确规定，调查组应当形成被调查人到案经过及量刑情节方面的材料，包括案件来源、到案经过，自动投案、如实供述、立功等量刑情节，认罪悔罪态度、退赃、避免和减少损害结果发生等方面的情况说明及相关材料。被检举揭发的问题已被立案、查破，被检举揭发人已被采取调查措施或者刑事强制措施、起诉或者审判的，还应当附有关法律文书。此外，被立案、调查的，监察机关同样应当出具材料。这也从另一侧面印证了相关被检举的行为的价值，否则没有必要向法院出具相关材料。

四、职务犯罪中重大立功的认定

对于一般立功与重大立功的区分，《解释》第七条规定：“根据刑法第六十八条第一款的规定，犯罪分子有检举、揭发他人重大犯罪行为，经查证属实；提供侦破其他重大案件的重要线索，经查证属实；阻止他人重大犯罪活动；协助司法机关抓捕其他重大犯罪嫌疑人（包括同案犯）；对国家和社会有其他重大贡献等表现的，应当认定为有重大立功表现。前款所称‘重大犯罪’、‘重大案件’、‘重大犯罪嫌疑人’的标准，一般是指犯罪嫌疑人、被告人可能被判处无期徒刑以上刑罚或者案件在本省、自治区、直辖市或者全国范围内有较大影响等情形。”《职务犯罪自首、立功意见》又进一步明确，犯罪分子检举、揭发的他人犯罪，提供侦破其他案件的重要线索，阻止他人的犯罪活动，或者协助司法机关抓捕的其他犯罪嫌疑人，被告人依法可能被判处无期徒刑以上刑罚的，应当认定为有重大立功表现。其中，可能被判处无期徒刑以上刑罚，是指根据犯罪行为的事实、情节可能判处无期徒刑以上刑罚。案件已经判决的，以实际判处的刑罚为准。但是，根据犯罪行为的事实、情节应当判处无期徒刑以上刑罚，因被判刑人有法定情节经依法从轻、减轻处罚后判处有期徒刑的，应当认定为重大立功。

对于普通刑事犯罪，根据上述两个司法文件，一般立功与重大立功的区分在实践中通常争议不大，把握住“无期徒刑”的标准即可。但是，职务犯罪有着一定的特殊性。大部分职务犯罪被告人的立功集中于检举、揭发他人犯罪行为和对国家与社会有其他贡献等表现两种情形，而且检举、揭发的犯罪也多属于职务犯罪，对此仅用“无期徒刑”这一硬性标准进行评判并不一定客观，更多时候需要评判案件是否属于在本省、自治区、直辖市或者全国范围内有较大影响等情形。对于“重大贡献”的理解更是要结合政治、经济、社会等多方面的影响力进行综合评判。

（一）对检举揭发型重大立功的判断、把握

1. 准确把握职务犯罪被判处无期徒刑界限的动态性

对于职务犯罪而言，数额与情节仍然是量刑的基础。对于“重大犯罪”“重大案件”“重大犯罪嫌疑人”的判断还是首先要围绕案件本身，尤其是涉案的数额和相关的法定情节。2015 年刑法修正案（九）颁布之前，贪污受贿在 10 万元以上应当判处十年以上有期徒刑或者无期徒刑，司法实践中 300 万元以上可能判处无期徒刑。而根据 2016 年《最高人民法院、最高人民检察院关于办理贪污贿赂刑事案件适用法律若干问题的解释》（法释〔2016〕9 号），贪污、受贿数额在 300 万元以上的，应当认定为“数额特别巨大”；贪污、受贿数额在 150 万元以上不满 300 万

元，具有规定情节的，认定为“其他特别严重情节”，依法应当判处十年以上有期徒刑、无期徒刑或者死刑。之前对于“可能被判处无期徒刑以上刑罚”的判断依据，司法实践中存在不同认识。《职务犯罪自首、立功意见》明确，可能被判处无期徒刑以上刑罚，是指根据犯罪行为的事实、情节可能判处无期徒刑以上刑罚。案件已经判决的，以实际判处的刑罚为准。近年来实践中职务犯罪被判处无期徒刑的多是贪污、受贿数额在1亿元左右的被告人，但并不能将实际判处无期徒刑的数额标准完全等同于认定揭发型重大立功的标准。这是因为：第一，根据犯罪行为的事实、情节应当判处无期徒刑以上刑罚，因被判刑人有法定情节经依法从轻、减轻处罚后判处有期徒刑的，应当认定为重大立功；第二，实践中判处无期徒刑的职务犯罪被告人一般都是犯罪数额特别巨大、情节特别严重、影响特别恶劣，常人是很难掌握如此重大的犯罪行为，不能将重大立功变成重大职务犯罪人的专利。

此外，这里需要说明的是，实践中有一种情况，被告人检举了其他人的贪腐犯罪，数额远远达不到重大案件的标准，如仅是检举他人受贿100万元，但是经过监察机关的调查，该人实际受贿数额过亿元，对于此种能否认定为重大立功，也存在一定的争议。争论的本质是重大立功是否需要考虑被告人的主观认识，当被告人主观上没有检举“重大犯罪”的故意时能否认定为“重大立功”。对此，笔者认为，这种情况不影响“重大立功”的认定。首先，被告人的检举故意是概括性的，对其而言，被检举人的数额超出其预期并不违背其主观意志；其次，立功制度的设立是功利性的，其更偏向于结果的认定，对被告人的主观故意没有必要过分关注；最后，在司法实践中，被告人的检举线索往往是打开整个职务犯罪之门的钥匙，即使被告人检举的线索仅有100万元，但是监察机关完全可以以此为突破口进行调查，要求被告人掌握并检举全部线索既不客观也不现实。

2. 实质判断被检举人的职务、职权

对此应当结合中国的国情、人事管理制度等进行综合判断。对于一定级别的领导或者重要部门、重要岗位的关键位置的公职人员，仅关注涉案数额、情节是不够的。例如，被告人检举揭发了中管干部的犯罪并被查实，即使数额、情节仅应判处有期徒刑，但认定在本省、自治区、直辖市或者全国范围内有较大影响都是客观的。同时，在不同省份和地区还要区别对待。例如，在职务犯罪案发率很低的省份，检举揭发一些厅局级领导犯罪，就有可能在全省造成很大影响，而在“塌方”式腐败的省份影响就相对较小，因此，前种情形可以认定为“重大立功”。

3. 准确评估因揭发、检举而避免的损失

贪污、贿赂犯罪是职务犯罪中最为典型、实践中比例最高的两类犯罪，但渎职犯罪同样是职务犯罪的重要组成部分，且实践中贪贿犯罪和渎职犯罪交织的情形越来越多，出现了一些行为人受贿金额不高但滥用职权造成公共财产、国家和人民利益受到重大损失的案件。但刑法第九章渎职类犯罪的法定最高刑都是有期徒刑，对于检举此类案件的被告人，应当准确评估其所检举案件实质避免的损失。例如，被告人赵某检举了他人违规取得探矿权的事实，该探矿权转让收益达到百亿元，尽管被检举人不可能被判处无期徒刑，但其检举之事避免了重大国有资产流失，应当依法认定其构成重大立功。

4. 精准评判被检举案件的社会影响力

对于社会影响力的司法判断一直是审慎的。一方面，在自媒体高度发达的今天，如果仅凭案件的热度就认定其社会影响力大不仅有违公平原则，也会导致恶意炒作的风气滋生；另一方面，案件的社会影响力也是司法实践中必须高度重视的，但能被司法所认可的应当是穿透一时的舆论热点后沉淀下来的，对国家的政治、经济、社会乃至国际间交流合作有着重大作用的影响力。比如，被告人检举了外逃贪官的重要线索，即使外逃人员无论身份、级别还是贪腐数额都达不到“重大”的标准，但是如果是“百名红通”人员，或者对外追逃追赃涉及国家之间的司法交流与合作，关系我国在国际中的形象与地位，影响力不可谓不重大，也应认定为“重大立功”。

（二）对国家和社会有其他贡献型重大立功的判断、把握

1. 判断该贡献与被告人原职务的关系

职务犯罪的被告人相对来说文化水平较高，且部分人由于长期担任领导职务或者在行业、部门内担任要职而掌握了大量常人难以掌握的信息、资料、经验、内部情况等，很多被告人在被调查后认真悔罪，并结合之前的工作提出一系列建议，如制度中的查漏补缺、行业内的堵塞漏洞或者是避免可能造成的重大损失等，有的建议和意见甚至得到很高级别领导的关注和批示，对此需要进行甄别审查。《职务犯罪自首、立功意见》规定，本人因原担任的查禁犯罪等职务获取的或者负有查禁犯罪活动职责的国家机关工作人员或者其他国家工作人员利用职务便利提供的犯罪线索不能认定为立功。同样，如果被告人所谓的“贡献”是其在任时职责范围的工作或者堵塞的“漏洞”本身就是其犯罪所造成的，或者利用这一“漏洞”犯罪，那么这种“贡献”充其量算是其对自己渎职行为的弥补损失或补过的一种“现身说法”，也不应当以此认定其有认罪悔罪表现，认定立功甚至是重大立功有违立功制度设立的初衷。但是，如果被告人的贡献是基于其专业知识和经验对其原工作职责范围之外的事情提出相关建议、作出相关贡献的，则可以酌情考虑。

2. 判断该贡献的客观效果

通常职务犯罪的被告人基于自己经验、学识作出的贡献都是其专业范围内的“内行建议”，法官通过自己的常识很难进行判断，因而这就需要监察、检察机关提供的材料中不仅有被告人相关建议、总结的资料，还需要有证明相关内容有价值或重大价值的证据，包括但不限于行业内专家、领导的评价，相关研讨结果、评估结论或者根据相关建议等实施的整改措施等。

需要说明的是，对于此类贡献型立功的判断总体应当从严，这是因为：第一，法律面前人人平等是刑法的基本原则。虽然相关贡献的具体内容不是被告人的工作职责，但是其作出相关贡献的能力与其担任的职

务是密切相关的，也是其他不担任相关职务的人所不具备的，对此类立功过于宽松实质上有不公的嫌疑，也会导致职务犯罪的立功比例大大高于普通刑事犯罪，间接导致职务犯罪的轻刑化比例过高，这也不符合当前严惩贪腐犯罪的要求。第二，虽然每个岗位有具体的职责要求，但是无论是党纪、国法还是公职人员的职责，都要求公职人员全心全意为人民服务，即使是其工作职责范围之外的工作，也应当尽职尽责进行提醒、建议，“事不关己高高挂起”从来不是我们党、我们国家对干部的要求，因而从从严治党、从严治吏的角度而言，对此类立功、重大立功的把握也应当从严，营造法正风清的司法环境。

五、职务犯罪中立功对量刑的影响

刑法第六十八条规定，对于有立功表现的，可以从轻或者减轻处罚；有重大立功表现的，可以减轻或者免除处罚。对于具有立功情节的被告人，在量刑时既要考虑被告人的犯罪行为，也要考虑被告人的立功行为。在司法实践中，对于认定被告人立功或者重大立功的，是否从轻、减轻以及从轻、减轻的幅度应当如何把握也是难点之一。具体可以从以下几个方面考虑。

一是罪行本身的轻重，即犯罪事实、性质、情节和对于社会的危害程度。立功是独立于犯罪的罪后情节，因而对于立功的认定应当独立于犯罪，即对是否构成立功、是一般立功还是重大立功的评判应当相对独立，即使被告人的犯罪事实十分恶劣，但其检举了重大犯罪，仍然应当认定为重大立功。但是，正如上文所分析，刑法对立功的功利主义是有所限制的，这种限制最明显就体现在对立功的从宽处罚是“可以”而不是“应当”。虽有立功情节，但犯罪情节特别恶劣、犯罪后果特别严重、被告人主观恶性深，其立功不足以对其从轻处罚的，可以不予从轻。例如，张中生受贿、巨额财产来源不明案中，被告人受贿金额高达 10.4 亿余元，一审被判处死刑。张中生积极检举他人重大受贿犯罪线索，二审期间经查证属实，构成重大立功，同时其认罪悔罪，到案后主动交代办案机关尚未掌握的大部分犯罪事实，本人及家属积极配合赃款赃物追缴工作，涉案赃款赃物大部分追缴，二审法院综合考量全案犯罪事实和情节，决定在其死刑缓期二年期满依法减为无期徒刑后，终身监禁，不得减刑、假释。即使其在服刑期间还有其他重大立功表现，也不能减刑、假释，缘由就是根据其犯罪事实、性质和对社会的危害程度，立功不足以改变其刑罚。

二是立功的价值。对立功价值的评判应当客观，《自首和立功意见》规定："类似情况下，对具有自首情节的被告人的从宽幅度要适当宽于具有立功情节的被告人。"之所以这样规定，主要是考虑到自首情节对每一名犯罪分子机会均等，而立功不是人人都有机会，且自首比立功更能充分体现出犯罪分子的悔罪态度，故对自首的认定标准和从宽幅度的掌握要更宽一些。最高人民法院、最高人民检察院 2021 年联合出台的《关于常见犯罪的量刑指导意见（试行）》（法发〔2021〕21 号）规定，对于自首情节，可以减少基准刑的 40%以下；犯罪较轻的，可以减少基准刑的 40%以上或者依法免除处罚；对于立功情节，一般立功的可以减少基准刑的 20%以下，重大立功且犯罪较轻的可以减少基准刑的 50%以上或者依法免除处罚。上述规定也体现了这种政策精神。同时，具体到案件中，也要考虑被告人立功所起作用的大小、所破获案件的罪行轻重、所抓获犯罪嫌疑人可能判处的法定刑以及立功的时机等具体情节。在职务犯罪中还可以考虑被检举案件的社会影响、所避免的损失等情节。例如，被告人王富玉受贿、利用影响力受贿案中，王富玉受贿 4.34 亿余元，论罪应当判处死刑，鉴于其自动投案，如实供述办案机关已掌握的部分受贿犯罪事实，主动交代办案机关尚未掌握的利用影响力受贿和绝大部分受贿犯罪事实，系自首，部分受贿犯罪系未遂，且能够认罪悔罪，积极退赃，违法所得及收益全部追缴到案，具有法定、酌定从轻处罚情节，对其所犯受贿罪判处死刑，可不立即执行，对其所犯利用影响力受贿罪从轻处罚，决定执行死刑，缓期二年执行。又如，被告人邢云受贿案中，邢云受贿 4.49 亿余元，论罪应当判处死刑，鉴于其到案后能如实供述罪行，主动交代办案机关尚未掌握的绝大部分犯罪事实，检举揭发他人犯罪问题经查证属实，具有重大立功表现，认罪悔罪，积极退赃，赃款、赃物已全部追缴，具有法定、酌定从轻、减轻处罚情节，依法可从轻处罚，对其判处死刑，可不立即执行。法院以受贿罪判处邢云死刑，缓期二年执行，并决定在其死刑缓期二年期满依法减为无期徒刑后，终身监禁，不得减刑、假释。

三是犯罪、犯罪人与被检举之事、被检举人的关系。这是由职务犯罪的特征决定的。职务犯罪的被告人揭发、检举的很多是自己的同事或者是工作中接触的其他公职人员，有些甚至是请托之事不同环节中的关联人物，这种立功的性质、特点与一般的立功情形具有明显区别，在量刑中的考量应当从严把握。如被告人赖小民受贿、贪污、重婚案中，赖小民提供两名下属人员的违法犯罪线索，构成重大立功。但是纵观整个立功情节可以看出，行贿人系因同一请托事项，分别向赖小民及其两名下属进行行贿的共同行贿人；赖小民身为华融股份公司党委书记、董事长，对下属员工负有监督管理职责，其在察觉下属可能利用职务便利收受贿赂的情况下，不仅不予以制止，反而与下属分别利用各自职权，为同一行贿人请托的同一事项提供帮助，并分别收受贿赂，三人虽无受贿通谋，但三人“背靠背”，各自利用了自己的职务便利，滥用职权，具有为行贿人输送利益的共同目的，赖小民直至自己被调查才检举揭发两名下属，该立功的性质、特点与一般的立功情形具有明显区别。最终法院综合赖小民所犯受贿罪的性质、情节和对于社会的危害程度，认定具有的“重大立功情节”不足以对其从宽处罚。相反，检举、揭发自己的上级或者是职务、地位更高的公职人员，揭发难度、立功价值都更大，被告人承受的压力所反映出的认罪悔罪态度也更深刻，在量刑时也应当尽量考虑，在法律、政策的范围内予以从宽。

四是立功表现要与其他罪后情节相衡量。职务犯罪的罪后情节对量刑的影响需要综合评判，包括被告人的认罪态度、悔罪表现、赃款赃物的退缴情况等，比如，被告人如实供述犯罪甚至构成自首，但拒不交代赃款赃物下落或者拒不配合导致赃款赃物无法追缴，这种情况下对自首的认定和量刑都应当从严把握。立功也是如此，其他量刑情节反映出被告人真诚悔罪的，对其立功也应当充分考虑；被告人不认罪不悔罪，或者表面悔罪私底下却转移、隐匿犯罪所得的，或者其立功本身就是出于挟私报复心理的，即使认定立功甚至是重大立功，在从轻的幅度上也要从严把握，甚至可以不从轻。例如，原国家能源局副局长刘宝华受贿一案中，刘宝华受贿7073万余元，数额特别巨大，法院鉴于刘宝华具有立功情节且具有重大立功表现，到案后能如实供述自己罪行，主动交代办案机关尚未掌握的部分受贿犯罪，具有坦白情节，认罪悔罪，案发后积极退赃，涉案赃款赃物已全部追缴，具有法定、酌定从轻、减轻处罚情节，依法可从轻处罚，以受贿罪判处其有期徒刑十三年，并处罚金人民币300万元。

五是刑罚裁量最终应当遵循罪刑相适应原则。对于具有立功情节的犯罪分子，应当根据犯罪的事实、性质、情节和对于社会的危害程度，结合立功表现所起作用的大小、所破获案件的罪行轻重、所抓获犯罪嫌疑人可能判处的法定刑以及立功的时机等具体情节，最终评定所犯罪行对社会危害程度、社会对量刑的接受程度、人民群众的满意程度，考虑国法、天理、人情各种因素，再决定依法是否从轻、减轻或者免除处罚以及从轻、减轻处罚的幅度。根据刑法第六十三条的规定，减轻处罚应当在法定刑以下判处刑罚。而根据《最高人民法院研究室关于如何理解“在法定刑以下判处刑罚”问题的答复》（法研〔2012〕67号），在法定刑以下判处刑罚是指在法定量刑幅度的最低刑以下判处刑罚。刑法分则中规定的“处十年以上有期徒刑、无期徒刑或者死刑”是一个量刑幅度而不是三个量刑幅度。对于一般立功的，可以在综合考虑各项情节后予以适当从轻；对于重大立功的，尤其是犯罪数额远超法律规定的“数额特别巨大”的标准的，可以在法定的量刑幅度范围内适当给予更大程度的从轻，防止仅以重大立功为由在十年以下判处刑罚，导致立功作用不当扩大。这与执行过程中减刑、假释的精神、原则是一致的，如《最高人民法院关于办理减刑、假释案件具体应用法律的补充规定》（法释〔2019〕6号）第二条第二款规定，确有悔改表现或者有立功表现的，一次减刑不超过六个月有期徒刑；确有悔改表现并有立功表现的，一次减刑不超过九个月有期徒刑；有重大立功表现的，一次减刑不超过一年有期徒刑。同时，该规定第六条还特别指出，对本规定所指贪污贿赂罪犯适用假释时，应当从严掌握。对于可能判处死刑的被告人应当更加慎重地评判各项量刑情节，确保死刑只适用于罪行极其严重的犯罪分子。对于被告人认罪悔罪且有重大立功等情节，不是必须立即执行的，法院根据犯罪情节等情况可以同时决定在其死刑缓期二年期满依法减为无期徒刑后，终身监禁，不得减刑、假释。

【裁判文书选登】

【编者按】 肖某章诈骗再审宣告无罪案的刑事判决严格贯彻了疑罪从无原则，对无罪意见的分析论证层层深入：从取证合法性、内容客观性、与常情常理相悖性以及存在其他可能性对证据进行分析，并最终予以排除；通知关键证人袁某出庭作证，在证人拒绝后有理有据予以排除；针对专门性问题借助专家意见，但未停留在专家作出的结论层面，而是结合案件具体情况，在对专家意见的分析过程中进行客观细致审查，作出判断。整篇裁判文书结构严谨、行文流畅，堪称精品。

肖某章诈骗案

广东省高级人民法院
刑事判决书

（2020）粤刑再7号

原公诉机关广东省兴宁市人民检察院。

原审被告人（二审上诉人、再审申诉人）肖某章，男，汉族，1963年×月×日出生，广东省兴宁市人，高中文化，自由职业，公民身份证号码×××42519630416××××，户籍所在地广东省兴宁市兴田街道办事处九委东风路×号，住所地广东省兴宁市金源花园东×栋×房。因本案于2011年12月29日被刑事拘留，2012年1月22日被取保候审，2013年4月25日被逮捕，2015年9月18日被判刑，2016年9月30日刑满释放。

广东省兴宁市人民法院审理广东省兴宁市人民检察院指控被告人肖某章犯诈骗罪一案，于2013年10月25日作出（2013）梅兴法刑初字第

153号刑事判决，认定肖某章犯诈骗罪，判处有期徒刑三年六个月，并处罚金人民币二万元；责令退赔违法所得赃款人民币7万元。宣判后，肖某章不服，提出上诉。广东省梅州市中级人民法院于2013年12月13日作出（2013）梅中法刑终字第160号刑事裁定，以本案关键证据即监控视频中出现的犯罪嫌疑人图像未作鉴定比对，原判认定事实不清、证据不足为由，撤销原判，发回重审。兴宁市人民法院经重新开庭审理，于2014年6月9日作出（2014）梅兴法刑重字第1号刑事判决，结果与一审判决相同。肖某章再次上诉。梅州市中级人民法院于2014年12月2日作出（2014）梅中法刑终字第81号刑事裁定，以原审没有通知本案关键证人袁某出庭作证，违反法律规定的诉讼程序，可能影响公正审判为由，裁定撤销原判，发回重审。兴宁市人民法院经再次开庭审理，于2015年6月16日作出（2015）梅兴法刑重字第1号刑事判决，结果仍与一审判决相同。肖某章仍不服，再次提出上诉。梅州市中级人民法院于2015年9月18日作出（2015）梅中法刑终字第110号刑事裁定，驳回上诉，维持原判。

上述裁判生效后，肖某章仍然不服，于2015年12月17日向梅州市中级人民法院提出申诉，梅州市中级人民法院于2017年11月9日作出（2017）粤14刑申16号驳回申诉通知书予以驳回。肖某章又继续向本院提出申诉。本院于2018年3月7日依法组成合议庭进行审查，经阅卷，实地调查、询问原审被告人、被害人和相关证人，委托专业机构对相关物证、视听资料等进行检验和比对认定，于2020年6月15日作出（2018）粤刑申121号再审决定，由本院提审本案。本院于2021年1月27日公开开庭审理了本案。广东省人民检察院指派检察员孙寒梅、罗娜出庭履行职务。原审被告人肖某章及广东省法律援助局为其指定辩护人邹英勉到庭参加诉讼。被害人罗某芬经通知未到庭。现已审理终结。

兴宁市人民法院最终作出的一审判决认定，2011年3月16日，被告人肖某章自称从香港来送货的陈姓司机，在兴宁市区伙同一老年男子和一中年男子利用7排电子元件骗取被害人罗某芬人民币7万元。

罗某芬于当日报警，之后自行寻找作案人。2011年12月28日晚11时许，根据罗某芬的指认，公安民警在肖某章的住处将其抓获归案。

一审认定上述事实所依据的证据如下：

1. 被害人罗某芬述称：2011年3月16日上午10时许，我在兴宁市曙光路段遇见一个自称姓陈从香港送货过来的司机，请求我和一老年男子帮忙看管电子元件，后来又说不需要了。老年男子以其配电脑需要为由花100元买下陈姓司机的一个元件样品。陈姓司机离开后，又有一个中年男子自称要大量收购电子元件，并以150元的价格买下老年男子刚买来的电子元件。老年男子与我商量共同买下陈姓司机的电子元件卖给中年男子赚钱，我表示同意。老年男子打电话与陈姓司机商量，陈姓司机答应先把电子元件卖给我们。之后，老年男子说他先回家去拿存折取钱，陈姓司机与我到团结路的工商银行取钱。由于已是中午吃饭时间，银行工作人员叫我下午再取。我与陈姓司机到外面吃了饭，大概13时30分许，回到银行取了7万元现金。陈姓司机与我走到台兴街中段的时候，拿出7排电子元件说先卖给我，叫我去文化广场找那个收购的中年男子，我买了7排电子元件后，没有找到那个中年男子，打电话给陈姓司机及老年男子均打不通，就知道被骗了，于是到派出所报了警。

2011年12月28日晚9时许，我在文化广场散步时突然发现这个自称姓陈的男子，于是就一直跟到他的住处并打电话报警。我与该男子在一起吃饭接触了两三个钟头，很确定这个男子就是诈骗我的陈姓司机。

经混杂辨认，被害人罗某芬确认肖某章就是诈骗并陪同其到银行网点取钱的陈姓司机。

2. 被告人肖某章的供述与辩解：从2011年3月开始，我曾陪妻姐刘某清去过工商银行团结路网点办理过存钱汇款业务，记不清楚自己在2011年3月16日有无到过该网点办过业务，没有利用电子元件骗过人。

3. 证人袁某证称：我是工商银行团结路网点的大堂经理。2011年3月份的一天中午12时左右，有个大概50多岁的阿姨要取7万元现金，陪同她的是一个中年男子，40岁左右，175厘米高，穿白色上衣，比较白净。工作人员问她取这么多钱干什么，她说是取钱买房子。工作人员提醒她不要取那么多钱，小心被骗，还问跟她一起来的男子是谁，她说是她的亲戚。因为到了吃午饭时间，工作人员要求她下午再来。我在中午12时就下班了，后来听说那个妇女取了7万元钱被人骗走了。

证人袁某通过观看监控视频录像指认出录像中一位上身穿白色上衣的男子就是当时和被害人罗某芬一起到银行取7万元现金的中年男子。

证人袁某经三次混杂辨认，确认肖某章就是和罗某芬一起到银行支取7万元现金的中年男子。

4. 证人廖某苑证称：我是工商银行团结路网点的业务员。2011年的一天中午，一个经常办业务但不知其名字的女客户到我工作的柜台要取7万元现金，我提醒她取那么多钱小心被骗了，她说拿钱帮儿子买房。当时跟她取钱的还有一个男子，但那个男子没有走到柜台来，我当时只是远远地看了一眼，那名男子身高170多厘米，不能辨认那个男子。

5. 证人石某飞证称：我是工商银行团结路网点的保安员。大概是在2011年3月，有个大约50多岁的女子被人诈骗了7万元。有个男子陪同她一起来取钱，当时工作人员还提醒她要小心点，不要被人诈骗了。这个女子说那个男子是她的外甥，她提钱是为了买房子。

经混杂辨认，证人石某飞不能辨认出陪同罗某芬来银行取款的男子。

6. 证人李某洪证称：在2011年上半年，似乎有一个50多岁的阿姨和一个40多岁的男子在我店（兴宁市兴城农民街经营鸿志餐馆）中吃了午饭。当时我见到该妇女和那男子吃饭时，感觉相互间十分熟识，那男子身高在1.7米左右，脸型较圆。

经混杂辨认，证人李某洪不能辨认出陪同罗某芬一起来其饭店吃饭的男子。

7. 证人肖某振证称：肖某章是叶塘镇下洋村龙虎堂肖屋人，我都是叫他“伟章古”。

8. 兴宁市公安局调取的兴宁市工商银行团结路网点2011年3月16日的部分录像资料显示：穿红色大衣的被害人和一穿白色上衣男子出入

涉案银行大厅。

9. 接受刑事案件登记表、立案决定书，证明：2011年3月16日14时许，被害人罗某芬到兴宁市公安局宁新派出所报警称在兴宁市宁新街道办事处和平路段被三名男子利用电子元件骗走7万元，同年3月17日兴宁市公安局决定立案侦查。

10. 调取证据通知书、调取证据清单、查询存款、汇款通知书及回执、交易流水单、账户明细查询，证明：公安机关依法调取被害人罗某芬于2011年3月16日在兴宁市工商银行团结路网点取款过程录像资料及被告人肖某章及其妻子刘某红、儿女肖某宏、肖某宏、肖某萍等人的存款、汇款的情况，显示他们账户在2011年3月16日后均无大量现金存入或转账记录等。

11. 提取笔录、罗某芬存折复印件，证明：公安机关从罗某芬处提取银行存折，显示其于2011年3月16日取款多次，共取款7万元。

12. 提取笔录及电子元件实物、照片，证明：2013年7月31日，侦查人员在罗某芬家中提取到电子元件7排（共700只）。

13. 鉴定委托书、不受理委托鉴定告知书，证实因视频资料不具备视频中人像检验条件，广东省公安厅司法鉴定中心不予受理。

14. 抓获经过，证明：兴宁市公安局宁新派出所的公安干警在被害人罗某芬的指认下于2011年12月28日23时许，在兴宁市兴城金源花园小区第13栋住宅楼内抓获被告人肖某章。

15. 户籍证明，证明：被告人肖某章户籍及出生日期。

16. 兴宁市公安局宁新派出所出具的证明，证明：无法查找被告人肖某章的妻姐刘某清；在调阅2011年3月16日9时至15时被害人罗某芬与被告人肖某章在相关地段活动的监控录像时发现，因时间间隔长达二年多，监控录像已过储存时效，无法查询；因时间间隔长达二年多，无法查询×××648××××、×××1885××××、×××7698××××电话的通话记录。

一审认为，被告人肖某章以非法占有为目的，伙同他人采用虚构事实的方法，骗取公民财物，数额巨大，其行为已构成诈骗罪，应依法惩处。公诉机关指控被告人肖某章犯诈骗罪的事实清楚，证据确实、充分，罪名成立，应依法予以支持。被告人肖某章归案后拒不认罪，没有悔罪表现，酌情对其予以从重处罚。

关于被告人肖某章提出其没有参与诈骗犯罪，公诉机关指控其犯罪不成立的辩解意见。一审认为，被告人肖某章的诈骗犯罪事实，有被害人罗某芬的陈述及其对被告人肖某章的辨认笔录、证人袁某的证言及辨认笔录等证据证实。其中：罗某芬陈述其被肖某章等人诈骗 7 万元且与肖某章相处时间较长，对肖某章印象较深，能准确辨认指证肖某章就是诈骗她的人，故陈述真实可信，应予采纳；证人袁某是罗某芬取 7 万元所在银行营业网点的大堂工作人员，由于罗某芬前来取大量现金并有男子陪同而引起银行工作人员关注，并提醒其不要被人骗了，袁某近距离注视过肖某章，罗某芬又是常到该网点办理业务的客户，且那天被人骗走 7 万元，其陈述对罗某芬被人诈骗一事印象较深，经其三次辨认，均能准确辨认肖某章就是案发那天陪同罗某芬来银行取款的“白衣男子”。被告人肖某章身高 1.74 米，案发时年龄为 47 周岁，与证人袁某证明陪同被害人前来取款的男子的身高、年龄特征及被害人罗某芬陈述诈骗其男子的身高、年龄特征相符。证人袁某的证言及辨认笔录，真实、客观、可信，与被害人罗某芬的陈述能够形成证据链。证人廖某苑、石某飞的证言均能证明被害人在工商行营业网点被人骗走 7 万元的事实，证人廖某苑证明陪同被害人前来取款的男子身高 1.7 余米，证人李某洪证明与一个年龄 50 多岁的妇女一起来其餐馆吃饭的男子身高在 1.7 米左右，脸型较圆，年龄 40 多岁，此二证人证言所证明涉案男子的身高、体态亦与被告人肖某章相符。证人廖某苑、石某飞、李某洪的证言，均能证明本案的部分事实，与被害人罗某芬的陈述、证人袁某的证言能形成链接关系。上述被害人的陈述及其辨认笔录，主要证人袁某的证言及其辨认笔录，证人廖某琼、石某飞、李某洪的证言，充分证实被告人肖某章诈骗被害人罗某芬 7 万元的犯罪事实。

关于被告人肖某章及其辩护人提出申请对银行监控视频进行鉴定问

题。一审认为，由于该视频资料不具备视频中人像检验条件而无法鉴定，加之现有证据已足以充分证实被告人肖某章的犯罪事实，肖某章申请鉴定的监控视频并不是本案唯一的重要证据，该视频资料的鉴定与否，并不影响本案其他证据间形成的链接关系。故不再准许被告人肖某章及其辩护人提出的鉴定申请。

综上，一审认为，被告人肖某章及其辩护人提出公诉机关指控被告人肖某章犯罪事实不清、证据不足，应依法宣告被告人肖某章无罪的辩解、辩护意见，与查明的本案事实及查证属实的证据不相符，不予采纳。经审判委员会讨论决定，依照《中华人民共和国刑法》第二百六十六条、第二十五条第一款、第五十二条、第五十三条、第六十四条、第四十七条的规定，作出如下判决：（一）被告人肖某章犯诈骗罪，判处有期徒刑三年六个月，并处罚金人民币二万元；（二）责令被告人肖某章退赔违法所得的赃款人民币七万元。

肖某章上诉及其辩护人二审辩护认为，原判认定事实不清，证据不足，程序违法，请求二审对银行监控视频中的嫌疑人与肖某章进行对比鉴定，查清事实，依法改判肖某章无罪。

梅州市人民检察院出庭检察员认为，一审认定上诉人肖某章犯诈骗罪事实基本清楚，证据基本充分，建议二审依法作出公正判决。

梅州市中级人民法院最终作出的二审裁定认为，原审判决认定事实清楚，适用法律正确，量刑适当，审判程序合法。经审判委员会讨论决定，裁定驳回上诉，维持原判。

原审被告人肖某章申诉提出，原审判决、裁定认定事实不清、证据不足，程序违法，请求再审撤销原判，宣告其无罪。理由如下：（1）银行监控视频中的嫌疑人不是其本人，请求进行比对鉴定。（2）被害人陈述的犯罪嫌疑人特征与其本人明显不同，且陈述前后矛盾，没有得到合理解释或排除。（3）证人证言前后矛盾，不具有客观性，且均为间接证据，无法证明原判认定事实。（4）在案物证电子元件与本案的关联性不明，不能作为定案证据。

再审辩护人认为，现有证据并不能证明肖某章有实施诈骗行为，原判认定事实不清、证据不足，请求再审撤销原判，宣告原审被告人肖某章无罪。理由如下：（1）被害人罗某芬陈述前后不一致，差异甚大，不符合常理。（2）证人袁某的证言前后不一，且没有正当理由拒绝出庭，其庭前证言真实性无法确认，不能作为定案的根据。（3）证人李某洪的证言受到诱导，且不确定，真实性存疑，不能作为定案依据。（4）北京公大弘正医学研究院司法鉴定专家辅助人中心出具的专家意见认定送检监控视频中的“白衣男子”与肖某章不是同一人，足以证明原判认定事实错误。

广东省人民检察院出庭检察员发表意见认为，根据现有证据认定原审被告人肖某章犯诈骗罪事实不清、证据不足，难以排除合理怀疑，依据《中华人民共和国刑事诉讼法》第二百条的规定，建议再审依法作出判决。理由如下：

第一，原判证据的证明力不强，无法相互印证。本案认定肖某章犯诈骗罪的证据主要是被害人罗某芬的陈述、证人袁某的证言和二人的辨认笔录及无法看清面貌的监控视频。本案案发时间为 2011 年 3 月 16 日，被害人罗某芬跟踪并指认肖某章即为行骗人的时间是 2011 年 12 月 28 日，时间相隔较久，而其在报案当天称对骗其的陈姓男子“没多大印象”，不排除因肖某章与行骗人外貌身材相似导致其认错人的可能性。证人袁某对案发当天的事实陈述不尽一致，其作第一次辨认的时间是 2012 年 3 月 22 日，至案发已隔一年多，也不能排除其有认错人的可能。虽然后续两次辨认结果与第一次相同，但因受第一次的影响，证明力较弱。公安机关提取的监控视频人像模糊，无法直接认定视频中的“白衣男子”即为肖某章。此外，公安机关也没有收集到肖某章与本案相关联的其他证据。

第二，原判认定事实无法排除合理怀疑。在作案时间方面，肖某章辩称其由于身体原因，每天都要睡到中午 12 点左右才起床。检察员前往肖某章居住的小区取证，其邻居丘某英证称，肖某章身体不好，一般睡到很晚才起床。而案发当天，被害人系在上午遇到“白衣男子”，与肖某章的作息规律不一致。在作案地点方面，本案实施诈骗的地点之一文化广场就在肖某章居住小区的附近，认定肖某章在其家附近实施诈骗不符合犯罪的一般规律。在作案动机方面，肖某章称其家庭经济收入稳定，无诈骗的动机，公安机关对相关情况未予以核实，不排除肖某章辩解的合理性。在作案使用语言方面，肖某章称其不会讲粤语，且其讲普通话也有一定难度，而被害人称行骗的男子和其交流使用普通话和粤语，检察员与肖某章交流时发现其讲普通话有一定困难，且兴宁本地口音很重，而被害人也为本地人，如果肖某章与其交流不用兴宁本地话，而用一听就能听出兴宁口音的普通话与被害人交流不符合常理。

第三，有相反证据证明原判认定事实可能错误。经再审法院委托，北京公大弘正医学研究院组织视频资料鉴定、法医学（面向识别）鉴定、模拟画像、足迹识别等领域专家，对本案的关键证据即案发当时“白衣男子”陪同被害人在银行取款的监控视频进行比对分析，在身高、体态、步态、姿态、相貌等方面综合分析认为肖某章与案发时监控视频中的“白衣男子”的各项特征具有本质不同，参与比对的专家一致认为二者不是同一人。该份意见是 9 位全国资深专家按照法定程序、依据专业知识和专业原理共同作出的判断，具有一定权威性，对于认定肖某章是否为本案诈骗行为人具有重要的参考作用。

本院再审查明：2011 年 3 月 16 日 17 时许，被害人罗某芬报警称，其于当日在兴宁市宁新街道办事处台兴街一带被三名男子利用电子元件骗取人民币 7 万元，其中一名身穿白色上衣的中年男子与其一起到兴宁市工商银行团结路网点取过款。

2011 年 12 月 28 日 23 时许，兴宁市公安局宁新派出所民警根据被害人罗某芬指认将原审被告人肖某章强制到案。

上述事实，有经原审和再审庭审出示的兴宁市公安局宁新派出所接受刑事案件登记表、抓获经过、对罗某芬的询问笔录、调取罗某芬的银行取款存折及监控视频等证据材料证实，本院予以确认。

原审认定原审被告人肖某章与另两名男子结伙利用电子元件骗取被害人罗某芬人民币 7 万元。本院认为，这一认定事实不清、证据不足，不予确认。具体评判如下：

（一）被害人罗某芬述称其被诈骗的主要事实缺乏证据证明

据罗某芬陈述，三名犯罪嫌疑人对其实施诈骗的过程包括设局、取款、付款三个阶段。但从在案证据的证明内容和印证关系看，除了银行取款阶段有罗某芬的取款存折、银行监控视频和证人袁某等银行工作人员的证言予以证明外，罗某芬所述本案诈骗犯罪发生的设局、付款过程，均没有查证属实的其他证据予以证实。

第一，客观证据没有收集到案。关于三名犯罪嫌疑人的身份，罗某芬述称其用 159××××3116 号码与其中两名犯罪嫌疑人通过电话，并提供两个手机号码分别为 182××××2841、188××××7127。兴宁市公安局宁新派出所出具的材料证明：因时间间隔长达二年多，无法查询电话的通话记录。关于设局和交付财物的过程及情节，罗某芬述称发生在兴宁市宁新街道办事处台兴街一带，兴宁市公安局宁新派出所出具的材料证明：在调阅 2011 年 3 月 16 日 9 时至 15 时被害人罗某芬与犯罪嫌疑人在相关地段活动的监控录像时，发现因时间间隔长达二年多，监控录像已过储存时效，无法查询。

第二，原审被告人肖某章始终否认其与本案有关，所作辩解不能证伪。关于其所提指控作案时间与其作息时间不一致的辩解，再审出庭检察员当庭宣读了对其邻居丘某英的询问笔录，证明其确有上午在家睡觉的习惯。关于其所提被害人所述犯罪嫌疑人讲粤语和普通话、与其自身情况不符的辩解，申诉审查和再审期间，审判人员和检察人员均对其进行了观察和测试，发现肖某章不能用粤语交流，所讲普通话具有明显的当地口音。关于其所提银行监控视频中的犯罪嫌疑人吸烟，而其从未吸过烟的辩解，其提交了村民证明材料证实其没有吸烟史。审理中，审判人员通过查看其出入自家小区监控资料，观察其手指、牙齿和嗅闻其身上气味等方式，没有查到其有近期吸烟的体征。关于其所提自己或陪同妻姐去过涉案银行网点办理过存汇款业务的陈述，证人刘某清证称，肖某章曾驾车陪其到过案发地网点办过业务；被害人罗某芬也述称，其在案发后曾见过肖某章到该网点柜员机取钱；申诉审查期间，本院调取了肖某章尾号为9397（卡6709）和刘某清尾号为4126（卡7319）工商银行账户自2011年3月至2011年12月期间的流水明细，显示肖某章于2011年3月20日至2011年12月26日共9次、刘某清于2011年3月21日到过案发地网点（网点号为0109）办过业务；公安机关调取户名为肖某章、尾号为6709的银行卡活期历史明细清单显示，2011年3月1日至2011年4月30日肖某章到过网点号为0109的银行办过取款业务。现有证据不能证明肖某章有故意隐瞒事实的行为。

第三，其他证人证言及辨认笔录缺乏证明力。证人廖某苑、石某飞分别系银行职员和保安员，证称案发当日被害人述称取钱目的为买房，陪同男子是其亲戚，并且不能从照片中辨认出肖某章为陪同被害人取钱的男子，二证人证言的证明方向与指控事实不一致。证人李某洪系餐馆经营者，证称一个50多岁阿姨和一个40多岁男子在案发当年的上半年在其饭店吃午饭，但不能从照片中辨认出肖某章就是陪被害人到其饭店吃饭的男子，且其与被害人描述犯罪嫌疑人的脸型不一致。其证明内容与指控事实的关联性不明、证明方向不一致。证人肖某振系原审被告人肖某章所在村的干部，只是证明了肖某章的身份，并没有证明任何指控事实。

第四，在案物证电子元件与本案关联性不明。兴宁市公安局宁新派出所出具的提取笔录、扣押物品清单及电子元件照片证明公安机关于案发两年后即2013年7月31日从罗某芬家中将电子元件提取到案，但卷中材料显示没有进行物证检验。申诉审查期间，本院委托北京公大弘正医学研究院对该电子元件进行物证检验，未能提取到DNA、指纹等与本案相关联的生物痕迹。

第五，在案书证证明方向与指控目的及事实相反。公安机关调取的肖某章及其家属的银行交易流水单、账户明细查询等书证，显示肖某章及其家属在案发后没有大额钱款入账。

第六，侦查过程证据不能证明本案指控事实。公安机关出具的接受刑事案件登记表、立案决定书、抓获经过、鉴定委托书、提取证据笔录、调取证据通知书、调取证据清单、查询存款通知书及回执、无法调阅案发时相关地段监控录像、无法查询犯罪嫌疑人电话通话记录、无法查找证人刘某清的证明等书证材料，证明的是公安机关的办案程序、过程和取证情况，但对认定原审被告人犯罪事实没有证明力。

综上，本院认为，被害人陈述虽然是法定证据种类之一，但由于被害人与案件具有直接利害关系，且属于主观性证据，故必须查证属实后才能作为定案依据。被害人陈述内容是否有其他证据相印证或佐证，是判断被害人陈述是否属实的基本依据。本案中，被害人罗某芬陈述并有证据证明的在银行取钱过程只是诈骗犯罪的财物来源环节，作为认定诈骗犯罪是否发生、成立的基本事实，即犯罪人是否具有非法占有为目的，犯罪人是否对被害人实施了虚构事实、隐瞒真相的诈骗行为，被害人是否因被欺骗而向犯罪人交付财物等构成要件事实，只有被害人罗某芬的陈述，没有其他证据予以证实，不能单独作为定案依据。原审被告人及其辩护人、广东省人民检察院出庭检察员认为被害人陈述没有查证属实的意见，予以采纳。

（二）被害人罗某芬指认原审被告人肖某章为诈骗犯罪嫌疑人依据不足

卷宗材料显示，被害人罗某芬先后于2011年3月16日、2011年12月29日、2012年1月4日、2012年1月17日、2013年5月7日五次接受公安机关询问，于2011年12月29日对犯罪嫌疑人照片进行混杂辨认，指认肖某章是犯罪嫌疑人之一。经查，本院认为该指认结果依据不足。理由如下：

第一，被害人罗某芬对犯罪嫌疑人的特征描述不符合一般记忆规律。卷宗材料显示，2011年3月16日，即案发当日，罗某芬报案称，犯罪嫌疑人“穿着白色上衣，170厘米左右，40岁左右，其他没有多大印象”。

2011年12月29日和2012年1月4日公安机关通过罗某芬指认将肖某章强制到案后，罗某芬两次述称，犯罪嫌疑人"年龄40岁左右，身高约1.75米，方形脸"。2012年1月17日，罗某芬第四次接受公安机关询问称，其对犯罪嫌疑人"印象较深"。2013年5月7日，第五次接受询问又称，对犯罪嫌疑人"印象特别深刻"。从其以上陈述表达用语看，存在距离案发时间越长、对犯罪嫌疑人印象越深的反常现象，无法作出合理解释。

第二，被害人罗某芬对犯罪嫌疑人照片进行混杂辨认的合法性、客观性存疑。（1）卷宗材料显示，罗某芬于2011年12月29日对犯罪嫌疑人照片进行混杂辨认的笔录没有见证人签名，也没有录音录像，不符合《公安机关办理刑事案件程序规定》（1998年）第二百五十一条规定的辨认程序和要求。（2）卷宗材料显示，罗某芬辨认犯罪嫌疑人的陪衬对象与肖某章在年龄上相差较大（最多相差30岁），明显属非同一时期拍摄的照片。其中，肖某章的照片显示其年龄、容貌与案发时有明显变化。在此情况下进行辨认的客观性难以保证。（3）《公安机关办理刑事案件程序规定》（1998年）第二百四十七条规定，组织辨认前，应当向辨认人详细询问辨认对象的具体特征，避免辨认人见到辨认对象。刑事证据心理学认为，辨认的内在逻辑只有当辨认者不因其他缘由与被辨认者见过面才能成立。实证研究表明，人类的记忆会不断更新，认出嫌疑人的外貌并不意味着其记忆信息来源于案发时。据罗某芬陈述，其被骗后在长达九个多月的时间里，曾多次见过并跟踪肖某章，根据其指认，公安机关将肖某章强制到案。基于上述规定和原理，由于罗某芬的辨认信息难以保证来源于案发时的感知和记忆，故其辨认结果的准确性存疑。

第三，被害人罗某芬存在认错人的现实可能性。经查，罗某芬五次接受询问，但对犯罪嫌疑人的特征描述都是简单、抽象、笼统的，没有提及指向、确认肖某章就是犯罪嫌疑人的具体依据，而且所述犯罪嫌疑人讲粤语和普通话、银行监控视频显示的犯罪嫌疑人吸烟等情节与肖某章的自身情况不符。特别是肖某章辩称并当庭展示其左手大拇指向外侧多出一个手指的特征，与常人明显不同，而罗某芬述称其与犯罪嫌疑人案发当日长时间近距离接触，一起吃过饭，手对手交接过钱和电子元件，却从未提及犯罪嫌疑人的这一特征。因为按罗某芬所述犯罪嫌疑人的特征，“年龄、身高、脸型”相近者，并非低概率事件。刑事证据心理学研究成果表明，人的大脑记忆（印象）会随着时间推移而自动衰退，最初的知觉和记忆信息会随着时间的流逝而被遗忘，取而代之的是事后不断获得的信息，而新的信息会使主体形成误以为真（当时亲眼所见）的新的记忆（印象）。本案罗某芬所处境遇符合上述机理，不能排除罗某芬误将与犯罪嫌疑人“年龄、身高、脸型”相近的肖某章当作同一人的合理怀疑。

综上，本院认为，被害人辨认是确定犯罪行为人的重要证据，但受制于主客观条件，辨认结果难免出现错误，在辨认程序存在瑕疵、辨认条件发生变化、辨认结果有违常理、无法排除犯错可能的情况下，不得单独作为定案依据。原审被告人及其辩护人、广东省人民检察院出庭检察员提出被害人罗某芬可能认错人的意见，予以采纳。

（三）证人袁某指证原审被告人肖某章为陪同被害人罗某芬到银行取款的犯罪嫌疑人依据不足

卷宗材料显示，证人袁某是被害人罗某芬取款银行的大堂经理，于2012年1月13日、2012年3月22日、2013年4月17日三次接受公安机关询问，于2012年3月22日、2013年4月17日、2014年5月26日三次对犯罪嫌疑人照片进行混杂辨认，指证肖某章就是陪同被害人到银行取钱的男子。经查，该指证结果的客观性、准确性存疑。理由如下：

第一，证人袁某第一次辨认的合法性、客观性难以保证。卷宗材料显示，证人袁某于2012年3月22日对犯罪嫌疑人照片第一次进行混杂辨认的笔录没有见证人签字，辨认过程也没有录音录像，不符合《公安机关办理刑事案件程序规定》（1998年）第二百五十一条规定的辨认程序和要求。

第二，证人袁某的第一次辨认结果难以作出合理解释。经查，证人袁某第一次辨认犯罪嫌疑人的时间距离案发超过一年，而公安机关提供混杂辨认的照片显示肖某章的年龄、容貌与案发时差异明显，证人袁某仍能够辨认得出，超出常人观察和记忆能力。而询问笔录显示，证人袁某在案发一年后对本案情节和犯罪嫌疑人的记忆并不清晰，其三次接受公安机关询问，对主要情节表述并不一致，对犯罪嫌疑人特征描述也不具体。例如，第一次和第三次证称，被害人取钱的时间是在银行工作人员吃午饭后，即下午1点多；而第二次证称，被害人取钱的时间是在银行工作人员吃午饭前，即中午12点左右。又如，据第一次和第二次询问笔录的表述，其似乎亲眼看到被害人取走钱的过程；而据第三次询问笔录表述，其只是听说被害人在吃完午饭后回到银行取走了7万元，并没有见到被害人实际取钱的情节。再如，第一次证称，被害人的丈夫几天后来银行反映被害人被骗7万多元；而第二次、第三次又证称，被害人的丈夫第二天来到银行询问被害人被骗的情况。还如，第一次证称，犯罪嫌疑人“身穿白色上衣，40岁左右，身材在175厘米左右，比较白净”；第二次证称，犯罪嫌疑人“长得挺白净，1.7米多”；第三次证称，犯罪嫌疑人“高高大大，身穿白色外套”。

第三，证人袁某存在误将肖某章指认为犯罪嫌疑人的现实可能性。经查，原审被告人肖某章在案发前后曾多次单独或陪同其妻姐刘某清到案发地网点柜员机存取过钱款，证明证人袁某作为案发地银行的大堂经理，极有可能在工作期间见过肖某章。根据刑事辨认规则和刑事证据心理学研究结论，证人袁某在案发一年后辨认面对包括肖某章在内的照片时，将“面熟”的肖某章指认为犯罪嫌疑人，属错误辨认的常见现象。基于同样原理，公安机关又让证人袁某对肖某章进行第二次、第三次辨认，对第一次辨认结果不能起到补强作用。

第四，证人袁某证言及辨认结果的客观性、准确性无法核实。经查，证人袁某是除被害人罗某芬外唯一明确指证原审被告人肖某章是本案犯罪嫌疑人的关键证人，其证言内容及辨认结果的客观性、准确性对本案定罪量刑有重大影响。在原审期间，原审被告人肖某章及辩护人对袁某证言内容及辨认结果均提出了异议，并多次请求法院通知其到庭作证，但袁某无法定正当理由均未能到庭。在申诉审查阶段，本院曾多次寻找证人袁某核实案件情况均被拒绝，在再审开庭前，本院依法向其制发出庭作证通知书亦被退回。因此，证人袁某的证言内容及辨认结果存在的矛盾、疑点无法得到解释和说明，其真实性、准确性均无法确认。

综上，本院认为，证人辨认是验证被害人指认结果是否正确、认定犯罪嫌疑人是否与本案具有关联性的重要证据，受制于主客观条件，证人的辨认结果也难免出现错误，必须查证属实，才能成为定案根据。本案由于辨认程序不合规定，辨认条件发生变化，辨认人无正当理由拒绝出庭作证，其辨认结果的准确性、客观性无法查实，故不能作为定案依据。原审被告人及其辩护人、广东省人民检察院出庭检察员认为证人袁某可能认错人的意见，予以采纳。

（四）银行监控视频中的犯罪嫌疑人经9名专家比对一致认定与原审被告人肖某章不是同一人

经查，公安机关于2011年3月23日调取的2011年3月16日兴宁市工商银行团结路网点的监控视频显示，有一“白衣男子”与被害人罗某芬一起到过该网点大厅。证人袁某指认该“白衣男子”就是当时和被害人罗某芬一起取款的犯罪嫌疑人。原审中，公诉机关也认为视频中的“白衣男子”从身高形态上判断与肖某章相符。但原审被告人肖某章否认其为监控视频的“白衣男子”，多次要求进行比对鉴定。因视频中人像模糊，广东省公安厅司法鉴定中心以不具备检验条件为由而未予受理。肖某章在申诉时再次要求本院对监控视频进行鉴定。经反复察看视频资料，本院认为，案发时银行监控视频中的“白衣男子”与被害人罗某芬三次出现在画面中，虽然犯罪嫌疑人人像模糊，但身高、体态、步态、行走姿态等特征可以辨别。经多方联系、反复沟通，本院委托北京公大弘正医学研究院组织专家通过比对视频中的犯罪嫌疑人与原审被告人肖某章身高、体态、步态、行走姿态、相貌等方面的特征，对二者是否属于同一人提出专业认定意见。根据与本院共同拟定的工作方案，该机构对本院提供的案发时银行监控视频（原始样本）、原审被告人肖某章进出法院、公安派出所、自家小区、与办案人员共同查看银行监控、包括肖某章在内9人在银行监控下行走的视频（自然样本和模拟实验样本），以及肖某章自2011年至2019年的生活照、入所照、实验检查照（比对样本）等检材，组织法庭科学领域9名专业和特长专家，依据《法庭科学数字影像技术规则》（GB/T 29350—2012）、《声像资料鉴定通用规范》（SF/Z JD 0300001—2010）、《录像资料鉴定规范》（SF/Z JD0304001—2010）、足迹学教材、足迹学检验教材、法医人类学教材及相关理论，分别利用足迹步法特征与视频图像相结合鉴别、法医人类学特征检验、现场视频模拟画像、行走姿势及步法特征、体型轮廓和动态特征分析等技术方法，对送检监控视频中的"白衣男子"与原审被告人肖某章进行个体识别，一致认定：监控视频中的"白衣男子"与肖某章不是同一人。分析意见摘录如下：

1. 足迹步法特征分析：案发时银行监控视频中的"白衣男子"为"中小外八字"、步宽较窄、起落脚方式稳定、行走中无明显晃动；原审被告人肖某章的"大外八字"行走姿态、起落脚方式、方向及不对称性、两肩内收特征、行走中身体晃动情况、步宽较大特征均稳定出现。

2. 法医人类学特征分析：案发时银行监控视频中的"白衣男子"，脸型较瘦长，上宽下窄，面部较平，眼窝稍凹陷，鼻梁略高，下颌角明显突出，下颏较尖，头顶呈长椭圆形，体型偏瘦，脖颈较长；肩背平直，两腿较直，行走中迈步均匀，步伐轻快，两腿间距较窄。原审被告人肖某章面部饱满，"国"字脸型，面部凸起状，鼻翼较宽、鼻尖较饱满；头顶饱满，呈较宽椭圆形；体型微胖，脖颈较粗短，上腹部饱满，背部微驼；两腿间距大，行走中身体晃动，迈步不均匀，两脚明显呈"外八字"形。

3. 现场模拟画像分析：案发时银行监控视频中的"白衣男子"脸型偏瘦长，眼窝略深，下颌角突出，下颏较窄，鼻梁略高，面部较平，脖颈较长，喉结较突出；原审被告人肖某章面部饱满，呈凸形"国"字脸，体型微胖且背部微驼，身体前后径较厚，行走时明显身体晃动，行走中两腿距离较宽，双足呈明显“外八字”。

4. 行走姿势及步伐特征分析：案发时银行监控视频中的“白衣男子”行走姿势为“中外八字步”（不协调步）；原审被告人肖某章是“大外八字”分离步。二者行走步伐不一致，起落脚方向不一致，均为本质（左膝部、左踝部骨骼形态）不相符，所表现的步伐特征为他人不能重复出现。

5. 体型轮廓和动态特征分析：案发时银行监控视频中的“白衣男子”身体挺拔，略显单薄，两肩平直，行走中两腿较直，两腿间距较窄，步伐动态节奏明显，有脚后跟磕地的明显动作，脚踝运动幅度较大，两脚微呈“外八字”；原审被告人肖某章体型微胖，背部微驼、身体前后径较厚，两肩内收，行走中伴有身体晃动，并有明显抬腿动作，行走中两腿距离较宽，脚踝运动幅度较小，略有向前平移动作，双足呈明显“外八字”。

上述专家意见在本案再审开庭前已经告知原审被告人肖某章和被害人罗某芬，并在再审庭审中进行了宣读和质证，出庭检察员、原审被告人及辩护人均没有提出异议。

本院认为，银行监控视频是本案重要客观证据，视频中的犯罪嫌疑人与原审被告人是否为同一人属专门性问题，需要具有专门知识的人提出认定意见。受制于客观条件在没有专门机构可以作出人像比对鉴定的情况下，本院基于该监控视频的证据作用和检验条件，依职权委托专门机构依托其人力和技术资源，按既定方案聘请和组织具有相关领域知识和经验特长的专家，依据相关程序规范出具的专家意见，并经过庭审质证，依法可以作为定案参考。对原审被告人及其辩护人、广东省人民检察院出庭检察员认为上述专家意见应予采纳的意见，予以支持。

综上分析，本院认为，原判认定原审被告人肖某章犯诈骗罪的基本构成要件事实没有证据证明；被害人陈述及辨认结果、证人袁某的辨认结果等据以定案的关键证据没有查证属实，相互之间属虚假印证；其他证据之间、证据与指控事实之间的印证关系不明确或证明方向相反；本院委托专门机构组织专家对银行监控视频出具的比对认定意见，证实作案者可能另有其人，不能排除原审被告人被错误定罪量刑的合理怀疑。原审被告人及其辩护人、广东省人民检察院出庭检察员所提原判事实不清、证据不足的意见，予以采纳。

本院认为，为准确、及时查明犯罪事实，正确应用法律，惩罚犯罪分子，保障无罪的人不受刑事追究，必须坚持证据裁判、疑罪从无原则，遵循事实清楚，证据确实、充分的定罪证明标准；对公诉机关指控的第一审刑事案件，人民法院审理后，认为证据不足，不能认定被告人有罪的，依法应当作出证据不足、指控的犯罪不能成立的无罪判决。本案中，公诉机关指控原审被告人肖某章犯诈骗罪的主要事实没有证据证实，被害人陈述与辨认笔录、证人证言与辨认笔录等关键证据真实性、准确性无法确认，并有新的证据证实本案有其他人作案可能，不能排除被害人错误指认、证人错误指证的合理怀疑，定罪证据没有达到事实清楚，证据确实、充分的证明要求。原一审判决认定事实不清，证据不足。原二审对本案以关键证据需要核实为由两次发回重审，在指控证据没有实质变化情况下，终审裁定维持原一审认定，不符合我国刑事诉讼法对发回重审的次数限制和疑罪从无的证据裁判原则。原一、二审裁判对原审被告人肖某章以诈骗罪定罪量刑确有错误，应予撤销，依法应当作出证据不足、指控的犯罪不能成立的无罪判决。原审被告人肖某章及其辩护人所提应改判其无罪和广东省人民检察院出庭检察员所提原判确有错误应当予以纠正的意见，予以采纳。经本院刑事审判专业委员会讨论决定，依照《中华人民共和国刑事诉讼法》第五十五条、第二百条、第二百三十六条第三项、第二百五十六条第一款和《最高人民法院关于适用〈中华人民共和国刑事诉讼法〉的解释》第四百七十二条第二款的规定，判决如下：

一、撤销广东省梅州市中级人民法院（2015）梅中法刑终字第 110 号刑事裁定和广东省兴宁市人民法院（2015）梅兴法刑重字第 1 号刑事判决。

二、原审被告人肖某章无罪。

本判决为终审判决。

审　判　长　叶佐林
审　判　员　魏　海
审　判　员　王兴元

二〇二一年五月二十六日

本件与原本核对无异

法 官 助 理　王素华
书　记　员　许　冕

附相关法律依据

《中华人民共和国刑事诉讼法》

第五十五条　对一切案件的判处都要重证据，重调查研究，不轻信口供。只有被告人供述，没有其他证据的，不能认定被告人有罪和处以刑罚；没有被告人供述，证据确实、充分的，可以认定被告人有罪和处以刑罚。

证据确实、充分，应当符合以下条件：

（一）定罪量刑的事实都有证据证明；

（二）据以定案的证据均经法定程序查证属实；

（三）综合全案证据，对所认定事实已排除合理怀疑。

第二百条　在被告人最后陈述后，审判长宣布休庭，合议庭进行评议，根据已经查明的事实、证据和有关的法律规定，分别作出以下判决：

（一）案件事实清楚，证据确实、充分，依据法律认定被告人有罪的，应当作出有罪判决；

（二）依据法律认定被告人无罪的，应当作出无罪判决；

（三）证据不足，不能认定被告人有罪的，应当作出证据不足、指控的犯罪不能成立的无罪判决。

第二百三十六条 第二审人民法院对不服第一审判决的上诉、抗诉案件，经过审理后，应当按照下列情形分别处理：

（一）原判决认定事实和适用法律正确、量刑适当的，应当裁定驳回上诉或者抗诉，维持原判；

（二）原判决认定事实没有错误，但适用法律有错误，或者量刑不当的，应当改判；

（三）原判决事实不清楚或者证据不足的，可以在查清事实后改判；也可以裁定撤销原判，发回原审人民法院重新审判。

原审人民法院对于依照前款第三项规定发回重新审判的案件作出判决后，被告人提出上诉或者人民检察院提出抗诉的，第二审人民法院应当依法作出判决或者裁定，不得再发回原审人民法院重新审判。

第二百五十六条 人民法院按照审判监督程序重新审判的案件，由原审人民法院审理的，应当另行组成合议庭进行。如果原来是第一审案件，应当依照第一审程序进行审判，所作的判决、裁定，可以上诉、抗诉；如果原来是第二审案件，或者是上级人民法院提审的案件，应当依照第二审程序进行审判，所作的判决、裁定，是终审的判决、裁定。

人民法院开庭审理的再审案件，同级人民检察院应当派员出席法庭。

《最高人民法院关于适用〈中华人民共和国刑事诉讼法〉的解释》

第四百七十二条 再审案件经过重新审理后，应当按照下列情形分别处理：

（一）原判决、裁定认定事实和适用法律正确、量刑适当的，应当裁定驳回申诉或者抗诉，维持原判决、裁定；

（二）原判决、裁定定罪准确、量刑适当，但在认定事实、适用法律等方面有瑕疵的，应当裁定纠正并维持原判决、裁定；

（三）原判决、裁定认定事实没有错误，但适用法律错误或者量刑不当的，应当撤销原判决、裁定，依法改判；

（四）依照第二审程序审理的案件，原判决、裁定事实不清、证据不足的，可以在查清事实后改判，也可以裁定撤销原判，发回原审人民法院重新审判。

原判决、裁定事实不清或者证据不足，经审理事实已经查清的，应当根据查清的事实依法裁判；事实仍无法查清，证据不足，不能认定被告人有罪的，应当撤销原判决、裁定，判决宣告被告人无罪。

征稿启事

《刑事审判参考》是最高人民法院刑事审判第一庭、第二庭、第三庭、第四庭、第五庭共同主办的重要刑事司法业务指导丛书。自2021年起，丛书由人民法院出版社出版发行，作为《中国审判指导丛书》的重要组成部分。丛书自1999年4月创办以来，秉承立足实践、突出实用、重在指导、体现权威的编辑宗旨，在编辑委员会成员、作者和读者的共同努力下，密切联系刑事司法实践，为刑事司法人员提供了有针对性和权威性的业务指导和参考，受到刑事司法工作人员和刑事法律教学、研究人员的广泛欢迎。丛书主要收录指导案例、刑事司法规范及其理解与适用、刑事政策及其解读、理论前沿、实务探讨、编辑部答疑、经验交流、疑案争鸣等内容。

为能够以最前沿的视野、最权威的高度和最贴近刑事司法实践的方式编辑本书，欢迎各位同仁向本书以下栏目提供稿件：

【指导案例】 在认定事实、采信证据和适用法律、司法解释定罪量刑方面具有研究价值和指导意义的典型、疑难案件，并附一审、二审裁判文书。

【理论前沿】 对刑事司法的前沿理论问题进行深入研讨的论文。

【域外司法】 评介域外的刑事立法及司法制度、实务问题和典型案件的文章。

【经验交流】 地方司法机关制定的刑事司法规范性文件及其背景说明，地方人民法院院领导在刑事审判工作会议上的讲话，等等。

【实务探讨】 对某一类刑事实务问题提出的解决方案。

【裁判文书选登】 具有较强说理性、充分体现法官裁判思维和判案智慧的优秀裁判文书。

【编辑部答疑】 读者在刑事司法实践中遇到的法律适用方面的疑难、复杂问题。

【疑案争鸣】 针对刊登的疑难案例争议问题进行分析、发表观点，等等。

稿件应有问题意识，观点明确，语言平实，不晦涩。

来稿请注明作者的联系方式（包括地址、邮编和电话）。来稿一经采用，将按著作权的规定支付报酬。

来稿可向以下任何一位执行编辑投递：

北京市东城区北花市大街9号最高人民法院刑一庭

何东青　hedqspc@163.com

北京市东城区北花市大街9号最高人民法院刑二庭

段凰　cankaodh@163.com

北京市东城区北花市大街9号最高人民法院刑三庭

鹿素勋　lusuxun2004@163.com

北京市东城区北花市大街9号最高人民法院刑四庭

王敏　xingst@126.com

北京市东城区北花市大街9号最高人民法院刑五庭

侯宏林　xingwuting@126.com

邮编：100062

特别提示：为避免各庭之间采稿重复，来稿不可同时投递。

作者信息更正

《刑事审判参考》总第133辑指导案例［第1504号］《金楚等组织卖淫案——在取保候审期间，行为人主动约购毒品并予以“检举揭发”，能否认定为有立功表现》一文作者应为张成飞、李星亿、段凰。

特此更正。